혐오와 여성신학

국립중앙도서관 출판예정도서목록(CIP)

혐오와 여성신학 / 엮은이: 한국여성신학회 ; 김진호, 박재형, 박지은, 박진경, 송진순, 이은애, 이주아, 장영주, 최순양, 최유진. -- 서울 : 동연, 2018
  p. ;   cm. -- (여성신학사상 ; 제12집)

참고문헌 수록
ISBN 978-89-6447-405-1 93230 : ₩16000

여성 신학[女性神學]
한국 기독교[韓國基督敎]

231.015-KDC6
230.046-DDC23   CIP2018013601

혐오와 여성신학

2018년 5월 2일 인쇄
2018년 5월 9일 발행

엮은이 | 한국여성신학회
지은이 | 김진호 박재형 박지은 박진경 송진순 이은애 이주아 장영주 최순양 최유진
펴낸이 | 김영호
펴낸곳 | 도서출판 동연
편   집 | 박연숙   디자인 | 황경실   관리 | 이영주
등   록 | 제1-1383호(1992. 6. 12.)
주   소 | (우 03962) 서울시 마포구 월드컵로 163-3
전   화 | (02) 335-2630
팩   스 | (02) 335-2640
이메일 | yh4321@gmail.com

Copyright ⓒ 한국여성신학회, 2018

이 책은 저작권법에 따라 보호받는 저작물이므로, 무단 전재와 복제를 금합니다.
잘못된 책은 바꾸어 드립니다.
책값은 뒤표지에 있습니다.

ISBN 978-89-6447-405-1 93230

| 여성신학사상 제12집 |

혐오 와
여성신학

한국여성신학회 엮음

여성신학의 렌즈로 본 전지구적 차원에서
벌어지는 다양한 형태의 차별과 혐오의 문제

동연

책을 펴내며

한국여성신학회 제26기 임원단이 출범한 2016년 5월 21일에는 강남역 여성 혐오 범죄 사건이 발생한 현장 부근에서 수백 명의 추모객이 행렬을 이어가고 있었습니다. 그로부터 2년여의 시간이 흐른 지금까지, 늘 있었기에 너무나 익숙한 그래서 잘 보이지 않았던 우리 사회의 여성 혐오는 여러 사건을 통해 그 민낯을 드러냈습니다. 민주주의를 염원하던 촛불광장에서마저도 여성 혐오, 장애인 혐오의 표현이 난무했습니다. 적폐 청산에 기여한 진보진영은 정작 적폐 중의 적폐인 여성 혐오에 대해서는 가해자이거나 방관자였음이 '미투 운동'을 통해 만천하에 공개되었습니다.

그러면 한국교회의 경우는 어떨까요? 더하면 더했지 덜하지 않은 곳이 한국교회입니다. 더구나 교회 안에는 여성 혐오만 존재하는 것이 아닙니다. 이슬람포비아에서 호모포비아에 이르기까지 소수자나 약자를 향한 강한 혐오의 시선과 언어가 거침없이 쏟아지고 있는 곳이 교회입니다. 현재 교회는 우리 사회의 빛과 소금이기는커녕 걱정거리가 되고 있습니다. 사랑을 핵심 계명으로 내세우면서도 혐오를 일삼는 대표적 공간이 되어버린 한국교회는 도대체 어디서부터 잘못된 것일까요?

혐오의 메커니즘이 작동하기 위해서는 3인조가 필요하다고 합니다.

차별을 당하는 자, 차별을 말하는 자 그리고 차별에 동조하는 자입니다. 혐오와 차별은 동전의 양면처럼 서로 떨어질 수 없는 관계에 있기 때문입니다. 지난 2년 동안 한국여성신학회는 혐오와 폭력의 뿌리가 되는 차별의 현상과 현장을 고발하고, 차별과 혐오의 원인분석과 대안을 모색하기 위한 여성신학적 작업에 매진해 왔습니다. 그 결과물의 하나가 이번에 펴내게 된 『혐오와 여성신학』입니다. 1994년 『한국여성의 경험』을 출간한 이래 한국여성신학회는 성서, 교회, 영성, 성, 민족, 다문화, 선교, 미디어, 21세기 여성신학의 동향, 위험사회 등과 같은 핵심 주제를 다루어 왔으며 이번에도 여성신학의 렌즈를 통해 전 지구적 차원에서 벌어지고 있는 다양한 형태의 차별과 혐오의 문제를 다루게 된 것입니다.

1985년 학회 창립 이후 한국여성신학회는 여성의 진정한 삶 뿐 아니라 사회적으로 배제된 자들의 삶에도 늘 관심을 기울여 왔습니다. 만약 우리 사회에서 가장 소외된 집단이 안전하다면 모든 사회구성원이 안전할 것이기 때문입니다. 앞으로도 혐오와 차별과 폭력이 없는 세상을 향한 여성신학의 작업은 계속될 것입니다.

한국여성신학사상 제12집 『혐오와 여성신학』이 출간되기까지에는 많은 분의 손길이 있었습니다. 먼저 옥고를 주신 필자 분들께 깊은 감사의 말씀 드립니다. 좋은 연구결과물이 나올 수 있도록 여러 차례의 편집회의를 주관하며 기획에서 출판에 이르기까지 온갖 수고를 도맡아 준 편집위원장 최순양 박사님과 부편집장 김혜령 박사님께도 깊이 감사드립니다. 아울러 총무 송진순 박사님을 비롯하여 서기 박지은, 회계 이주아, 부서기 김희선, 부회계 김태연 박사님의 노고에 고마운 마음 전합니다. 세 차례의 학술제와 신진학자 논문발표회는 물론이고 긴급간담회 〈한국교회의 동성애혐오를 경계하다〉(2017년 9월 28일) 주최, 교계와 신학계에 큰 울림을 주었던 송년 기획 세미나 〈신학자의 눈으로 본 세월호〉(2017년 12월 2일) 개최, '미투 운동'의 도화선이 된 〈서지현 검사 지지 성명〉 그리고 〈낙태죄 폐지 성명〉 등에 이르기까지 크고 작은 사회적 의제에 대하여 한국여성신학회가 적극적으로 개입할 수 있었던 것은 임원 여러분의 통찰과 헌신 그리고 회원님들의 적극적 관심과 지지 덕분이었습니다.

지난 33년 동안 한국여성신학회는 학회 구성원 한 분 한 분의 부단한 사랑과 참여로 성장해왔습니다. 물심양면으로 여성신학의 발전과 확산에 큰 도움을 주신 후원자 및 후원 교회에 깊은 감사와 함께 『혐오와 여성신학』이 널리 보급되고 두루 읽혀지기를 소망합니다.

2018년 3월
한국여성신학회 회장 이숙진

머리말

『혐오와 여성신학』의 출간에 부쳐

한 2년 전『위험사회와 여성신학』을 출판한 데 이어, 한국여성신학회가 또 다른 논집을 출판하게 되었다. 이번 주제는 한국 사회에서 일어나고 있는 현상 중 하나인 '혐오'의 현상과 그 혐오 현상이 가장 크게 나타나고 있는 '여성 혐오'로 선택하였다. 여성신학회에서 고민하여야 할 중요한 주제 중 하나는 '오늘날 여성들이 어떻게 사회에서 자신의 목소리를 낼 것인가'이고, 그러기 위해서는 사회에서 여성을 어떻게 인식하고 있는지에 대한 정확한 분석이 필요할 것이다. 이런 면에서 혐오를 분석한다는 것은 여성신학의 학문적 발전을 위해서 중요한 주제가 되리라는 생각이 든다. 혐오란 타인에 대한 폭력이나 물리적 가해만을 의미하는 것이 아니라, 대상화, 비난, 차별, 폄하, 왜곡된 찬양 등 등 다양한 정신적 현상을 포함한다. 거의 2년 동안 편집부에서는 혐오에 관한 책들—우에노 지즈코의 『여성 혐오를 혐오한다』, 주디스 버틀러의『혐오발언』—을 함께 읽으며 다양한 여성 혐오의 현상들에 대해 각자의 전공에서 연구하였고, 그 결실이 이렇게 논집으로 맺어지게 되었다.

혐오라고 하는 현실을 여성학적으로 혹은 신학적으로 접근하고자 하는『혐오와 여성신학』은 3부로 구성되어 있다. 1부는 성서에서 나타난 여성 혐오, 동성애 혐오를 분석하고 있는 "성서와 혐오"인데, 이은애 박사의 "구약성서에 나타난 비체, 흐르는 것에 대한 혐오"와 박지은 박사의 "여성의 타자화(他者化)와 여성 혐오 — 하와와 잠언의 여성들을 중심으로" 그리고 송진순 박사의 "여성 혐오의 시대, 비체로서 예수의 여성들", 마지막으로 동성애를 반대하는 성서구절로 인용되는 레위기를 분석한 김진호 박사의 "남자와 동침하면 사형에 처하라(레위기 20장 13절): 유대 귀한 공동체의 순결주의 정치학"이 이에 속한다.

"구약성서에 나타난 비체, 흐르는 것에 대한 혐오"라는 글에서 이은애 박사는 구약성서에서 신체 분비물에 대한 혐오를 가지고 있었고, 이것을 부정하다고 여겼다는 것을 분석한다. 또한 여성들은 피를 흘리는 등 생리적 이유로 혐오의 대상이 되어왔음을 밝히면서, 생리학적 현상으로서의 비체인 여성에 대한 혐오를 구약성서 속에서 분석하고 있다. 레위기의 정결법에 따르면 월경 혹은 정액이 부정한 것으로 여겨졌으나, 이러한 정결에 관한 규정도 남녀에 대한 태도가 달랐다. 여자 아이를 임신한 산모는 두 배의 부정한 기간이 요구되고 있다. 이러한 사실들은 여성이 피 때문에 부정하고 오염된 존재로 여겨졌으며 따라서 사회적으로도 여성에 대한 차별과 혐오는 정당화되었다. 이러한 여성에 대한 혐오가 가장 두드러지는 것이 바로 '이세벨'에 대한 것이다. 이세벨은 민족적, 종교적, 사회적 의미의 비체로서 신명기 역사가에 의해 혐오의 대상으로 묘사되었다. 외국 여성 권력자 이세벨은 영향력이 있는 만큼 신명기 사가에 의해 여성이자 이방인으로서 저주의 대상이었고, 그녀의 비참한 죽음은 이러한 혐오 현상의 절정이라 볼 수 있다. 이렇듯이, 이은애 박사는 구약에서 특히 레위기와 신명기에서 나타난 여성 혐오를 분석하고 있다.

"여성의 타자화(他者化)와 여성혐오 — 하와와 잠언의 여성들을 중심으로"라는 글에서 박지은 박사는 여성을 남성과 동등한 성적 주체로 인정하지 않고 객체화하는 현상을 여성 혐오로 이해하면서, 성서의 여성들 역시 성녀와 악녀, 어머니/아내 혹은 성적으로 부도덕한 여성이라는 이분법적으로 이해되어서 혐오의 대상이 되어 왔다고 분석한다. 따라서 이 글에서는 하와와 잠언의 여성들이 두 가지 면에서 문제가 있음을 밝힌다. 첫째는 하와의 이야기를 통해 성서의 잘못된 여성 해석이 현실의 여성들의 삶을 왜곡시켰다는 것이고, 둘째는 성녀와 악녀 등의 이분법적 여성 이해가 잠언에 자주 등장한다는 것이다. 하와 이야기를 통해서 여성의 몸은 불결하며 악마와 더 가깝다는 이해가 교부들이나 신학사상가들에게 전해졌으며, 잠언에서는 여성들이 '이상한 여성' 혹은 '지혜의 여성'으로 이분화 되었다. 이러한 여성 이미지는 그러나 둘 다 남성의 시각을 통해 투사된 이미지이기 때문에 현실의 여성을 대변하지 못하기 때문에 결국 대상화된 여성 이미지에 지나지 않는 것이다.

"여성 혐오의 시대, 비체로서 예수의 여성들"이라는 글에서 송진순 박사는 혐오 대상으로서의 여성이 일상에서의 조롱 비하를 넘어 신체적 폭력 앞에 노출되어 있음을 인식하면서, 신약성서에서는 여성을 어떻게 묘사하고 있는 지를 주목한다. 특히 예수의 여성들에게 초점을 맞추면서 유대 사회에서 혐오의 대상이었던 여성들이 예수를 통해 자기 자신을 발견하면서 당시의 사회문화적 경계를 어떻게 넘나들고 있는지를 연구하였다. 회당장 야이로의 딸이나 혈루병에 걸린 여인들처럼 정결과 부정의 경계를 넘어서 예수에게 다가갔던 여성들, 수로보니게 여성처럼 민족적, 사회 경제적 지표를 넘어 예수를 만나 치유를 받은 여성들은 주체도 객체도 아닌 '비체'들이었다. 그리고 예수를 적극적으로 따랐던 제자들로서의 여성들이 있는 데, 이들은 '섬김'이나 '돌봄' 등 여성적 역할을 담당하는 이들로 대상화되기도 했지만, 남성 제자들보다 더 혁명적으로 제자도를 실천하기도 했다. 또한 부활의 증인으로서도 역할을 했다. 필자는 그러나 이렇듯이 경계를 넘나들던 예수를 따랐던 여성들의 모습보다 오히려 오늘날의 한국 교회 안의 여성들은 더 '혐오'의 대상이 된 것은 아닌가하는 의문을 우리에게 던지고 있다.

"남자와 동침하면 사형에 처하라(레위기 20장 13절): 유대 귀환 공동체의 순결주의 정치학"이라는 글에서 김진호 박사는 성서가 동성애를 반대하고 있다고 주장하는 사람들이 많이 인용하는 레위기 20장 13절을 분석하면서 이 구절은 동성애와 관련이 없음을 주장한다. 레위기 20장은 성결법전(하나님이 거룩하니, 너희도 거룩하라) 중의 하나인데, 이들의 관심사는 정결이나 거룩함보다는 '땅'과 '해방'에 관한 것이었다. 즉, 포로기 이후 이스라엘의 재건이 주 관심이었다. 요시아 개혁정책 당시, 이스라엘에는 난교의식을 비롯한 여러 이방 의식이 행해졌는데, 히에로스 가모스 예배(신도 대표와 남 제사장이 관계를 맺으며 가상 결혼식을 올림)도 관행으로 있었다고 한다. 에스라와 대제사장들은 이런 관행을 척결하고자 했고, 이런 맥락에서 남자끼리 성관계를 한 자들은 처형한다는 규례가 나왔을 것이다. 이렇게 볼 때, 레위기 20장 13절을 동성애를 반대하는 구절로 읽는 것은 그 역사적 상황적 맥락을 고려하지 못한 것임을 필자는 제안하고 있다.

2부는 "혐오에 관한 신학적 제안들"이라고 하는 부분인데, 여성 혐오의 현상들을 분석하고, 이에 대한 다양한 신학적 접근을 시도하고 있는 글들이 이에 해당한다. 이 부분은 박진경 박사의 "교회 여성 혐오와 기독교교육적 과제 — 여성의 목소리들을 중심으로", 최유진 박사의 "정(情), 혐오에 대한 저항과 환대의 공간 — 스피박의 폐제와 전지구적 사랑을 중심으로" 그리고 박재형 박사의 "왜, 민중신학은 여성을 말하지 않았나?: 민중신학의 여성 담론을 통한 민중 개념 재고찰"라는 글이 이에 해당한다.

"교회 여성 혐오와 기독교교육적 과제 — 여성의 목소리들을 중심으로"라는 글에서 박진경 박사는 교회에서의 여성 혐오가 어떻게 나타나는 가를 분석하기 위해 여성 7명을 심층 면접하였다. 박진경 박사는 교회 내 여성 혐오는 공개적으로 행해지지는 않지만, 은밀하게 생산되었다고 보는데, 여성을 "열등한 존재"와 "위험한 존재"로 인식하는 이분법적 시각이 있기 때문이라고 설명한다. 한국교회에서는 또한 여성을 남성과 동일하게 인정하지 않고 돕는 보조적 존재로 보는 시각이 있다. 남성 목회자의 '호모 소셜'을 강화하는 도구적 존재로 일하는 여성 전도사님들이 많았다고 분석하고 있다. 여자 전도사님들에게 요구되어지는 사항 중에서 용모 단정해야 한다거나 복장을 규제하는 일이 많이 있기도 하다. 혹은 여성의 외모를 비하하거나 수치심을 주는 일도 있었다고 한다. 이밖에도 유혹하는 존재라거나 차별을 받아도 되는 존재라고 여기는 의식이 한국교회에 있다는 것을 필자는 분석하였다. 이에 대해 박진경 박사는 여 – 남이 평등하게 '하나님의 형상'을 따라 창조되었음을 교육하는 구체적 기독교교육 과정을 제시하면서 이를 극복하는 것이 우리의 사명임을 설명하고 있다.

"정(情), 혐오에 대한 저항과 환대의 공간 — 스피박의 폐제와 전지구적 사랑을 중심으로"라는 글에서 최유진 박사는 혐오의 현상을 분석하기보다는 혐오를 어떻게 극복할 것인가에 초점을 맞추고 있다. 가야트리 스피박의 '전 지구적 사랑'(planetary love)이라는 개념을 한국의 정(情)개념과 연결시키면서, 교회가 혐오에 대한 저항과 연대의 공간이 될 수 있을 것이라는 대안을 제시하고 있다. 정(情)개념은 이분법적인 문제와 오리엔탈리즘 등 한계가 있기도 하지만, 주체도 아닌 객체도 아닌 '비체'라고 하는 존재들의 연대와 저항의 가능성 또한, 가지고 있기 때문이다. 이런 관점에서 현재 젊은 여성들에게서 일고 있는 믿는 페미와 갓페미 등의 활동을 예로 들면서 레티 러셀이 제안했던 '저항와 환대의 공동체'로서의 교회를 아래로부터 세워나가면서 '혐오의 사회를 살지만 혐오를 이겨낼 수 있는 공간이 교회가 될 수 있지 않을까'라는 희망의 메시지를 전하고 있다.

"왜, 민중신학은 여성을 말하지 않았나?: 민중신학의 여성 담론을 통한 민중개념 재고찰"이라는 글에서 박재형 박사는 민중신학은 고통과 차별 그리고 억압의 과정 속에서 지배자보다는 피억압자와 약자의 편에 서왔던 신학임을 밝히면서, 그럼에도 불구하고 "왜 민중신학은 민중을 '여성'을 통해 말하지 않았는가?"라는 물음을 던진다. 그 이유를 필자는 민중신학은 여성을 말하는 담론에서 여성들을 민중의 한 특징 중 하나로 소급할 뿐 여성의 경험이나 현실로부터 출발하여 민중을 말하지 않았기 때문이라고 분석한다. 대표적인 민중신학자 안병무를 예로 들자면, 그는 국가적 성폭력에 대응한 여성이나 한의 담지자로서의 여성 등 다양한 모습의 여성 억압을 말하고 있으나, 이런 이미지들은 사실, 여성들 스스로의 모습은 아니다. 오히려 '어머니' 혹은 '자식을 잃은 어머니의 한'이라고 하는 남성의 관점에서 부여된 여성의 성 역할이나 이미지로만 이해되고 있다. 박재형 박사는 따라서, 만약 민중신학의 전통인

'사건'으로서의 민중을 이야기한다면 사건의 주체인 민중이 몸담고 있는 현실과 경험에 주목하여야 할 것이고 그런 면에서 민중인 여성을 말할 때에도 여성의 목소리로, 관점으로 민중신학을 구성하는 것이 중요함을 역설하고 있다.

3부는 혐오가 구체적으로 어떤 형태로 나타나는가를 다룬 "여성 혐오의 현상들"로 분류해 보았다. 이 부분에서는 여성의 자기혐오 그리고 디지털 문화 속에서 혐오의 대상이 되는 여성들, 마지막으로 이주민 여성들이 겪고 있는 현실을 분석한 글이 속해있다.

장영주 박사의 "여성의 자기 혐오: 융(C.G.Jung)의 그림자(shadow) 이론에 비춰본 여성의 여성 혐오", 이주아 박사의 "게임에서 나타나는 여성: 남성 중심적인 시선에 포획된 여성의 성성(性性)— MMORPG를 중심으로", 최순양 박사의 "한국에서 이주민 여성들이 겪는 혐오의 다양한 형태들"이 이에 속한다.

"여성의 자기혐오: 융(C.G.Jung)의 그림자(shadow)이론에 비춰본 여성의 여성 혐오"라는 글에서 장영주 박사는 사회에 팽배화 된 '현모양처' 이데올로기가 여성들과 여성들 간의 자기혐오와 다른 여성에 대한 혐오를 불러일으킨다고 분석한다. 여성의 자기혐오의 근거를 '융의 그림자 이론'에서도 찾고 있는데, 즉 자신의 어두운 그림자에 지배당하는 것이 아니라 그림자를 수용하고 통합함으로 극복하는 것처럼, 여성들도 열등한 부분과 그림자를 교정시켜서 변화시킴이 필요하다는 것이다. 이러한 그림자의 모습에 대한 투사와 혐오 즉, 여성의 타 여성 혐오는 3가지 양상을 띠는 데, 그림자 투사, 라이벌 관계, '명예 남성' 즉 예외로서의 여성으로 보일 때이다. 이러한 여성의 자기혐오 현상을 극복할 수 있는 제안으로 필자는 성서를 재해석하는 등 기독교 전통을 재학습하는 것과 왜곡된 신학과 문화를 재학습할 것을 제안한다. 그리고 여성 자아(ego)와 여성 자기(self) 사이의 내적 교감을 통해 스스로를 인정하고 다른 여성들과의 교감을 통해 혐오를 개선해 나갈 것을 제안하고 있다.

"게임에서 나타나는 여성: 남성 중심적인 시선에 포획된 여성의 성성(性性)— MMORPG를 중심으로"라는 글에서 이주아 박사는 게임이라는 문화 장르가 현대 사회에 급속도로 영향력을 미치고 있는 현실을 여성주의적 관점으로 성찰하고 비판하고 있다. 특히 MMORPG(Massive Multi-user Online Role Playing Game)에서 재현되는 여성들에 대해 분석한다. 디지털 게임은 단지 가상의 세계가 아니라 인간의 가치관의 형성하는 현실이기도 하다. 따라서 게임에서 재현되는 여성의 모습은 현실의 여성에 대해 강한 영향을 준다. 이에 따라 이주아 박사는 MMORPG에서 여성은 남성의 시각을 중심으로 성적으로 대상화되며, 야한 옷을 입고 남성의 육체적 감수성을 자극시키는 '수단적'인물로 등장하고 있다고 비판한다. 또한 대부분 게임에서 묘사하고 있는 여성은 남성에게 물품을 전달해주거나 치유 마법을 쓰는 등 보조적 역할을 한다고 한다. 게임에서 묘사된 여성들은 남성들의 왜곡된 성의식을 방조하거나 어린 남성들의 가치관을 형성하는 데 막대한 영향을 미치기 때문에, 여성주의적 시각의 비판이 절실하다고 분석하고 있다.

"한국에서 이주민 여성들이 겪는 혐오의 다양한 형태들"이라는 글에서 최순양 박사는 이주민 여성들에게 가지고 있는 혐오는 한국 여성들에게서 나타나는 혐오의 형태와 어떻게 다르면서도 심화되고 있는지에 대해 분석하고 있다. 주로 다루고 있는 이주민 여성은 결혼이주민여성이지만, 연예인 비자를 받아 연예인이 되겠다는 계획을 하고 한국에 왔으나, 감정 노동이나 성 노동에 종사하게 된 이주여성들의 문제도 언급하고 있다. 여성학에서 주목하고 있는 '이주의 여성화' 현상이나 '전 지구적 돌봄 연쇄' 등 신자유주의 사회에서 가난한 나라의 여성들이 부유한 나라의 여성들의 노동과 삶을 대치하고 보조하고 있는 등 이주민 여성을 둘러싼 구조적인 문제와 이를 부추기는 한국인들의 이주여성에 대한 타자화된 시선 등을 주로 현실적인 문제에서 살펴보았다. 어떤 것이 이주민 여성에 대한 혐오적 태도이며 현실인지를 인식하고, 이에 대한 문제의식을 느낄 뿐 아니라 여성학이나 교회에서 이주민 여성의 문제에 대한 보다 적극적 개입이 요청된다는 제안을 하고 있다.

끝으로 책이 나오기 까지 도움을 주신 많은 분께 감사한다. 여성신학회를 이끌어가느라 수고하신 이숙진 회장님과 송진순 총무님 그리고 임원분들, 이 글을 고심하며 작성해 주신 10명의 필자분들께 감사한다. 특별히 편집부 일을 함께 해 준 김혜령 박사님께도 감사의 마음을 전한다. 이 논집을 손보고 검토해 준 이주아 박사님과 이세라 님께도 감사와 기쁨의 말씀을 전하고 싶다. 이렇게 많은 사람들의 수고로 이 논집이 나온 만큼 한국여성신학의 발전을 위해 귀하게 쓰임 받는 책이 되기를 소망해 본다.

2018년 3월
한국여성신학회 편집위원장 **최순양**

차 례

이숙진 책을 펴내며   5
최순양 머리말   9

1부 ǀ 성서와 혐오

이은애 구약성서에 나타난 비체, 흐르는 것에 대한 혐오   23
박지은 여성의 타자화(他者化)와 여성 혐오
      — 하와와 잠언의 여성들을 중심으로   52
송진순 여성 혐오의 시대, 비체로서 예수의 여성들   75
김진호 "남자와 동침하면 사형에 처하라"(레위기 20장 13절)
      : 유대 귀환 공동체의 순결주의 정치학   102

2부 ǀ 혐오에 관한 신학적 제안들

박진경 교회 여성 혐오와 기독교교육적 과제
      — 여성의 목소리들을 중심으로   127
최유진 정(情), 혐오에 대한 저항과 환대의 공간
      — 스피박의 폐제와 전 지구적 사랑을 중심으로   165
박재형 왜, 민중신학은 여성을 말하지 않았나?
      : 민중신학의 여성 담론을 통한 민중 개념 재고찰   195

3부 | 여성 혐오의 현상들

장영주 여성의 자기혐오: 융(C. G. Jung)의 그림자(shadow) 이론에
비춰본 여성의 여성 혐오   231

이주아 게임에서 나타나는 여성: 남성 중심적인 시선에 포획된
여성의 성성(性性) — MMORPG를 중심으로   264

최순양 한국에서 이주민 여성들이 겪는 혐오의 다양한 형태들   298

참고문헌   325

지은이 소개   337

| 1부 |

성서와 혐오

이은애   구약성서에 나타난 비체, 흐르는 것에 대한 혐오
박지은   여성의 타자화(他者化)와 여성 혐오
         – 하와와 잠언의 여성들을 중심으로
송진순   여성 혐오의 시대, 비체로서 예수의 여성들
김진호   "남자와 동침하면 사형에 처하라"(레위기 20장 13절)
         : 유대 귀환 공동체의 순결주의 정치학

구약성서에 나타난 비체,
흐르는 것에 대한 혐오

이은애

I. 들어가는 말: 비체에 대한 혐오

'혐오'라는 단어에 대한 사전적 정의를 요약해보면 어떠한 것을 싫어하거나 미워하는 것으로 공포나 불결함을 이유로 그에 대해 불쾌하게 생각하고 기피하는 것이다.[1] 더 나아가서 교육심리학 용어사전에서는 그 어떤 것이 자신에게 해로운 것이라 여겨 제거하고자 할 때 나오는 감정으로 배설이나 토하는 행동까지 포함한다고 설명한다.[2]

이 혐오의 대상이 여성이 될 때에는 여성에 대한 감정적 혐오뿐만 아니라 여성을 멸시하고 억압하는 사회적 구조 전반을 일컫는 말로 확대될 수 있다. 즉 여성 혐오는 여성에 대해 열등한 존재, 연약한 존재로

---

1 네이버, '혐오', 국어사전, 위키백과.
2 네이버, '혐오', 교육심리학 용어사전.

생각하고 그를 차별하거나 무시하는 생각이나 감정에서부터 폭언과 폭력 등의 행동 그리고 그것이 당연하게 용인되고 묵인되는 사회 구조 등을 모두 포함하는 폭넓은 개념으로 볼 수 있다. '김치녀', '된장녀', '맘충' 같은 여성 차별적 언어, 미디어에 나타나는 무의식적 젠더 차별, 데이트 폭력과 이별 후 폭력, 강간과 살인으로 이어지는 여성 혐오 범죄들이 일어나는 사회 속에서 여성들은 여성이라는 이유로 공포를 느끼며 살아간다.

다행인 것은 최근에 이전보다는 더 자주 곳곳에서 여성 혐오에 대한 논의들을 발견할 수 있다는 것이다.3 오래 전부터 여성 무시, 차별, 증오를 당연한 것으로 받아들이던 사회 안에서 그것이 결코 당연한 것이 아니고 부당한 것이라는 문제제기가 이제야 공적인 논쟁의 장 위로 올라오기 시작한 것으로 보인다. 그러나 현대 우리 사회에서 일어나는 여성 혐오 논란은 사실 매우 오랜 역사를 지닌 것이라고 할 수 있다. 오래 전부터 고대 사회는 안정된 사회 구조 유지를 목적으로 하는 남성들의 연대를 위해서 여성을 성적으로 대상화하거나 성폭력의 대상으로 삼아왔으며 그것은 명백히 여성 혐오에 근거하며 지속적인 여성 혐오를 가능하게 했다.

사실 '혐오'라는 감정은 인간의 대표적인 정동 중 하나로 간주될 수 있다. 월턴Stuart Walton에 의하면 혐오disgust는 인간의 몸에서 배출되는 고약한 신체 분비물이나 썩거나 곪는 생물학적 과정 같은 구체적인 예로부터 촉발되었다.4 이와 같이 자신의 일부였지만 밖으로 배출되어 낮

---

3 예를 들어 최근 영화 '청년경찰', 'VIP' 등에서 여성을 다루는 방식에 대한 기사나 정치, 사회, 문화 등에서 무의식적, 일상적으로 행해지는 여성 혐오에 대한 지적, 경계, 비판과 동시에 민감한 젠더 감수성에의 요구 등을 들 수 있다.

설고 두렵고 자신을 위협하는 것으로 여겨지는 것들을 혐오하고 배제하고 추방하는 것에 대해 크리스테바Julia Kristeva는 '아브젝트abject'로 규정하는데 그것은 나 자신도 될 수 없지만 내가 명명할 수 있는 대상objet도 될 수 없다는 점에서 주체도 대상도 아니라는 것이다.5 손희정은 이 철학적인 용어인 '아브젝트'를 주체도 객체도 아닌 비체非體이면서 동시에 우리 몸에서 나온 흐르는 것이라는 의미인 비체沸體로 해석하면서 이러한 비체에 대한 혐오는 결국 개별적 신체의 안전과 정결함을 유지하게 할 뿐만 아니라 혐오하는 것을 멀리하고 위반하지 않도록 경고함으로써 건강하고 단정한 사회를 유지하게 하는 기능을 해왔다고 보았다.6 그런데 범위를 개별적인 '나'에서 그 '나'들이 모여 이루어진 사회로 확대하면 비체 또한 달리 규정될 수 있다. 크리스테바에 의하면 '아브젝트가 되는 것은, 부적절하거나 건강하지 않은 것이라기보다 동일성이나 체계와 질서를 교란시키는 것에 더 가깝'7기 때문이다. 즉 어떤 것이 더럽다는 것은 안팎의 경계를 허문다는 것이고, 반면 순수하다는 것은 경계를 공고히 한다는 것이다. 비체는 흐르는 것이자 경계를 넘나드는 것이며 고체화되지 않기에 어떤 규정, 어떤 언어로도 잡히지 않는다. 비체가 대상object이 아닌(a-) 이유는 그것이 주체의 모든 규정성을 넘어서기 때문이다.8 그렇기 때문에 기존의 사회적 질서와 구조를 유지

---

4 스튜어트 월턴/이희재 옮김,『인간다움의 조건: 인간을 인간이게 만드는 10가지 감정이야기』(서울: 사이언스 북스, 2012), 141.
5 줄리아 크리스테바/서민원 옮김,『공포의 권력』(서울: 동문선, 2001), 21.
6 손희정, "혐오의 시대: 2015, 혐오는 어떻게 문제적 정동이 되었는가?"「여/성이론」, 서울: 도서출판 여이연, 2015년 여름호, 30-31.
7 줄리아 크리스테바,『공포의 권력』, 25.
8 이현재,『여성혐오 그 후, 우리가 만난 비체들』(서울: 도서출판 들녘, 2016), 35.

하고 강화하고자 하는 사람들에게 비체는 공포의 대상이자 혐오의 대상이 된다.

최근 우리 사회에서 생리대 유해성 논란이 확산되면서 대안으로 떠오른 생리컵을 둘러싼 논란에서도 이 비체에 대한 공포와 혐오를 발견할 수 있다. '생리컵을 사용하면 처녀성을 잃을 수 있다', '성경험이 있는 여자들만 생리컵을 사용할 수 있다' 등 생리컵을 성생활과 연결시킨다든지, '그 큰 생리컵이 들어가면 어떻게 되겠느냐', '생리가 벼슬이냐', '여성은 종족번식의 도구이다' 등 여성의 생물학적 특징에 대해서뿐만 아니라 여성 자체에 대한 무지와 비하, 조롱이 노골적으로 행해진다.9 거의 모든 여자들이 한 달에 한 번씩 하게 되는 월경에 대해서 드러내어 얘기할 수 없는 사회적 분위기, 학교나 기관에서 제대로 이루어지지 않는 성교육 등의 영향으로 여성의 월경이 하루면 끝난다든지, 생리혈을 소변처럼 참을 수 있다든지 등의10 무지를 드러내며 이것은 생리대나 생리컵에 대한 오해와 비하로 이어지고 있는 것이다.

비체의 가장 대표적인 예인 여성의 월경에 대한 무지와 공포와 혐오가 오늘날까지 이러할진대 2-3천 년 전에 기술된 구약성서에서 그러한 흐르는 것, 비체에 대한 혐오 또한 명확하게 드러난다고 할 수 있다. 구약성서에서는 흐르는 것, 유출병, 몸으로부터 흘러나오는 것, 남자의 정액, 여자의 월경, 출산 시의 출혈 등을 부정한 것, 즉 깨끗하지 못

---

9 뉴시스, "상습적인 여혐현상…생리대 대안 '생리컵'에 또 재현", 2017. 8 27, http://www.newsis.com/view/?id=NISX20170825_0000077361&cID=10201&pID=10200
10 인사이트, "남자들이 의외로 잘못 알고 있는 '생리상식' 5가지", 2017. 5. 2, http://www.insight.co.kr/newsRead.php?ArtNo=103325

한 것으로 여기고 더 이상 오염, 전염되지 않도록 완벽하게 차단하도록 법으로 규정한다. 필자는 구약성서, 특히 레위기에 나타난 정결법 규정을 통해서 고대 이스라엘 사회에서 비체, 흐르는 것에 대한 혐오의 이유와 특징을 살펴보고자 한다.

여기서 생리학적 현상으로서의 비체에 대한 혐오는 사회적, 종교적, 민족적, 문화적 비체에 대한 혐오로 확대되는데 필자는 구약성서에 나타난 이스라엘 역사 가운데서 대표적인 악녀로 평가된 북이스라엘의 이세벨에 대한 역사서술을 통해 순수성을 지키고자 하는 사회구조 안에서 비체로 보이는 여자에 대한 혐오를 드러내보고자 한다. 세계적으로뿐만 아니라 한국 사회에서도 정치, 경제, 사회 각 분야에서 여풍, 알파걸[11], 수퍼우먼 등의 신개념을 통해서 여성의 능력과 활약상이 두드러지는 요즘이지만 동시에 이전에는 남성의 전유물이었던 직업이나 활동영역에 등장하는 여성들에 대한 혐오 또한 새롭게 등장했다고 볼 수 있다. 지적, 이성적, 논리적 능력뿐만 아니라 감성적, 관계적, 실천적 능력에서 남성을 능가하거나 남성의 영역을 침범 혹은 위협하는 파워 있는 여성들에 대한 위기감과 적대감은 여성 차별, 여성 부정, 여성 폭력 등 다양한 형태의 현대적 여성 혐오$_{misogyny}$를 가져왔다. 구약성서에서 이세벨은 이스라엘을 죄악에 빠트리는 대표적인 인물로 묘사되는데 이러한 부정적인 평가와 묘사는 구약성서의 역사 속

---

11 미국 하버드대 아동심리학과 교수 댄 긴들런은 공부, 운동, 친구관계, 미래에 대한 비전, 리더십 등에서 남학생들을 능가하는 미국의 엘리트 소녀들에게 그리스어 알파벳 첫글자인 '알파α'를 붙여 '알파걸'이라는 개념을 만들어내었으며 이전과는 근본적으로 다른 "완전히 새로운 사회계층의 출현"으로 규정했다. 구미정, 『성경 속 세상을 바꾼 여인들』 (서울: 도서출판 옥당, 2012), 17.

에서 비체abject로 살아간 한 여성에 대한 성적 차별이고 부정이며 폭력이었음을 드러내게 될 것이다.

II. 오염물 비체에 대한 혐오: 몸의 유출에 대한 규례들

스튜어트 월턴Stuart Walton이 규정한 "인간을 인간이게 만드는 10가지 감정12" 중 하나인 '혐오disgust'는 부정적 외부 자극, 즉 '역겹고 불쾌하고 고약하고 밥맛없고 메스꺼'운 것에 대해서 "속을 뒤집어놓고 밑에서 식도를 통해 뿜어 올라오는" 듯한 강렬한 신체 반응, 즉 물리적 거부반응을 일으키는 강렬한 감정이라고 정의되었다.13 이미 위에서 언급한 것처럼 혐오는 "침, 콧물, 가래, 귀지, 오줌, 똥, 정액, 피(특히 생리혈) 같은 고약한 신체 분비물이나 썩거나 곪는 생물학적 과정의 구체적 예에 뿌리를 둔 것"14으로 이해할 수 있지만 혐오는 이러한 미각적, 생물학적 차원을 넘어서서 도덕적 영역으로 확대되며 인간이 처한 상황, 현실, 우리가 하는 행동 혹은 하지 않는 행동에 대해서도 일어날 수 있고 이때 혐오는 단순히 밖에서 오는 영향에 반응하는 감정이 아니라 안으로도 향할 수 있는 감정이 되어 스스로에게 혐오감을 느끼게 된다.15

---

12 스튜어트 월턴은 인간의 기본 감정을 행복, 슬픔, 분노, 공포, 혐오, 놀람 등의 여섯 가지로 규정한 다윈의 정의에 네 가지 감정, 즉 질투, 경멸, 수치, 당황을 더해 총 열 가지의 다양한 감정이라고 말한다. 그는 이러한 다양한 심리적 상태뿐만 아니라 이 감정반응이 사회사와 문화사에 끼친 영향을 연구하였다. 스튜어트 월턴, 『인간다움의 조건』, 22.
13 앞의 책, 139.
14 앞의 책, 141.

고대 이스라엘 사회를 배경으로 하는 구약성서 안에서도 이러한 신체분비물에 대한 혐오를 발견할 수 있다. 신명기에는 진을 치고 적군과 맞서는 상황에서 병사 중 누군가가 몽설한 경우와 생리적인 현상인 대변을 처리하는 법이 규정되어 있다(신명기 23:9-14). 남자의 신체에서 흘러나온 정액은 '악한' 것에 해당하며 '부정'한 것으로서 일정한 기간 동안 진 밖으로 격리되어야 했으며 해가 지고 몸을 씻고 난 이후에 다시 진 안으로 들어올 수 있었다. 이것은 생리적인 현상인 배변의 경우에도 해당된다. 대변의 경우에도 진 안에서가 아니라 진 밖의 일정한 장소에서 이루어져야 했으며 흙으로 덮어서 보이지 않도록 해야 했다. 그 뒤에 이어지는 이유는 그들의 하나님 야웨가 적들을 물리치고 그들에게 승리를 안겨주고 그들을 구원하시기 위해 그들의 진영 안으로 두루 다닐 때에 그 '더러운 것'을 보면 그들을 떠날 것이기 때문이라고 설명하고 있다(신명기 23:14). 인간의 배설물인 대변을 '더러운 것'으로 규정하고 인간뿐만 아니라 하나님도 그것을 보기 원치 않으시며 그 더러운 것 때문에 하나님이 그 진영을 떠날 것이고 하나님이 함께 하지 않으면 전쟁에서 승리할 수 없는 결과를 가져온다는 것이다. 그러므로 이런 일이 일어나지 않기 위해 그들의 진영 안을 깨끗하게 유지해야 된다고 요구하고 있는 것이다. 이스라엘 군대는 "모든 종류의 의식상의 오염과 자연적 오염"으로부터 그들의 진을 청결하게 유지하고 지켜야 했다.16 이러한 규정은 구약성서의 시대와 사회가 밤에 무의식적으로 흘린 정액이나 일상적인 배변을 더러운 것으로 여겼고 하나님

---

15 앞의 책, 142.
16 D. L. 크리스텐센/정일오 옮김, 『신명기(하)』 WBC 6 (서울: 솔로몬, 2007), 187-188.

이 임재하고 있는 성스러운 진을 더럽힐 수 있는 오염물로 여겼기 때문에 진 밖으로 추방되고 물로 씻어 제거되고 흙으로 감추어져야 했으며 나아가 신학적으로 '악한 일'(신명기 23:10)로 평가했음을 명백하게 보여주는 것이라고 할 수 있다.

또한 구약성서의 레위기는 정결에 관한 법들을 많이 포함하고 있는데 그중에서 여성의 몸에서 나오는 피, 유출물에 대해 부정하다고 생각하여 정결하게 되는 기간을 두며 그 기한 뒤에 제사를 드려 깨끗하게 하는 법규들이 포함되어 있다. 레위기에서는 이스라엘의 하나님 야웨의 거룩함에 근거하여 이스라엘 백성의 거룩함을 요구한다. "너희의 하나님인 나 주가 거룩하니 너희도 거룩해야 한다"(레위기 19:2). 이 거룩함은 이스라엘 백성의 일상적인 삶과 직접적으로 연결되어 있으며 또한 하나님께 드리는 제의적 삶과도 연결되어있다. 즉 인간의 기본적인 삶의 영역인 음식, 질병과 성, 출산과 죽음 등에서 정결함과 부정함이 구분되며 그것은 또한 제의 가능성을 결정한다. 거룩함의 반대개념은 '속됨'(레위기 10:10), '부정함'(레위기 15: 31)인데 레위기에서 정결과 부정의 구별은 인간이나 짐승 또는 사물의 제의 가능성을 판단하는 기준이 된다. 즉 제의에 참여할 수 있는지 혹은 제의에 사용될 수 있는지, '거룩한 자' 야웨 하나님께 가까이 갈 수 있는지, 드려질 수 있는지를 결정하는 근거가 되는 것이다.[17]

정결함과 부정함의 범위는 소위 '정결법'으로 불리는 레위기 11-15장에서 서술되는데 그 주제와 내용은 다음과 같이 요약될 수 있다.

---

17 이경숙 외, 『여성이 읽는 성서 구약성서개론』(서울: 대한기독교서회, 2005), 67-68.

11장 정결한 동물과 부정한 동물, 먹을 수 있는 음식과 먹을 수 없는 음식
12장 아이를 낳은 산모의 부정한 기간
13-14장 악성 피부병의 부정함
15장 신체의 유출물의 부정함

특히 레위기 12장은 산후정결법이라고 불리는데 여기에서 아이를 낳은 여자는 부정하게 여겨졌음을 알 수 있다. 그러나 "생육하고 번성하라"(창세기 1:26-28)라는 하나님의 명령의 관점에서 볼 때 출산 그 자체가 부정하다기보다는 출산에 동반된 출혈로 인한 부정함으로 이해할 수 있다. 메리 더글라스Mary Douglas는 레위기의 정결법을 문화인류학적 관점에서 해석하는데 레위기의 관심은 '질서 추구'이며 '거룩하다'는 신의 속성은 '분리, 구분'과 함께 '전체성과 완전성'으로 설명하고 있다.[18] 즉 하나님께 바치는 물건과 하나님께 나아가는 사람은 흠이 없고 완전하고 완벽해야 한다는 것이다. 그러나 사람의 몸으로부터 유출된 것은 산후 출혈이든(레위기 12장) 월경 혹은 정액(레위기 15장)이든 부정한 것이므로 육체적 완전성과 완벽함을 깨뜨리는 것이기 때문에 제사 드리는 것이 금지되었다고 보았다. 즉 피는 생명과 직접 관련된 것으로(레위기 17:11) 피를 몸 밖으로 흘리는 것은 위협적이며 죽음에 이를 수도 있기 때문에 부정한 것으로 규정했으며 그것은 보건-위생학적으로 불결한 것이 아니라 신체의 완전함과 바른 질서가 파괴되고 무질서하게 되었기 때문이라고 본 것이다. 이러한 관점에서 웬함G. J.

---

[18] 메리 더글라스/유제분, 이훈상 옮김, 『순수와 위험: 오염과 금기개념의 분석』 (서울: 현대미학사, 1997), 85-92.

Wenham 또한 인간의 몸으로부터 '생명의 액체'(레위기 17:11; 14)가 빠져나갔기 때문이라고 설명하였다.19 여자의 몸에서 피가 흘러나오는 것(출혈)이나 혹은 남자의 몸에서 정액이 흘러나오는 것(정액 유출)은 모두 남녀의 생식기로부터 흘러나오는 것으로 고대 이스라엘인들도 생명을 만드는 액체가 비정상적으로, 올바르지 않게 흘러 나가버리는 것으로 보았다는 것이다. 김경열 또한 피는 생명을 의미하는 것으로서 피가 몸에서 빠져나가는 것은 생명이 소실되면서 죽음에 가까워진다는 의미이고 따라서 생식기를 통해 피가 빠져나가는 산후 출혈(레위기 12장)이나 자궁 출혈(레위기 15장)은 여자를 부정하게 한다고 설명한다.20 특히 산모의 경우 자신의 피를 흘리면서 죽음에 가까이 가는 과정을 통해 새로운 생명을 탄생시키기 때문에 "죽음과 생명의 중간상태에 놓인 존재"21로서 부정한 것으로 규정했다는 것이다. 또한 김경열은 산모를 일정 기간 격리시키고 활동을 제한한 것은 산모의 육체적 회복과 감염방지를 위한 배려 때문이었을 것이라고 추측한다.22

그러나 앞에서 언급한 월튼의 관점에서 보면 레위기의 규정들은 정결과 부정, 생명과 죽음의 대립이라는 심오한 신학적/철학적 근거나 피를 흘리는 여자의 위생과 보호를 위한 인도주의적 의도에서 출발한 것이 아니라 더 원초적이고 근본적으로 출산 시 인간의 생식기에서 나오는 엄청난 양의 피에 대한 두려움과 혐오에서 비롯된 규정이라고 할

---

19 G. J. Wenham, "Why Does Sexual Intercourse Defile?(Lev.15:18)", *ZAW* 95(1983), 434.
20 김경열, 『레위기의 신학과 해석』 (서울: 새물결플러스, 2016), 376.
21 앞의 책.
22 앞의 책, 379.

수 있다. 이렇게 생물학적 특성에 대한 혐오는 야웨 종교의 제의적 관점에서 '부정', 즉 깨끗지 않은 것으로 규정됨으로써 직접적으로 의식과 행위에 영향을 준 종교적 의미로 전환되고 확대되었다고 할 수 있다.

그런데 이 규정에서 또 다른 어려움에 부딪히게 되는데 출산한 아이의 성별에 따라 부정한 기간이 다르게 규정되었다는 것이다. 즉 남자 아이를 낳으면 산모는 7일 동안 부정하며 33일이 지나야 산혈이 깨끗하게 되는 반면 여자 아이를 낳으면 산모는 14일 동안 부정하고 66일이 지나야 비로소 산혈이 깨끗하게 된다는 것이다. 산모가 부정함으로부터 완전히 정결하게 되는 기한은 아들을 낳을 경우 총 40일, 딸을 낳을 경우 총 80일이 된다.23 그 원인에 대해서는 여러 가지 논의가 있지만 명백한 결론에 이르지는 못했다. 예전에는 실제로 여아를 낳은 산모의 하혈이 더 오래 지속되었기 때문이라거나24 혹은 고대 이스라엘인들은 태아가 완성되는데 남아의 경우 41일, 여아의 경우 81일 걸린다고 믿었기 때문이라고 설명하기도 했지만25 충분한 답을 주지는 못했다. 최근에는 고대의 가부장적 이스라엘 사회에서 여자가 남자보

---

23 하틀리는 40일과 80일의 핵심적인 숫자 4가 네 방향을 나타내는 완전성을 상징한다고 보았다. 창세기의 홍수가 40일 동안 지속되었고(창 7:4, 12, 17 등) 이스라엘이 40년 동안 광야를 헤맨 것처럼(신 2:7; 8:2 등) 4의 배수인 40은 중대한 사회적 전환이나 징벌의 기간의 완료를 나타내는 것으로서 레위기 본문에서 40일, 80일의 기간은 가족 안에서 자녀 출생으로 인한 중대한 변화를 의미하는 것으로 해석한다. J. E. Hartley/김경열 옮김, 『레위기』(서울: 도서출판 솔로몬, 2006), 386.
24 A. Dillmann(1880); D. I. Macht(1922) 등의 견해에 근거해서 김경열은 딸을 낳았을 경우 아들보다 2배의 기간은 아닐지라도 산모의 출혈이 더 오래 지속되었고 회복에 더 오랜 시간이 걸렸기 때문에 넉넉하게 2배의 기간으로 법제화되었을 수 있다는 가능성을 제기하였다. 김경열, 『레위기의 신학과 해석』, 379에서 재인용.
25 J. Milgrom, *Leviticus 1-16: a new translation with introduction and commentary* (New York: Doubleday, 1991), 751.

다 열등하고 몸값도 절반(레위기 27장 2-7절)이었다는데 근거한 남녀 가치의 차이에 의한 것이라든지26 혹은 여자 아이는 미래의 산모라는 점이 고려되어 두 배의 부정한 기간이 요구된다고 주장하기도 한다.27 그러나 어떠한 설명도 부정한 기간의 차이에 대한 충분한 답이 될 수 없다. 분명한 것은 출산한 산모가 정결하지 못한 기간이 바로 그가 낳은 아이의 성별에 따라서 다르게 규정되었다는 것이다. 이것은 남아 출산과 여아 출산에 대한 당시의 차별적인 생각과 관습에서 비롯된 것으로 보아야 할 것이다. 여아 출산의 경우 산모의 부정한 기간이 남아 출산의 경우보다 2배나 되어서 아이를 출산한 여자가 집밖으로 나와 제의에 참여하고 다른 일상적인 삶을 누릴 수 있는 기간이 길게 제한된 것은 당시 이스라엘 사회에서 여아의 출산은 그 가족에게나 산모에게나 남아 출산의 경우보다 환영받지 못했음을 짐작해볼 수 있는 것이다.28

다른 한편 산모의 부정함은 기한이 정해져 있는 일시적인 것이고 특히 제의와 관계된 것이라는 것이 눈에 띈다. 부정한 기간 동안 산모

---

26 M. Noth/『레위기』(제2판), 국제성서주석 (서울: 한국신학연구소, 1989), 119; G. J. Wenham/김귀탁 옮김, NICOT 『레위기』 (서울: 부흥과개혁사, 2014), 210-211; J. E. Hartley, 『레위기』, 385.

27 J. Magonet, "'But if it is a girl, she is unclean for twice seven days..' The Riddle of leviticus 12.5", John F. A. Sawyer(edit.), *Reading Leviticus – A conversation with Mary Douglas*, (Sheffield: Sheffield Academic Press, 1996), 151-152.

28 기원전 14세기에 편찬된 것으로 추정되는 중기 앗시리아 법전(Middle Assyrian Laws)의 유산(流産)법에는 임신한 여자를 때려 낙태한 아이가 남자아이라면 가해자를 죽이지만 여자아이를 낙태한 경우에는 그 생명값을 돈으로 변상하면 된다는 규정이 있다(§50). 이종근, 『메소포타미아 법사상』 (서울: 삼육대학교출판부, 2008), 183. 이것은 고대 이스라엘 주변지역에서 태아의 경우에도 성적 구분에 의한 법적, 사회적 차별이 있었음을 시사한다고 볼 수 있다.

는 성소에 가까이 가지 못하고 성물을 만지는 것이 금지되지만 부정한 기간이 끝나면 산모는 그가 아들을 낳았든지 딸을 낳았든지 간에 성소에 올라가 번제와 속죄제를 바치게 되는데 일반적으로 어린 양으로 번제를, 집비둘기나 산비둘기 한 마리로 속죄제를 바치게 된다. 그러나 가난한 여자의 경우에는 어린 양 대신 비둘기로 대체하여 비둘기 두 마리를 바치면 된다(레위기 12:8). 아마도 번제는 자녀 출산에 대한 감사의 의미로 속죄제는 산모의 부정함 때문에 바친 것으로 이해할 수 있다.[29] 신비하고 경이로우면서도 위험한 출산 과정에서 흘려진 피에 대한 두려움과 혐오에서 시작된 이 규정은 아이러니하게도 고대 이스라엘 사회의 종교적 범위에서의 여성의 삶을 엿볼 수 있게 한다. 아이를 낳은 산모인 여성 또한 성소에서 희생제사를 드릴 수 있는 의무와 권리를 가졌으며[30] 그가 낳은 아이의 성별에 관계없이 제사의 제물은 동일하게 규정되었다는 것이다. 제의적 활동에의 제한과 격리는 일시적이었으며 일정한 기간이 끝나면 다시 사회 구성원으로서의 일상적이고 제의적인 삶에 참여할 수 있었음을 알 수 있다.

그런데 레위기 12장 규정을 보면 산모의 출산 자체가 부정한 것이 아니라 산모의 출혈로 인해서 산모가 부정하다고 말하고 있는데 이것을 여자의 생리적 출혈, 즉 월경과 비교하여 설명하고 있음을 알 수 있다.

> … 여인이 임신하여 남자를 낳으면 그는 이레 동안 부정하리니 곧 월경할 때와 같이 부정할 것이며(레위기 12:2).

---

29 J. E. Hartley, 『레위기』, 386-387; 김경열, 『레위기의 신학과 해석』, 379.
30 노트 또한 남자가 아니라 여자 자신이 제물을 바치는 주체로 나타난다는 사실을 지적한다. M. Noth, 『레위기』, 119.

여자를 낳으면 그는 두 이레 동안 부정하리니 월경할 때와 같은 것이며…(레위기 12:5).

기간의 차이는 있지만 태어난 아이의 성별에 관계없이 아이를 낳은 산모가 부정한 것은 출산 시 발생하는 산모의 출혈 때문이라고 할 수 있다. 여자가 생물학적으로 매달 피를 흘리는 월경이 부정한 것처럼 산모가 흘리는 피 또한 부정하다는 것이다. 12장에서 세 번에 걸쳐 언급된 산혈(직역하면 '깨끗하게 하는 피')은 2-6주 동안 계속되지만 월경과 비슷한 형태이기 때문인 듯하다. 그런데 여기에서 '월경'으로 번역된 히브리어 nidda의 어원 ndd/ndh의 뜻은 '배출하다, 쫓아내다'로 월경 시 여자가 흘리는 피의 배출뿐만 아니라 피를 흘리는 여자 자신이 그가 속한 사회와 공동체로부터 배제되고 축출되는 것까지 포함한다.[31] 피를 흘리는 기간 동안 여성 자신도 부정하기 때문에 성물을 만질 수도 없고 성소에 들어갈 수도 없었다(레위기 12:4). 피를 '배출'하는 것은 부정한 것이며 그로 인해 부정하게 된 여자는 공동체로부터 '배출'되고 있는 것이다.

여성의 생식기로부터 나오는 유출물에 대한 혐오는 레위기 15장에서 더욱 구체적으로 묘사된다.

어떤 여인이 유출을 하되 그의 몸에 그의 유출이 피이면 이레 동안 불결하니 그를 만지는 자마다 저녁까지 부정할 것이요(레위기 15:19).

---

[31] J. Milgrom, *Leviticus 1-16*, The Anchor Yale Bible (New Haven & London: Yale University Press, 2009), 744-745.

임신하고 출산할 수 있는 신체적 특징 때문에 달마다 정기적으로 발생하는 피의 유출은 이스라엘 사회에서 '부정unclean'한 것으로 여겨졌으며 그를 만지는 자 뿐만 아니라 그가 누웠던 자리, 그가 앉았던 자리도 부정하고(레위기 15:20), 그 자리를 만지는 자도 부정해지고(레위기 15:21-22) 그 자리 위에 있던 물건을 만지는 사람도 부정해진다(레위기 15:23). 피를 흘리는 여자와 동침하는 사람도 부정해지고 그가 눕는 잠자리까지 모두 부정해지는데(레위기 15:24) 단순한 접촉은 하루 동안만 부정한 반면, 성적 교합의 경우에는 7일 동안 부정해진다는 규정은 피 흘리는 자와의 성적 교합을 더욱 혐오하고 있음을 드러낸다.[32] 몸 밖으로 흐르는 피는 불결하고 부정한 것으로서 그 부정함을 전염시킨다고 생각하여 성적인 교합은 물론 단순한 접촉까지 금지시켰다고 할 수 있다.

정상적인 생리 현상으로서 월경 기간에 흐르는 피 뿐만 아니라 월경기간이 아닐 때 혹은 월경 기간이 지난 후에 여자 몸 밖으로 흐르는 피, 즉 비정상적으로 오랜 기간 지속되는 출혈 또한 부정하다. 그리고 월경 때와 마찬가지로 그가 눕는 침상, 앉는 자리도 부정하고 그것을 만지는 자도 부정하게 된다는 점에서 월경 기간의 출혈과 마찬가지로 부정의 범주 안에 포함된다. 이와 같이 구약성서가 흐르는 것, 특히 사람 몸 밖으로 흐르는 것에 대해 혐오하고 금기시하는 것은 여성의 몸으로부터 나오는 피 뿐만 아니라 남자의 몸에서 나오는 유출물에 대해서

---

[32] 이것은 후에 월경하는 여자와의 성관계 금지규정(레 18:19)으로, 더 나아가 월경 중인 여자와 성관계를 한 경우 남자와 여자를 모두 죽이라는 규정(레 20:18 '...둘 다 백성 중에서 끊어지리라')으로 규범의 확대, 법적 발전의 과정을 거쳤다고 볼 수 있다. 이은애, "레 18장의 성관계 금지조항," 「구약논단」 제19집(2005), 60-65.

도 부정하다고 규정하는데서 더욱 분명해진다. 이스라엘 자손 가운데서 그 몸에 유출병이 있으면, 즉 고름이 계속 흘러나오든지 몸에 그 고름이 고여 있든지 간에 그는 부정하다(레위기 15:2-12). 그 부정함은 또한 전염성이 있어서 그의 침상, 자리, 옷, 침, 안장, 물건, 그릇 등은 모두 부정하게 된다. 또한 남자가 그 몸에서 정액을 흘리면 그것도 부정하게 된다(레위기 15:16-18). 그 몸은 물론 정액이 묻은 옷과 가죽 그리고 동침한 여자까지 모두 부정하게 된다고 규정하고 있다.

구약성서는 인간의 몸, 특히 남자든 여자든 성기에서 흐르는 것에 대해 깨끗하지 않은 것으로 규정하고 정결하게 되는 기간을 정한다. 부정하게 여겨지는 그 유출물이 멈추고 일정한 시간이 지나게 되면 ─ 보통 7일 후에(레위기 15:13;19; 28)─ 유출물 때문에 부정하게 여겨졌던 사람은 옷을 빨고 흐르는 물에 목욕을 한 후에 제사장에게 제물을 가져가 야웨 하나님 앞에 제사를 드림으로써(레위기 15:14-15; 29-30) 다시 정결하게 되었다. 또한 그 유출물과의 접촉으로 인해 2차적으로 부정하게 여겨진 사람도 그의 옷을 빨고 물로 몸을 씻으면 그날 저녁까지만 부정함으로써(레위기 15:5-8; 10-11; 21-23; 27) 그 부정함은 항구적인 것이 아니라 일시적인 것이라고 할 수 있다. 김경열은 남자든 여자든 유출병이 있는 사람을 부정하다고 함으로써 활동을 제한하고 일정기간 격리시키는 것은 본래 '병원균의 감염을 차단하고 불결한 신체적 상태를 청결하게 하여 환자가 조속히 회복되도록 하기 위한 조치'[33]였을 수 있음을 지적했다 그러나 레위기에서 특히 산모나 월경하는 여자를 '부정하다'고 선언한 것은 단순히 병리학적인 기원으로 설명

---

33 김경열, 『레위기의 신학과 해석』, 402.

하기보다는 더 원초적으로 성기에서 흐르는 피에 대한 혐오와 두려움에서 시작되었다고 보는 것이 더 타당하다. 더 나아가 피에 대한 혐오는 여성에 대한 혐오를 촉발시키고 유지시켰으며 종교적이고 신학적으로 '부정하다'고 평가함으로써 실제적으로 사회적, 제의적 삶에서 여성의 소외, 배제, 단절을 가져왔다고 할 수 있다.

고대 이스라엘뿐만 아니라 그 주변 지역, 즉 바빌로니아, 이집트, 그리스, 로마, 아랍과 같은 문화권에서도 성교와 정액의 배설을 부정하게 여기고[34] 산후 출혈도 부정한 것으로 보았다.[35] 동아시아 불교 경전 중 '혈분경'에도 지옥에 여성의 피—산혈 혹은 생리혈—로 이루어진 연못이 있어서 수갑과 발목사슬을 한 여성들이 하루 세 번 그 더러운 피를 마시는 고통을 당해야 한다는 내용이 포함되어있다. 여성이 출산 시에 혹은 생리 때에 흘린 피는 불결하고 위험한 힘을 가진 것으로서 하늘과 땅의 신에게 불경을 범하였기 때문이라는 것이다.[36] 여기에서도 여성이 생물학적 특징 때문에 흘리는 피 자체를 부정(不淨)하고 오염시키는 것으로 여겼으며 이는 사회적으로도 여성에 대한 비난과 평가절하, 차별과 혐오를 가져왔다고 할 수 있다. 마찬가지로 고대 이스라엘인들이 가졌던 흐르는 것에 대한 감정적 혐오는 야웨 종교와 결합되면서 종교적인 의미의 부정함으로 규정되었고 이스라엘 공동체와 사회구조 안에서 여성을 격리하고 배제시키는 규정으로 확대되었으며 이것은 이스라엘 사회와 야웨 종교 안에서 가부장적 체계와 여성 차별을 유지해나갈 수 있었다. 그러나 이러한 종교적 부정함은 일정한 기

---

[34] G. J. Wenham, 『레위기』, 247.
[35] J. Milgrom, "*Leviticus 1-16*", 746; 763-765.
[36] 송요후, 『혈분경의 기원과 사회 종교적 의미』 (서울: 위더스북, 2014), 197.

간 후에 제의의식을 통해서 다시 정결해질 수 있었고 그는 다시 그 종교적 사회 공동체 안에 포함됨으로써 야웨 하나님과의 관계를 지속해 나갈 수 있게 했다. 흐르는 것의 부정함은 절대적이거나 영원한 것이 아니라 누구나 일상적인 삶에서 마주칠 수 있는 것이었고 또 일정한 기간 후에 제거되어 깨끗하게 될 수 있는 상태였다고 할 수 있는 것이다.

III. 민족적, 성적, 종교적 비체에 대한 혐오: 이세벨

흐르는 것, 비체가 규정된 경계를 넘나들면서 경계를 허물어버리고 사회적 질서와 구조를 위협하는 것으로 규정된다면 이스라엘 역사에서 이스라엘 민족의 정체성과 야웨 신앙을 위협했던 이세벨의 경우는 사회적, 역사적 비체로 규정할 수 있다. 그는 두로 왕의 딸로서 이스라엘 왕 아합과 결혼한 이방 여인이었으며 이스라엘 땅에 와서 살면서 그의 종교인 바알과 아세라 신앙을 유지하고 있었고, 아합왕 서거 이후 그의 아들 요람이 왕위에 오른 후에는 황태후로서 정치적, 종교적 권력과 영향력을 행사하는 존재였다. 민족적 순수성의 경계, 종교적 신앙의 순수성을 지키려는 역사가들의 기준에 의하면 그는 하나의 정해진 틀로 규정될 수 없으며 민족적, 신앙적 경계를 부수고 오염시키고 부정하게 할 매우 위험한 존재인 것이다.

이세벨은 북왕국 이스라엘과 두로 사이의 정치적인 결혼으로 왕실에 들어온 자로서 이세벨이 이스라엘 왕실에서 가지는 영향력은 두로가 가진 해상권 장악에 상응하였을 것이다.[37] 이세벨의 영향력은 신명기 사가에 의해서 바알종교를 확대하는 것으로 평가되었는데 수백 명의 바알과 아세라 선지자들을 둠으로써 이스라엘의 종교를 야웨 종교에서 바알종교로 바꾸고(열왕기상 16:31-33; 18:19), 야웨 선지자들을 모두 제거하였다고 한다(열왕기상 18:4; 13). 또한 왕을 대신하여 명령을 내려서(열왕기상 21:7-10) 나봇을 살해하고 그 포도원을 차지하였다(열왕기상 21:11-16). 이세벨은 자신이 가진 권력을 통해서, 땅의 경계표를 옮기지 말고 팔지 말라는 하나님의 명령(레위기 25:23; 신명기 19:14절; 27장 17절)을 어기고 나봇의 땅을 빼앗았으며 그것은 결국 하나님의 율법을 어긴 것이라는 것이다. 신명기 사가의 보도에서 아합은 사건의 뒤로 빠져있으며 그 배후에서 모든 일을 계획하고 실행하는 사람은 이세벨로 나타나지만 실제로 땅을 소유하고 힘과 권한을 누리는 자는 아합이다. 나봇의 포도원을 탐내고 결국 소유하게 된 자는 아합 왕이기 때문이다(열왕기상 21:2, 16).

따라서 열왕기상 21장을 이세벨이 음모의 장본으로 등장하는 1-16절과 아합이 모든 죄의 책임이 있다고 보도하는 17-29절의 서로 상반된 개별적인 전승의 결합으로 해석하기도 한다.[38] 1-16절에서는 나봇의 포도원 위치가 이스르엘에 있는 것으로 언급된 반면(열왕기상 21:1, 4, 16) 후반부에서는 사마리아에 있는 것으로(열왕기상 21:18) 말하고 있기 때문이다. 열왕기하 9장 21절에서 나봇의 포도원이 이스르엘에 있는 것으로 기록하고 있는 것으로 보아 열왕기상 21장의 기록은 오므리 왕가와 나봇의 갈등에 대한 두 가지 다른 전승이 결합되었다는 것이다. 외밍Oeming에 의하면 열왕기상 21장 1-16절은 이세벨을 주인

---

[37] 이경숙 외, 『여성이 읽는 구약성서개론』(서울: 대한기독교서회, 2005), 128.
[38] 이경숙, "성서기자의 눈으로 본 여성의 유형 - 열왕기서를 중심으로," 「한국기독교신학논총」 제14집(1997), 92-95.

공으로 하는 소설Novelle로 각색된 전승이며, 열왕기상 21장 17-29절은 그 사건에 대한 엘리야를 중심인물로 한 예언자적 설화로 이 본문에서 자연스럽게 연결되었다는 것이다. 역사적으로 아합 왕은 오므리 왕의 아들로서 22년 동안이나 다스리면서 왕권을 안정시키고 경제적, 외교적, 군사적인 면에서 이스라엘 국가의 부흥과 번영을 가져온 탁월한 왕이었음에도 불구하고 구약성서는 아합을 매우 부정적으로 묘사하며 악한 왕으로 평가하고 있다.39 가장 큰 이유는 바로 외국의 공주인 이세벨과 결혼함으로써 이방문화를 받아들일 뿐만 아니라 바알 신전과 제단을 세우고 아세라 상을 만드는 등(열왕기상 16:29-33) 바알종교를 도입하고 확대했기 때문으로 볼 수 있다. 이제 열왕기상 21장에서 신명기 사가는 나봇의 포도원을 빼앗는 일에 대해 이세벨에게 책임을 전가하고 있는데 이경숙은 '사악한 이방 여자 이세벨'에 관한 이 본문이 역사적 사실이라기보다는 오히려 야웨 중심의 배타적이고 반여성적인 신명기 사가의 관점에 의한 것이라고 평가한다.40

그러나 열왕기상 21장 1-16절의 본문을 '비체에 대한 혐오'의 관점에서 보면 이 본문은 오히려 이세벨이 이스라엘 왕실에서 갖고 있었던 영향력과 세력을 반증하는 것이라고 할 수 있다. 신명기 사가에 의하면 이스라엘 왕실에서 이방 여성은 나라를 하나님으로부터 멀리 벗어나게 하고 이방종교에 빠지게 한 악녀로서 그의 종말은 비참한 죽음으로 끝나며 그것은 정치적이며 종교적인 정화작업이라고 본다. 신명기 사가의 이러한 서술에는 "왕을 세우려면 네 형제 중에서 한 사람으

---

39 A. H. J. 군네벡/문희석 옮김, 『이스라엘 역사』, (서울: 한국신학연구소, 1989), 161-162.
40 이경숙, "성서기자의 눈으로 본 여성의 유형 - 열왕기서를 중심으로", 92.

로 할 것이요…"(신명기 17:15) 하는 신명기 규범이라는 전제가 깔려있다. '네 형제' 즉 '이스라엘 남성'만이 하나님의 약속과 축복의 대상으로 여겨지기 때문에 이세벨은 '이방인 여성'이라는 본래적 특성 때문에 권력을 행사하는 것 자체가 합당하지 않으며 더 나아가서 악한 것이고 범죄로 평가하고 있는 것이다. 이세벨은 아합 왕과 이스르엘 장로들보다 우세한 지배권을 행사하여 이스라엘의 율법과 도덕을 타락시키는 위압적인 횡포를 저지르는 것으로 묘사된다.[41] 이스라엘의 율법을 타락시키고 나봇의 포도원 때문에 마음이 상한 아합 왕에게 이세벨이 "내가 이스르엘 사람 나봇의 포도원을 왕께 드리리이다"(열왕기상 21:7)라고 한 말이나 이후 포도원을 빼앗기 위한 계략과 행동은 이스라엘 왕궁과 사회에서 이세벨이 가진 권력과 힘을 분명하게 드러내준다.[42] 이방인이면서 이스라엘 민족의 국가에 와서 살고 있으며 바알숭배자로서 야웨가 선물로 준 기업인 이스라엘 땅에 살고 있는 여성권력자 이세벨은 역사적, 민족적, 종교적, 사회적 의미의 비체로서 신명기 역사가에 의해 혐오와 적대의 대상이 되었다고 할 수 있는 것이다.

김정수도 나봇의 포도원 이야기에서 이세벨이 중심적 역할을 하는 것은 역사적 사실이라기보다는 후대 신명기 사가에 의한 것이며 이 이야기를 전수한 예언자 집단의 이세벨에 대한 강렬한 증오가 반영된 것

---

41 M. Cogan, I Kings, *The Anchor Yale Bible* (New Haven & London: Yale University Press, 2008), 484-485.
42 "왕이 지금 이스라엘 나라를 다스리나이까"(왕상 21:7)에 대해서도 다양한 번역이 가능하지만 이형원은 사소한 일로 근심하고 답답해하고 있는 소심한 왕을 비난하는 것으로 이해한다. 또한 이세벨의 계획이 성공한 것은 기득권을 유지하려는 이스라엘 원로들과 귀족들의 협조와 도움이 있었을 것으로 추정하였다. 이형원, 『열왕기상』, 대한기독교서회 창립 100주년 기념 성서주석 (서울: 대한기독교서회, 2005), 423-424.

으로 보았다. 이세벨이 나봇을 고발하고 죽음에 이르게 한 모든 과정과 방법은 이스라엘 전통에 의거한 것으로서 이세벨 자신에 의한 것이 아니라 이스라엘 전통에 익숙한 후대의 신명기 사가 혹은 편집자에 의해 기록되었다는 것이다.43 사건 후에 엘리야가 이세벨이 아니라 아합을 비난하고(열왕기상 21:17-21) 엘리야의 저주를 들은 아합이 금식하고 슬퍼할 때에(열왕기상 21:27) 이세벨은 침묵하고 있는 것이 이를 증명한다. 또한 김정수는 로페A. Rofe44의 견해를 따라 나봇의 포도원 이야기가 후기 유대 재건공동체 시기의 것이며 이야기에 등장하는 모든 법률적 문제들도 후기 사회를 배경으로 한다는 점도 지적한다. 나봇이 자신 가문의 유산에 집착했던 것은 포로기 이후의 제사문서(P)에 속하는 민수기 36장 7-9절에 근거하고 있으며 나봇에 대한 고발의 증언 역시 후대의 신명기(신명기 19:15) 법전에 근거하고 있다. 나봇에게 씌워진 죄명(하나님과 왕을 저주했다는 것)은 계약법전에 속하는 출애굽기 22장 2절을 위반한 것으로 이것 또한 제사문서(P)에 속하는 것이다. 나봇이 돌에 맞아 죽은 것은 성결법전에 속하는 레위기 24장 13-23절에서 '신에 대한 불경' 죄에 속한 것이다.45 이에 따라 김정수는 나봇의 포도원 이야기가 포로 이후 외국인 여자들과의 결혼을 금지하고 평민들의 땅을 빼앗는 부당한 일들이 벌어지고 있는 에스라-느헤미야 시대에 새롭게 각색된 것이라고 보았다.46

---

43 김정수, "나봇의 포도원 사건과 이세벨," 여성신학회엮음, 『성서와 여성신학(제2판)』 (서울: 대한기독교서회, 1997), 288-292.
44 A. Rofe, "Vineyard of Naboth: The Origin and Message of the Story", *Vetus Testamentum,* Vol.3(1988), 89-104.
45 김정수, "나봇의 포도원 사건과 이세벨", 298-299.
46 앞의 글, 299-300.

나봇의 포도원 사건에 대한 서술은 '이방신을 섬기는 이방 여인'에 대한 신명기 사가의 극심한 혐오를 보여주며 이것은 구약성서 전반에 걸쳐 흐르는 것이라고 할 수 있다. 고대 이스라엘의 정치적, 종교적, 문화적 위기 상황 속에서 신명기 사가들은 오래된 전승들을 모으고 결합하여 그들의 역사를 기록하였다. 그들의 야웨 중심적이고 민족적인 관점에서 보면 이세벨은 야웨 종교와 대립하는 바알종교 숭배자로서 이스라엘에 바알종교를 전파, 확대하였으며 야웨 선지자들을 학살하고 엘리야마저 죽이려고 했던 호전적 인물이고 거짓 증거와 재판으로 나봇을 죽이고 그의 포도원을 빼앗은 악인이다. 따라서 예언자 엘리사에게 기름부음을 받은 예후에게 죽임을 당함으로써 하나님의 저주를 받은 이방 여자인 것이다. 그러나 구약성서에서 대표적인 악녀로 등장하는 이세벨에 초점을 맞추어 가만히 들여다보면 이세벨은 자신의 고국, 고향 땅을 떠나 이스라엘이라는 외국 땅에서 살아가는 여자지만 이스라엘 왕 아합의 왕비이자 아합의 뒤를 이어 왕이 된 요람의 황태후로서 강력한 정치적, 종교적 영향력을 행사하였음을 추측해볼 수 있다. 이세벨이 목소리를 내어 말하고 종교적이고 법적인 영역에서 독립적이고 자율적으로 결정하고 행동하는 것은 그가 당시 남성의 영역이라고 여겨졌던 공적인 영역에서[47] 권력과 능력을 행사하고 있었음을 드러낸다. 야웨가 아닌 바알을 섬기는 비(非)이스라엘 출신 여자 권력

---

[47] 리베카 솔닛은 고전학자 메리 비어드의 에세이 「여성의 공적 목소리」(*The Public Voice of Women*)를 인용하면서 서양문학에서 수천 년 동안 여성을 침묵시켰는데 목소리를 갖는 것은 남성성의 결정적인 요소로 여겨졌고 공공영역은 남성의 영역이었기 때문이라고 말한다. 다시 말해 공공장소에서 말하는 여자는 대부분 정의상의 여자가 아니었다는 것이다. 리베카 솔닛/김영남 옮김, 『여자들은 자꾸 같은 질문을 받는다』(파주: 창비, 2017), 89-90.

자 이세벨은 신명기 사가의 입장에서 당황스럽고 두려움의 대상이어서 그들의 국가, 민족, 사회로부터 격리시켜야 하는 존재였음이 분명하다. 신명기 역사가는 이스라엘 역사에 있어서 외국인, 여성, 이방종교의 힘과 영향력을 이세벨의 전승을 통해 알고 있었으며 두려웠고 따라서 혐오스러운 것으로 만들어 배제시켜야 할 필요가 있었음을 추측해볼 수 있다. 이것은 통일 이스라엘 최전성기였던 솔로몬 왕 시대와 북이스라엘 왕국의 가장 강력한 왕조를 이루었던 오므리 왕조를 거쳐 포로 이후 유대 공동체에도 그대로 적용되어야 할 원칙이었던 것이다. 그렇기에 신명기 사가의 이세벨에 대한 평가는 비판적인 것을 넘어서 적대적이고 혐오적이라고 할 수 있다. 순수한 민족 공동체이자 종교 공동체여야 할 이스라엘 국가 혹은 후대 유대 공동체에게 다른 신을 믿는 외국인 여자는 위험한 존재이며 결국 하나님으로부터 저주를 받아 비참하게 죽게 되는 벌을 받는다고 경고하고 있다.

열왕기하 9장에서 예언자 엘리사가 제자를 보내 예후에게 기름을 붓고 왕으로 삼은 후 예후가 가장 먼저 해야 할 일은 '아합의 집'을 치는 것이었다(열왕기하 9:6-7).

> 너는 네 주 아합의 집을 치라 내가 나의 종 곧 선지자들의 피와 여호와의 종들의 피를 이세벨에게 갚아주리라 아합의 온 집이 멸망하리니 이스라엘 중에 매인 자나 놓인 자나 아합에게 속한 모든 남자는 내가 다 멸절하되(열왕기하 9:7-8).
>
> 이스르엘 지방에서 개들이 이세벨을 먹으리니 그를 장사할 사람이 없으리라 하셨느니라(열왕기하 9:10).

그런데 흥미로운 것은 아합의 집을 치는데 그것은 이세벨에 대한 복수라고 이야기하고 있으며 "아합에게 속한 모든 남자"를 멸절시키겠다고 이야기하고, "이스르엘 지방에서 개들이 이세벨을 먹"을 것이라고 말하는데 이것은 이미 앞에서 아합과 이세벨에 대한 예언(열왕기상 21:21-24)의 반복으로서 그 예언이 곧 성취될 것임을 나타내고 있다. 결국 왕이 된 예후는 아합과 이세벨의 아들인 이스라엘 왕 요람과 아합 집의 사위가 된 유다 왕 아하시야를 죽일 뿐만 아니라 이세벨을 죽임으로 그에게 주어진 임무를 수행한다. 그런데 여기서 또 우리의 눈길을 끄는 것은 예후 앞에 나타난 이세벨의 모습이다(열왕기하 9:30). 예후가 요람과 아하시야를 죽이고 이스르엘에 도착했다는 것을 듣고 이세벨은 왕궁의 창문으로 내다본다. 그때 이세벨은 "눈을 그리고 머리를 꾸미고 창에서 바라"보았다.[48] 북이스라엘 왕국 사회에서 남자인 왕 아합보다 더 강력한 권력과 영향력을 행사하던 이세벨이 화장을 하고 머리를 아름답게 꾸미고는 그녀의 입장에선 반역자인 예후를 맞이하고 있다는 것이다. 홉스는 이세벨이 죽음을 앞두고 깔끔하게 준비한 것이라고 해석하지만[49] 필자가 보기에 이러한 묘사는 이세벨의 여성성을 드러내는 것이라고 할 수 있다.

본래 패물은 남녀 모두와 상관있는 것이고 결혼선물로 주어지거나 (창세기 24:53), 출애굽할 때 선물 혹은 약탈품으로(출애굽기 3:22; 11:2;

---

[48] '눈을 그리고'에서 사용된 히브리어 *puk*은 렘 4:30에서도 언급되는 화장품의 일종으로 아랍어로는 *kuhl*이라고 하며 가루와 기름을 뒤섞어 속눈썹과 눈꺼풀을 색칠하여 검게 만든다. J. Gray, *I & II Kings*, Old Testament Library (London: SCM Press, 1977), 550.
[49] T. R. Hobbs, 김병하 옮김, 『열왕기하』 WBC 13 (서울: 솔로몬, 2008), 264-265.

12:35), 전쟁 전리품(민수기 31:50, 51; 사사기 8:26)으로 언급된다. 그런데 예언서에 오면 패물과 화려한 옷은 여자가 행음하기 위한 준비로 묘사된다. 즉 에스겔에서 벌거벗은 피투성이 여자아이를 씻기고 옷을 입히고 신을 신기고 패물을 두르고 화려한 왕관을 씌워 왕후의 자리에까지 오르게 했으나 그 화려함을 믿고 행음하였다고 비판한다(에스겔 16:6-22). 예레미야 4장 30절에서도 "멸망을 당한 자여 네가 어떻게 하려느냐 네가 붉은 옷을 입고 금장식으로 단장하고 눈을 그려 꾸밀지라도 네가 화장한 것이 헛된 일이라 연인들이 너를 멸시하여 네 생명을 찾느니라"라고 비판한다. 아름다운 옷, 화려한 패물 그리고 눈을 그리고 꾸미는 것은 어리석고 악한 여자의 특징으로 나타나고 있는 것이다. 곧 비참한 최후를 맞이하게 될 이세벨이 눈을 그리고 머리를 꾸몄다고 말함으로써 한때 왕의 딸이자 왕비였고 황태후였던 '저주받은 여자'의 어리석음을 보여주는 극적 장치라고 할 수 있다.

그런데 이세벨의 화장과 머리단장에 대한 묘사에도 불구하고 예후를 향한 그녀의 말은 날카롭기 그지없다. "주인을 죽인 너 시므리여 평안하냐"(열왕기하 9:31). 북이스라엘의 왕이었던 바아사를 대항해서 반역을 일으킨 시므리는 7일 동안만 왕으로서 다스렸고 아합의 아버지 오므리에 의해 죽임을 당한 비운의 인물이다. 즉 왕을 죽이고 왕궁으로 들어오는 예후의 삶 또한 그렇게 되리라는 조롱과 욕설, 비판과 저주의 말인 것이다. 마지막 순간에 예후를 향해 던진 이세벨의 일갈은 그녀의 뒤틀린 심사를 나타내는 것[50]이라기보다는 역설적으로 당시에 이세벨이 공적인 영역에서 가지고 있었던 권력과 역할을 드러내는 목

---

50 앞의 책, 265.

소리였다고 할 수 있다. 죽음을 앞둔 운명의 순간에 이세벨은 황태후로서 어울리는 치장을 하고 여전히 자기 확신과 용기를 가지고[51] 망대의 창문에서 큰 소리로 외치고 있었던 것이다. 고대 사회에서 남성의 영역이었던 정치적 권력과 종교적 영향력의 범위를 넘나들던 비체로서의 이세벨은 가부장적 야웨 신앙의 수호자 신명기 사가에게 있어서 어리석고 악한 '여자'였을 뿐이고 그의 비참한 죽음은 그 여자의 능력과 목소리를 통제하고 중단시키는 가장 효과적인 방법이었던 것이다.

IV. 나오는 말

구약성서에 나타나는 흐르는 것, 즉 비체에 대한 혐오는 생물학적인 더러움과 두려움으로부터 시작되었으나 그것은 점차 도덕적으로 옳지 못하고 신학적으로 부정한 것으로 평가되면서 순수하고 깨끗하며 완전한 몸과 공동체를 위해서 격리되고 소외되며 배제시켜야 하는 것으로 여겨져 왔다. 특히 인간의 몸에서 흘러나온 액체 중에서 여성의 생식기에서 흘러나온 피에 대한 혐오는 생리 중인 월경의 기간은 물론 그 이후에 부정한 기간을 정하고, 정결하게 하는 의식을 규정하며 그 여자 혹은 그가 흘린 피가 닿는 모든 곳과 사물 그리고 성관계를 가진 사람 등으로 그 부정한 범위가 확대되었다. 산후 출혈의 경우 월경의 출혈과 비교하여 부정한 것으로 규정한 것은 출산 자체보다는 출

---

51 M. Cogan & H. Tadmor, *II Kings*, The Anchor Yale Bible (New Haven & London: Yale University Press, 2008), 112.

산 시 흘리는 피를 더러운 것으로 보고 정화의 대상으로 생각하였으며 태어난 아이의 성별에 따라서 그 부정한 기간이 구별되는 등 정결규정이 점점 구체화되고 다양하고 복잡하게 발전했음을 알 수 있다. 그러나 흐르는 것에 대한 이러한 혐오는 일정한 기간 후 정해진 의식에 의해서 깨끗해지고 정결해질 수 있다는 규정을 통해서 종교적으로 극복해나가려고 한 것이 아닌지 추정해본다.

구약성서에서 흐르는 것에 대한 혐오는 민족적, 종교적, 정치적으로 질서와 경계를 넘나드는 존재인 비체로서, 다른 종교를 가진 이방여성 이세벨에 대한 혐오로 확대된다. 남자의 아내이자 아이를 낳아 키우는 어머니로서의 역할에 머물러 있지 않고 국력이 더욱 강력한 외국 두로 '왕의 딸'이자 야웨 하나님의 백성인 이스라엘의 '왕의 부인'이며 다음 '왕의 어머니'인 이세벨이 종교적으로 야웨 신앙을 위협하고 바알 신앙을 장려하고 확대하였으며 왕을 대신하여 정치적 영향력을 행사하였다는 것은 그야말로 엄청난 두려움과 반향을 불러일으켰음을 알 수 있다. 남 왕국 유다에게도 미쳤던 '아합 집'의 영향력은 이세벨에게서 시작되었다고 해도 과언이 아니다. 이러한 외국 여성 권력자 이세벨의 영향력에 대해 신명기 사가는 처음부터 끝까지 저주와 혐오를 퍼붓고 있으며 그 비참한 죽음으로 미래 세대와 공동체에 엄중한 경고를 하고 있다고 할 수 있다. 이와 같이 이스라엘 사회의 공적 영역에 엄청난 영향력을 행사했던 이세벨은 결국 '눈을 그리고 머리를 꾸미는' 어리석은 여자에 불과했다고 묘사하는 구약성서 본문을 통해서 우리는 신명기 역사가의 여성 혐오를 마주하게 되는 것이다.

구약성서에 나타난 여성 혐오는 기원전 9세기, 지금으로부터 약 3천 년 전의 시대와 사회를 배경으로 하지만 이것은 과거의 일이 아니라 오늘날 우리가 살고 있는 시대와 사회에서 반복되어 마주치게 되는 현실이며 현재의 한국 기독교와 교회에 그리고 앞으로도 계속 영향을 끼칠 수 있다는데 그 위험성이 있다고 할 수 있다. 혐오적 표현과 묘사는 과거에 한정되지 않고 현재와 미래에 똑같은 혐오와 차별을 재생산하고 나아가 폭력과 소외와 범죄를 가능하게 하고 합리화하기 때문이다. 현대를 살아가는 여성 기독교인으로서 성서를 읽을 때 그 역사와 문맥 그리고 의식적, 무의식적 의도와 목적을 함께 찾아내야 할 이유인 것이다.

여성의 타자화(他者化)와 여성 혐오
— 하와와 잠언의 여성들을 중심으로*

박지은

I. 들어가는 말: 거리에 선 여성들

　최근 우리 사회에서 '미투me too 운동'이 확산되고 있다. 말할 수 없었던/말하기 두려웠던 성추행, 성폭력의 경험이 '나도 있었다'는 자신들의 목소리를 내기 시작한 것이다. 이보다 앞선 2년 전, 2016년 5월 17일, 강남역 노래방 화장실에서 발생한 살인사건은 여성 혐오의 심각성을 드러낸 사건이었다. 사건 사흘 후인 5월 20일, 여성폭력 중단을 위한 필리버스터가 서울의 신촌 유플렉스 앞에서 진행되었다. 우연히 거리를 지나던 혹은 미리 신청했던 약 50여 명 여성들의(남성 포함) 이야기는 『거리에 선 페미니즘: 여성 혐오를 멈추기 위한 8시간, 28800초의 기록』으로 출판되었다.[1] 인간이기에 앞서 '여자이기에' 경험해야 했

---

* 이 논문은 「한국여성신학」 2016년 겨울호에 게재된 글을 수정, 재구성한 것이다.

던 다양한 형태의 폭력의 이야기들, 그러나 사소한 이야기로 취급되어 말할 수 없었던 이야기들, 말할 공간조차 부재했던 이들의 이야기는 이 날 '내가' 주체가 되어 '나는'의 형식으로 말해지고, 들려지고, 기록되었다.2 책 속에 등장하는 낯선 여성들의 '나'의 이야기는 어느 순간 필자에게도 전혀 낯설지 않은 이야기로 다가오기 시작했다. 언젠가 '내가' 느꼈던 익숙한 감정들, 불편했던 기억들, 무시했던 소소한 일들이 고스란히 이야기 곳곳에 담겨져 있었기 때문이었다. 강남역 살인사건이 '여성 혐오' 담론의 물꼬를 트기 시작했지만, 여성 혐오로부터 비롯된 여성 폭력의 이야기는 우리에게 낯설지 않다. 여성에 대한 사회적인 인식 변화나 지위 향상과는 무관하게 여성 혐오와 여성 폭력은 역사 속에서, 우리 사회에서 지속되어 왔기 때문이다. '일간베스트'에서 양산되는 여성 비하적인 표현과 발언을 비롯하여 '김치녀,' '된장녀' 등 'ㅇㅇ녀'로 여성들을 범주화시켜 차별하고 공격하면서 여성 혐오는 우리 사회 속에 서서히 스며들어 왔다.3

여성 혐오misogyny는 복잡한 양상으로 나타나는데, 우에노 치즈코는 여성의 타자화와 여성의 자기비하를 여성 혐오로 설명한다. 여성의 타자화란 "여성을 남성과 동등한 성적 주체로 결코 인정하지 않음으로 여성을 객체화"시키는 것을 의미한다. 남성은 남성이 아닌 대상을 분리시켜 차별화하여 자신들의 경계를 명확히 함으로 정체성과 성적 주체성을 형성한다. 이러한 차별화, 범주화의 과정에서 "남성이 되지 못

---

1 한국여성민우회, 『거리에 선 페미니즘』 (파주: 궁리, 2016).
2 앞의 책, 14-15.
3 윤보라, "김치녀와 벌거벗은 임금님들," 『여성혐오가 어쨌다구?』 (서울: 현실문학, 2015), 13-14.

한 남자와 여자를 배제"한다.4 그러나 여자를 배제하고 차별하는 남성들은 자신을 낳은 어머니는 멸시할 수 없는 존재라는 모순에 빠지면서, 여성 혐오는 여성 숭배의 양상과 함께 나타난다. 여성 혐오와 여성 숭배의 양면성은 여성의 성$_{sexuality}$을 이분법적으로 나누고 평가함으로 상쇄된다. 여성은 성녀와 악녀, 어머니/아내와 성적으로 부도덕한 여성, "결혼 상대와 놀이 상대"라는 두 집단으로 분리되면서 악녀의 범주에 속한 여성들은 타자화되고 혐오의 대상이 되는 것이다.5

이분법적으로 여성을 구분하는 여성 혐오는 시대에 따라 다양한 양상으로 나타난다. 예를 들어, 1950년대 해방 이후 사회재건이 시급한 상황에서 '입술을 빨갛게 칠한 여자'나 '껌을 씹고 다니는 여자'가 사회에 해악을 끼치는 여성의 기준으로 등장한다.6 2018년 오늘 전혀 문제가 되지 않는 여성의 모습이 부도덕한 여성의 범주로 분류된 것이다. 2000년대 이후 급격하게 형성된 'ㅇㅇ녀' 담론은 거의 모든 여성들을 나쁜 여자로 범주화할 수 있는 가능성을 내포한다. 예를 들어, '김치녀', '된장녀'는 경제적으로 과소비하는 여성을 비난하며 등장한 용어이다. 하지만 '김치녀'나 '된장녀'는 "여성을 견제하는 담론"으로 평가되기도 한다. 이 용어가 여성의 경제력 상승과 무관하지 않기 때문이다. 한때 우리 사회에서 '주변부 노동자'로 존재했던 여성들이 90년대 이후 남성과 동등하게 노동시장에서 활약한다. 그리고 경제적인 독립으로 '소

---

4 우에노 치즈코/나일등 옮김, 『여성혐오를 혐오한다』 (서울: 은행나무, 2012), 13; 49. 여기에서 남성이 되지 못한 남자는 제3의 성 범주에 들어가는 존재를 의미한다. 자세한 내용은 38-39.
5 앞의 책, 51-53.
6 이임하, "해방 뒤 국가건설과 여성노동," 「역사연구」 15호(2015), 역사학연구소, 42, 재인용; 윤보라, "김치녀와 벌거벗은 임금님들," 15-16.

비 능력'을 갖춘 일부 여성들의 소비 형태는 김치녀나 된장녀 담론으로 비난받기 시작한다. 문제는 왜 여성의 소비나 소비 욕망만이 비난의 대상이 되는가 하는 것이다. 일부 여성의 소비 형태가 또한 마치 여성 전체의 모습인 듯 투사되면서, 경제적으로 고통 받는 일부 여성들의 삶은 사회에서 잊히거나 누락된다.7 이렇듯 시대에 따라 다양하게 만들어진 나쁜/악한 여자의 이미지는 실제로 악한 여자가 "존재하기 때문에 자연적으로 발생하는 것이 아니라 현실의 여성을 참조해 사회적 필요에 따라 재구성/재생산되는 것이다."8 그리고 사회에서 만들어진 이미지를 여성들이 내재화할 때, 치즈코가 논의한 여성 혐오의 또 다른 모습인 여성의 자기비하가 나타난다. 여성은 이래야만 한다는 남성들의 기준, 사회적 기준으로 자신을 평가하고, 그 기준에 도달하지 못할 때 여성의 자기멸시와 자기혐오가 심화되는 것이다.

여성의 타자화와 이분화를 통한 여성 혐오의 역사에서 성서는 결코 자유롭지 못하다. 여성 혐오적인 성서 본문들이 곳곳에서 발견된다. 또한 초대 교부들 이래로 여성 혐오적인 성서 해석은 여성의 타자화와 여성 소외, 여성의 자기혐오에 지대한 영향을 주었다. 다양한 삶의 자리에서 여성의 시각으로 읽힌 성서본문들이 여성 혐오와 폭력의 역사를 고발하며 사회 변화를 모색하여 왔음을 물론 간과할 수 없다.9 여성 혐오 논란의 한복판에서 거리로 나와 묻어두었던, 묻히도록 강요당했던 자신들의 이야기를 고백하는 여성들의 목소리가 담긴 『거리에 선 페미니즘』을 읽으며 필자는 구약성서에서 악녀/성녀로 등장하는 세

---

7 윤보라, "김치녀와 벌거벗은 임금님들," 17; 24-26.
8 앞의 책, 16.
9 예를 들어, 이경숙, 『구약성서의 여성들』 (서울: 대한기독교서회, 1994), 217-234.

여성의 이야기가 떠올랐다. 바로 창세기의 하와와 잠언의 여성들이다.

악녀의 원형으로 간주된 하와는 수많은 여성들에게 자기멸시와 비하를 초래하였다. 하와는 또한 기독교 역사에서 남성 성직자들에 의해 여성폭력과 혐오의 이론적인 토대로 사용되었다. 흥미롭게도 잠언의 서론(1-9장)과 결론(31:10-31)은 이상한 여성과 의인화된 여성 지혜 및 유능한 여성을 묘사하는데, 나쁜 여자와 착한 여자의 이분법을 정당화하는 근거가 되기도 했다. 창세기의 하와나 잠언의 이원화된 여성들은 남성을 파멸시키고 위협하는 도구로 인식되면서, 여성의 몸과 성 sexuality에 대한 부정적인 이미지는 강화되고 여성 폭력과 혐오를 초래하였다.

본고는 여성 혐오와 폭력의 현장에서 두 가지 목적을 가지고 하와와 잠언의 여성들을 되돌아보려 한다. 첫째, 하와의 이야기를 통해서는 성서의 잘못된 해석이 얼마나 여성들의 삶을 왜곡시켰는지 재고하고자 한다. 둘째, 잠언에 묘사된 여성들의 이야기를 통해서는 악녀와 성녀의 대조적인 이미지와 여성의 타자화의 관계성을 살펴보고자 한다. 따라서 이 글은 여성의 몸과 성에 대한 부정적인 이미지나 악녀/성녀의 이분법은 역사 속에서 특정 목적을 위해 만들어진 것임을 재확인함으로 여성이 자기혐오를 넘어서고, 여성에 대한 일그러진 이미지를 통해 형성된 여성 혐오와 폭력이 근절되기를 희망한다.

II. 하와: 나를 혐오한 그들을 고발한다

저는 인간입니다. 그러나 인간이 아닙니다. 저는 여자입니다. 저는 어느 회사의 직원이지만, 직원이 아닙니다. 저는 여직원입니다 … 항상 제게는 성별이 따라붙었고 무엇인가 모자란 존재였습니다 … 인간의 외로움을 달래주기 위해 하나님께서 자신의 갈비뼈를 꺼내 만든 하찮은 존재인 여자가 자신을 무시했다는 이유만으로 여자를 죽였습니다. 그에게 여자는 인간이 아니었습니다 … 자신을 위해 뼛조각으로 만들어진 2등 시민인 주제에, 감히 자신과 동등한 취급을 받는 것이 화가 낫겠죠 … .
_ "저는 인간이 아닙니다. 저는 여직원입니다"10

성서에 등장하는 여성들 중, 하와는 비기독인들에게도 어느 정도 친숙한 인물이다. 동시에 하와는 역사 속에서 부정적으로 인식되고, 여성 폭력을 정당화하는 근거로 제시된 인물이기도 하다. 아담의 갈비뼈로 창조된 존재이기에 하와는 제2의 인간, 인간이 아닌, 남자보다 못한 존재로 규정되어왔다. 뱀의 유혹을 받아 신이 금지한 열매를 먼저 따서 먹고, 아담에게 건네준 유혹자 하와는 인류에게 죽음과 고통을 안겨준 존재로 인식되어 왔다. 하와는 또한 그녀의 후손인 모든 여성들을 악의 근원인 위험한 존재로 낙인찍는데 공헌하기도 하였다. 그러나 하와에게 덧씌워진 이러한 부정적인 이미지는 고대 교부들의 여성 혐오적인 성서 해석에서 유래하였고, 이후 기독교 역사에서 여성을 바라보는 기준이 되었다. 유혹자로서의 하와의 이미지를 강조하며 테

---

10 한국여성민우회, 『거리에 선 페미니즘』, 95.

르툴리아누스Tertullianus는 여자를 "악마로 통하는 문이며… 신에 가까운 모습으로 창조된 남자를 파멸시킨" 자들이라고 해석함으로,11 하와의 후손인 여자는 태생적으로 악하고 혐오적인 존재로 간주하였다. 581년 프랑스 마콩에서 열린 공의회에서 "여성은 이성적인 존재로 분류되어야 하는가, 아니면 짐승으로 분류되어야 하는가. 또한 여성은 영혼을 지니고 있는가 그리고 정말 인류의 구성원이라고 할 수 있는가?"라는 회의 현안은,12 인간이 아닌 존재로서의 여성들의 열악한 위치를 예증해준다.

하와에 대한 고대 교부들의 해석은 중세 성직자와 수도사들에게 그리고 중세 예술이나 문학 속에도 그대로 반영된다. "렌의 주교이자 라틴 시인인 마르보드는 그의 저서 『열 권의 책』의 제3부에 '악녀에 대해서'라는 표제에서 여자는 모두 창녀"라고 주장하면서 여성에 대한 혐오감을 드러내기도 한다.13 악마와 소통한 유혹자 하와와 그녀의 권유로 열매를 먹게 된 피해자 아담을 강조하는 미술 작품도 등장하는데, 마시치오 디 산 지오바니니Masaccio di San Giovanni의 "에덴동산에서의 추방"(1426-1427)이다. 지오바니니는 "아담의 고통스러운 얼굴을 손으로 가려주어 아담을 세상 사람들과 관객들의 질타로부터 보호하려는 의도"를 작품에 반영함으로써 아담에게 "면죄권"을 준다. 반면, 하와의 얼굴은 "통한, 부끄러움, 후회, 고통"의 복합적인 감정들이 그대로 표현된 채 추방된다. 작품을 감상하는 독자들이 하와의 얼굴에서 고통스러운 감정을 포착함으로써, 하와의 죄는 더 극대화되고, 하와는 고통

---

11 이케가미 순이치/김성기 옮김, 『마녀와 성녀』 (서울: 창해, 1992), 113.
12 앞의 책, 116.
13 앞의 책, 116-117.

의 원인제공자로서 비난을 받는다.14 결국 고대로부터 지속된 하와에 대한 잘못된 해석은 모든 여성에 대한 혐오감으로 발전, 증폭되었고, 악마와 여성의 관련성에 대한 믿음은 마녀사냥에서 여성 학살의 원인이 되기도 하였다. 예를 들어, 마녀사냥의 지침서 역할을 했던 『마녀의 망치』는 여성은 "육욕을 채우기 위해 악령과도 동침한다"라고 결론지음으로 여성과 악마와의 밀접한 관련성을 제시하였다.15

흥미로운 점은 12세기 이후부터는 하와가 성녀 마리아와 대조되면서 "여자에 대한 이원론적 표상이 완성으로 치닫는" 양상이 드러난다는 것이다.16 하와와 마리아의 대조는 앞서 지적했듯이, 여성 혐오와 여성 숭배의 이원화를 통한 여성의 성sexuality의 이중성을 강화하는 역할을 한다. 처녀이면서 어머니가 되었던 마리아 숭배 사상에서 마리아의 어머니 역할보다는 '처녀성'에 주목하면서, 마리아는 완벽한 여성을 대표하는 원형이 되었다. 처녀들은 원죄의 "벌에서 벗어난 자유"를 가진 존재이자 "남성에 대한 복종의 벌에서 벗어난 자유"를 만끽하는 존재로 이해되었고, "영혼 구원의 전제 조건"이 되었다.17 하와와 마리아의 이원화가 여성의 성sexuality뿐만 아니라 여성의 몸도 이분법적으로 바라보는 결과를 초래하였다. 여성의 몸은 인간을 타락시키고 지옥으로 이끄는 "저주받은" 몸과 인류에게 "구원을 안겨줄" 몸으로 구별된다. 여성의 몸에 대한 이러한 부정적인 인식은 고대로부터 전해진 것이다. 아담까지도 타락하게 만든 유혹자 하와의 아름다움은 죄성을 감

---

14 이은주, 『그림에서 여성을 읽다』 (서울: 북랩, 2016), 16-17.
15 이케가미 순이치, 『마녀와 성녀』, 111-112; 118.
16 앞의 책, 125.
17 앞의 책, 120-123.

추려는 "기만적인 육체"이기에 "표면적인 아름다움이 육체의 참 모습, 요컨대 무거운 죄나 추한 모습을 감추지 못하도록 해야 한다고" 강조되었다.18 이러한 이유로 여성이 화장하는 것이 비판되거나 금지되었으며, 외모에 치중해서는 안 된다는 해석이 나오기도 한다. 고대로 소급하여 보자. 앞서 언급한 테르툴리아누스는 여성의 외모 치장에 대한 반대 이유를 하와와 연결시킨다.

> … 자신의 외모는 소홀히 해야 할 것이니라. 그 이유는 너희 모두는 각자 애통해 하며 회개하는 이브를 가슴 안에 담고 다니기 때문이다. 그리하면 회개의 옷은 이브가 지은 죄를 속죄하는데 도움이 될 것이니라. 악마에게 문을 열어 준 것도 바로 너이며 네가 그 나무의 봉인을 부쉈으며 네가 처음으로 하나님의 계율을 무시했으며 악마가 가까이할 수 없었던 자를 유혹한 것도 바로 너이니라. 그렇게 하여 너는 하나님과 똑같은 형상인 남자를 땅바닥으로 가볍게 내동댕이친 것이니라.19

고대 교부들로부터 전해진 여성의 몸에 대한 부정적인 인식은 여성의 몸이 독을 만든다는 생각으로까지 발전한다. 여성의 생리 현상은 여성의 몸에서 만들어지는 독의 유출이며 모든 것을 오염시킬 수 있기에 위험한 것으로 간주된다. 여성의 완경 또한 여성이 더 이상 품은 독

---

18 앞의 책, 129-130.
19 수잔네 하이네/정미현 옮김, 『초기 기독교 세계의 여성들』 (서울: 이화여자대학교 출판부, 1998), 35-36; 또한 "여자의 아름다움은 피부 속까지 미치지 않는다. 만약 남자들이 여자의 피부 속을 본다면 구토를 일으킬 것이다…" 10세기 프랑스 클뤼니 수도원장 오도(Odo)가 수도사들에게 한 말로 알려져 있다. 이케가미 순이치, 『마녀와 성녀』, 130.

을 내보낼 수 없기에 나이든 여성은 더 위험한 자들로 취급되었다. 독을 품은 여성의 몸은 마녀의 몸과 연결되면서 숨을 쉬고 사람을 쳐다보는 시선 속에서도 독을 발사할 수 있다고 인식되었다. 결국 불결한 여성의 몸은 악마와의 관계를 통해서 공동체에 해악을 가져오는 몸으로 인식되었다.20 남성들에 의해 부도덕하고 불결하며 음란한 몸으로 규정된 여성의 몸에 대한 인식을 받아들인 여성들은 금욕과 고행을 통해 자신의 성sexuality을 통제하려고 노력하였다. 그러나 중세 후기로 갈수록 성의 억압과 몸에 대한 부정에서 벗어나 내적인 변화를 통해 육체를 통제하는 양상이 등장하기도 하였다. 곧 수유나 임신 등, 여성의 몸의 자연스러운 현상을 구원과 연관시키면서 여성의 몸에 대한 새로운 이해가 시작되었다. 그러나 안타깝게도 17, 18세기에 여성의 몸이 남성과 비교되면서 여성에 대한 열등함과 멸시, 혐오는 다시금 등장하게 되었다.21

하와를 원형으로 삼아 여성들의 몸을 통제하고, 여성의 성sexuality을 혐오적인 것으로 인식한 것은 실제적인 여성들의 특성을 반영한 것이 아님은 명백하다. 초대 교부들의 여성의 성과 몸에 대한 부정적인 이해는 성서로부터 도출하여 이를 확대해석함으로써 남성의 우월성을 강화하였다고 볼 수 있다. 남성들이 여성의 타자화를 통해 자신들의 정체성과 주체성을 형성하듯, 하와 이야기를 통해 모든 여성들을 타자화하고 대상화함으로 여성들에 대한 지배를 정당화해온 것이다. 이원론적으로 평가되고 이해된 여성들의 몸과 성은 항상 인간의 범주에서

---

20 앞의 책, 130-131.
21 앞의 책, 133-141.

논의되지 않았다. 여성들은 자신의 몸과 성을 부정함으로써 좋은 여자로 평가받기를 원했으며, 이원론을 수용하여 또 다른 여성들을 음란하고 악한 여성으로 타자화하면서 여성에 의한 여성 혐오도 지속되어 왔다. 그러나 필리스 트리블Phillys Trible의 연구 이래로 아담에게 '돕는 자'를 만들어주기 위해 그의 갈비뼈로 하와를 창조했다는 성서의 이야기는 더 이상 여성의 종속성을 주장하는 이야기로 해석되지 않는다. '돕다'라는 용어는 열등한 위치가 아닌 평등한 관계에서의 상호적인 도움이며, 갈비뼈로 뼈를 나눈 '연대성'이 강조되면서 여성의 눈으로 하와를 해석하는 다양한 논의들이 전개되어왔다.22 그러나 교회 현장에서 만나는 하와는 어떨까? 과연 고대 교부들의 해석을 뛰어넘었을까? 여전히 여성 안수가 거부되거나 여성의 생리적인 현상을 부정적으로 해석하는 일부 교회 지도자들의 망언은 2018년 여성 혐오 논란의 현장에서 민망하기만 하다.

III. 잠언의 여성들과 여성의 이원화23

저는 남의 시선 때문에 늦게까지 노는 것을 포기하고 싶지 않습니다. 밤 9시가 다 된 시간에 여기 나와서 인적이 드문 제 집까지 들어가는 것을

---

22 필리스 트리블, "이브와 아담-창세기 2-3장에 대한 재조명," 이우정 편, 『여성들을 위한 신학』 (서울: 한국신학연구소, 1985), 153-155.
23 잠언과 아가서의 여성들을 통한 성녀/악녀의 이원론에 대한 논의는 필자 학위 논문의 주요 관심사였다. 이 단락은 필자의 학위논문의 내용 중 일부분의 논의를 수정, 보완하였다.

포기하지 않고, 제가 하고 싶은 말을 하고 싶습니다. 제가 좋아하는 치마를 입고, 빨간 입술도 하고 싶습니다. 제가 좋아하는 것을 포기하고 싶지 않습니다.

_ "좋아하는 치마도 입고 빨간 입술도 하고 싶습니다"24

저는 중학교에서 세일러복이라고 하는 교복을 입고 다녔습니다. 그때 규정이 많았는데 그중 하나가 발목양말 금지였습니다. 그 이유가 뭔 줄 아시나요? 여성들의 발목을 보고 흥분하는 사람들이 있기 때문에 발목을 가리라고 한 것입니다.

_ "학교 다닐때 규정이 많았어요"25

하와의 이야기를 통한 여성의 성과 몸에 대한 혐오적 이해는 잠언에서 성녀/악녀의 이원론적 모습을 통해 극대화된다. 잠언은 어떻게 세상에서 잘 살아갈 것인가에 대한 삶의 지침서 역할을 했던 책으로, 남유다가 바빌론의 포로생활에서 고향으로 돌아온 후 최종 편집된 것으로 추정된다. 중요한 점은 지혜가 여성으로 의인화되어 나타난다는 것이다(1-9장). 여성 지혜뿐 아니라, 가정을 세우고 모든 일에 능력을 발휘하는 유능한 여성의 이야기가 잠언의 결론으로 또한 등장한다 (31:10-31). 여성 지혜와 유능한 여성의 모습은 포로기 이후 가정뿐 아니라 사회, 경제적으로 공헌한 실제 여성을 반영하며, 이것은 포로 후기에 비교적 높았던 여성의 지위가 투사된 본문으로 해석되기도 하

---

24 한국여성민우회, 『거리에 선 페미니즘』, 115.
25 앞의 책, 178.

였다.26 하지만, 흥미롭게도 여성 지혜와 유능한 여성의 이야기는 자신의 욕망을 거침없이 표현하는 여성을 이상한 여성으로 규정함으로 반감된다. 이보다 더욱 흥미로운 점은 지혜의 수혜자는 남성이라는 것이다. 지혜가 여성으로 의인화되었으나, 지혜와 여성은 무관하다. 여성 지혜는 이상한 여성과 대결하며 남성들을 부르는 여성으로 등장한다. 유능한 여성도 공적인 영역보다는 가정에서 가족과 남편을 위한 희생과 봉사를 통해 유능함을 발휘하는 어머니이자 아내의 모습에 초점이 맞추어져 있는 듯 보인다. 유능한 여성의 욕구는 언급되지 않으며, 특히 유능한 여성의 성sexuality은 배제되어 있다. 즉 잠언에 등장하는 긍정적인 여성들의 이미지는 남성들을 위한 지혜의 제공자로서, 오히려 여성은 소외되고 여성의 이원화는 강화된다.

1. 이상한 여성

이상한 여성은(2:16-19; 5:3-6, 20; 6:24-26; 7:5-24; 9:13-17) 잠언 1-9장에서 다양한 용어로 산발적으로 등장하여 여러 여자에 대한 묘사처럼 보이지만, 이것은 이상한 여성을 지칭하는 집합적인 묘사라고 볼 수 있다.27 하와를 재현한 듯 이상한 여성은 남성들을 죽음으로 이

---

26 Carol Meyers, *Discovering Eve: Ancient Israelite Women in Context* (New York: Oxford University Press, 1988), 139-164; Claudia Camp, *Wisdom and the Feminine in the Book of Proverbs* (Georgia: Almond Press, 1985), 79-97; Christine R. Yoder, *Wisdom as a Woman of Substance: A Socioeconomic Reading of Proverbs 1-9 and 31:10-31* (Berlin: de Gruyter, 2001), 39. 특히 Yoder는 고고학적 연구를 토대로 포로 후기 여성의 경제적인 기여의 가능성을 고려한다.

27 '이상한 여자'(2:16a; 5:3; 5:20a; 7:5a)외에, '이방 여자'(2:16b; 5:20b; 6:24b;

끄는 유혹자로 등장한다. 이상한 여성은 남성들을 집으로 초청하여 (7:12) "먹고 마시며" 사랑을 나눈다. 이상한 여성의 몸과 성은 난잡하고 위험하게 묘사된다. 그녀의 입은 꿀을 떨어뜨리는 듯 부드럽지만, 두 날을 가진 칼과 같이 날카롭고 쓰다(5:4). 그녀의 눈은 젊은 남성을 사로잡는다(6:25). 이상한 여성의 얼굴은 뻔뻔하여 부끄러움을 모르며(7:13), 발은 집에 머물러 있지 않고(7:11) 남성을 유혹하기 위해 이리저리 "찾으며" 돌아다닌다. 그러나 이상한 여성이 머무는 집은 죽음의 집이다(2:18; 7:8, 11, 27). 그녀의 "부드러운 말"(2:16; 5;3b; 6:24b; 7: 5, 21)에 현혹된 남성은 도살장에 끌려가는 소와 같이(7:22-23) 죽음(5:5)이 기다리고 있을 뿐이다. 이상한 여성의 통제되지 않은 성$_{sex-uality}$도 순진하고 어리석은 남성들을 위협한다(7:26). 이러한 이상한 여성의 행동은 이야기를 전개하는 화자의 시각으로 묘사된다. 창문을 통해 이상한 여성과 그녀의 유혹에 넘어간 남성을 응시하면서, 화자는 이상한 여성의 행동을 자신의 시각으로 평가하고 비난한다.

이상한 여성은 포로기 이후 혼합결혼 금지의 맥락에서 '이방 여자'와 동일시되기도 한다. 이상한 여성을 따르는 남성들의 사회, 경제적 손실에 대한 잠언의 묘사가 포로기 이후 혼합결혼 금지의 사회, 경제적 관심사를 상기시키기 때문이다.28 이상한 여성과 이방 여자(2장

7:5b), '악한 여자'(6:24a), '성매매 여성'(6:26a), '결혼한 여자'(6:26b), '어리석은 여자'(9:13)로 등장하나, 이는 여성 지혜가 '명철'이나 '지식'처럼 다양하게 언급되는 것과 동일한 측면에서 이해할 수 있다. Gale A. Yee, "I Have Perfumed My Bed with Myrrh: The Foreign Woman ('issa zara) in Proverbs 1-9," Ed., Athalya Brenner, *A Feminist Companion to Wisdom Literature* (Sheffield: Sheffield Academy Press, 1995), 111-112.
28 이러한 주장은 다음을 참고하라. Gale A. Yee, *Poor Banished Children of Eve* (Min-

16-19절) 그리고 악한 남자(2:14)에 대한 첫 번째 경고는 혼합결혼과 관련해 토지 소유의 문제를 암시한다: "올바른 자는 땅에 거할 것이며 … 그러나 악인은 땅에서 끊어지겠고 배반자는 땅에서 뽑힐 것이다"(2:20-22). 이상한 여성에 대한 두 번째 경고(5:3-8)의 결론(5:9-10)에서도 이방인에게 재물이 넘어가며, 수고한 것이 이방인의 집으로 가는 것을 염려한다.29 이것은 이상한 여성을 따르는 젊은 남성의 운명뿐 아니라 전 사회, 경제적 안정성에 대한 위협, 즉 궁극적으로 포로기 이후 공동체의 사회, 경제 및 정치적 안정성을 위태롭게 한다는 것이다. 이러한 이유로, 주로 상위계층을 대표했던 잠언 1-9장의 편집자(들)는 다양한 형태의 부정한 여성들을 모아 편집자(들)가 속한 공동체를 위하여 이상한 여성을 (재)창조하였던 것으로 보인다.30 흥미로운 것은 이집트 지혜문학의 '아니의 가르침Instruction of Ani'에서 잠언의 이상한 여성과 유사한 내용이 발견되는데, '아니의 가르침'에 등장하는 여성은 신新이집트 왕국의 원주민과 이방인 집단과의 갈등이라는 사회 격변의 상황에서 형성되었다는 것이다.31 잠언의 이상한 여성의 (재)창출이 '아니의 가르침'의 영향인지와는 무관하게, 두 집단과의 갈등이라는 상황에서 부정한 여성에 대한 묘사가 등장했다는 것은 흥미롭다.

---

neapolis: Fortress Press, 2003). 135-158.

29 앞의 책, 151.

30 Harold C. Washington, "The Strange Woman of Proverbs 1-9 and Post-Exilic Judaean Society," Ed., Athalya Brenner, *A Feminist Companion to Wisdom Literature* (Sheffield: Sheffield Academy Press, 1995), 161.

31 Annette Depla, "Women in Ancient Egyptian Wisdom Literature," Ed., Leonie J. Archer, Susan Fischler and Maria Wyke, *Women in Ancient Societies* (New York: Routledge, 1994), 45.

만약 포로기 이후 혼합결혼 금지가 포로로부터 돌아온 사람들과 땅에 남아있던 사람들 간의 갈등이 반영된 상황이라면, 이방 여자를 부정하게 묘사하는 잠언은 확실히 이상한 여성이라는 문학적 인물의 (재)창조를 통해 포로기 이후 공동체를 보호하려는 목적을 반영한다고 볼 수 있다. 앞서 보았듯이, 이것은 마치 우리나라에서 해방 이후 입술을 빨갛게 바른 여성을 사회 재건을 위협하는 나쁜 여성의 범주로 분류한 것과 다르지 않다. 이상한 여성과 확연히 대조되는 여성 지혜와 유능한 여성의 등장은 포로기 이후 사회 상황에서 여성의 이미지는 결국 만들어진 것이며, 이분법적인 여성들의 이미지는 남성들의 이익에 공헌하는 역할을 할 뿐이라는 것을 예증해준다.

2. 여성 지혜와 유능한 여성

여성 지혜는 잠언 1-9장에만 유일하게 등장하는 문학적 인물이다.[32] 여성 지혜의 기원에 대한 최근 연구는 이상한 여성을 여성 지혜의 "문학적인 모델"로 보는 경향이 있다.[33] 이상한 여성과 마찬가지로, 여성 지혜는 집을 세우고 잔치를 베풀며 남성을 부르기 위해 거리와 광장, 성문으로 나가서 외친다(1:20-21; 8:4). 여성 지혜를 묘사할 때도 "먹고 마시며"(9:4), "찾고 찾는" 모티브(1:28; 8:17, 35)가 사용되면서, 이상한 여성과 상당한 유사성을 보인다. 그러나 여성 지혜는 이상

---

32 Athalya Brenner, *The Israelite Woman: Social Role and Literary Type in Biblical Narrative* (Sheffield: Sheffield Academy Press, 1994), 43.
33 앞의 책, 44; Joseph Blenkinsopp, "The Social Context of the 'Outside Woman' in Proverbs 1-9," 467.

한 여성과 본질적인 차이를 드러낸다. "먹고 마시는" 이상한 여성의 행위는 성관계를 비유적으로 상징하며, 그녀의 성을 비난하기 위하여 사용된다(7:18). 반면, 여성 지혜는 남성을 양육하기 위하여 먹을 것과 마실 것을 준비한다(9:4).34 남성을 찾아 이리저리 다니는 이상한 여성의 발의 이미지는 여성 지혜에게서 제거된다. 남성을 찾아다니는 이상한 여성과 달리, 남성이 여성 지혜를 찾는다.35 또한 여성 지혜의 문앞에서 기다리는 남성의 행동은(8:34) 성적이거나 낭만적이지 않으며, 교훈적이다. 사랑의 언어도 인간의 사랑이 아닌, "정치적 함의"를 가지는 경향을 보인다. 즉 여성 지혜를 사랑하는 사람은 "부와 명예와 의"(8:18)가 보장된다.36 여성 지혜와 이상한 여성의 가장 큰 차이점은 여성 지혜의 권위에서 드러난다. 여성 지혜는 야웨에 의해 창조되었고(8:22) 신과 인간을 중재하는 기능을 가진다.37 궁극적으로 여성 지혜를 찾으면 생명을 얻으며, 이러한 지혜는 진주보다 더 귀중한 것으로 묘사된다(3:15; 8 11). 한편, 돌보며 양육하고 생명을 주는 여성 지혜의 특성은, 뛰어난 능력으로 가정을 돌보는 좋은 아내이자 어머니인 유능한 여성(31:10-31)과 유사하다. 여성 지혜와 마찬가지로, 유능한 여성도 "진주보다 더 귀중하며"(31:10), "찾기"(1:28; 8:17, 35; 31:10) 어려운 소중한 인물로 묘사된다. 여성 지혜와 유능한 여성은 또한 "야웨를 경외"(2:5; 8:13; 9:10; 31:30)한다는 점에서도 연결된다. 여성 지혜와 유능한 여성의 이러한 유사성은 31장의 유능한 여성이 바로 여성 지혜

---

34 David Bernat, "Biblical Waṣfs Beyond Song of Songs," *JSOT* 28.3(2004), 344.
35 Claudia Camp, *Wisdom and the Feminine in the Book of Proverbs*, 99-101.
36 앞의 책, 99-110.
37 앞의 책, 112.

의 화신이라고 주장되기도 한다.38

이렇게 여성 지혜와 유능한 여성은 이상한 여성에 대항하여 가족 구조를 견고히 하려는 목적으로 남성들에 의해 문학적으로 고안된 듯한 인상을 준다. 여성 지혜와 유능한 여성은 가정과 공동체의 재건을 위해 가정적인 인물로 이상화되면서,39 이들의 몸과 성의 기능은 축소 혹은 제거되고 공동체의 이념을 대변하는 기능을 한다. 여성 지혜의 성sexuality의 축소는, 이것이 비유적인 것일지라도, 여성 지혜와 야웨의 친밀성에서 절정에 달한다(8:22-31). 여성 지혜는 야웨의 지식을 얻도록 남성들에게 필요한 욕망을 충족시켜 주지만, 여성 지혜는 이상한 여성의 성적 자율성이나 힘을 결여한다.40 여성 지혜의 몸은 사회 지향적인 몸이다. 이미 언급했듯이 여성 지혜는 육체적인 아름다움과 연관된 보석의 이미지인 진주나 은, 금보다(3:13-15; 8:10-11) 더 귀중한 존재이다. 그러나 이것은 여성 지혜의 몸의 아름다움을 묘사하는 것이 아니라, 남성 청중을 지혜로 이끌기 위해 사용된다.41 여성 지혜의 손은 장수, 부와 명예(3:16)를 보장하며, 입과 입술은 의와 진리를 제공한다(8:6-7). 이러한 여성 지혜의 정치 지향적이며 사회적인 몸은 한편으로는, 여성의 외적인 아름다움만 강조하는 전통을 초월하여 여성의 몸이 좀 더 사회에 참여할 수 있는 긍정적인 측면일 수 있다. 그러나 이상한 여성의 자율적인 몸과 성과는 반대로, 여성 지혜의 몸은 자신

---

38 Christine R. Yoder, *Wisdom as a Woman of Substance*, 75, 91-93.
39 Gail Corrington Streete, *The Strange Woman: Power and Sex in the Bible* (Louisville: Westminster John Knox Press, 1997), 110.
40 앞의 책, 112.
41 Claudia Camp, *Wisdom and the Feminine in the Book of Proverbs*, 102-103. 그러나 캠프는 이것을 긍정적인 측면에서 이해하는 듯하다.

을 위한 몸이 아니다. 오히려 남성의 성공을 보장하는 즉, 기존 사회구조를 재창출하는 몸이다.

이상한 여성과 유사한 모티브와 주제를 동일하게 사용하나, 여성 지혜의 몸과 성이 축소되는 것과 마찬가지로 여성 지혜의 화신인 유능한 여성의 성sexuality도 비가시적이며 그녀의 몸 또한 가정에 전념하는 몸이다. 유능한 여성은 진주보다 더 가치가 있으며(31:10), 그녀는 "옥양목과 보라색 옷으로"(31:22) 자신을 단장하여 아름다움을 드러내는 듯 보인다. 그러나 유능한 여성의 육체적 아름다움과 우아함은 무시된다: "우아함은 거짓된 것이요, 아름다움은 헛되며." 대신 야웨를 경외하는 여성이 칭송되면서(31:30), 육체적인 아름다움과 하나님을 경외하는 지혜는 이분법적으로 대조를 이룬다.[42] 유능한 여성의 몸의 일부분인 손과 팔은 수차례 언급된다(31:13, 16, 17, 19, 20). 그러나 손과 팔의 "형태나 피부색과 아름다움"은 결코 언급되지 않으며, 손과 팔의 능률적인 면이 강조된다. 마찬가지로 힘으로 허리를 묶는 것 또한 유능한 여성의 준비성을 의미한다.[43]

육체적인 아름다움과 성을 여성 지혜와 유능한 여성으로부터 제거하는 대신, 이들에게는 좋은 아내이자 어머니로서의 역할이 강조된다. 여성 지혜와 유능한 여성의 우선적인 과제는 집을 세우는 것이며, 여성 지혜와 유능한 여성은 모두 집을 세우는 인물로 등장한다. 여성 지혜가 자신의 집을 세우는(9:1) 것과 마찬가지로, 유능한 여성의 끊임없는 노동은 직접적으로 "그녀의 가정"(31:15, 21a, 21v, 27)을 위한 것

---

42 David Bernat, "Biblical Waṣfs Beyond Song of Songs," 343.
43 앞의 논문, 342.

이다. 유능한 여성은 아직 어두울 때 일어나고, 그녀의 등잔은 밤에도 불을 밝힌다. 유능한 여성은 사업을 관리하고, 하인들을 감독, 관리한다. 음식을 가져오며 옷을 팔고, 부동산을 사고, 실을 잣고, 포도원에 씨를 뿌리며 가난한 자들을 돕고 지혜를 가르친다. 결과적으로 유능한 여성의 능력은 칭찬을 받으며(31:28-31), 이상한 여성의 죽음의 집과 반대로 여성 지혜와 유능한 여성의 집은 남성들에게는 생명의 원천이 된다. 실제로 유능한 여성의 집을 관리하는 뛰어난 능력은 포로기 이후 여성들이 적극적인 활동을 통해 자신들의 가정에 기여함으로 가정에서의 여성들의 높았던 권위를 반영하는 긍정적인 본문일 수도 있다. 그러나 유능한 여성의 노동을 칭송하는 목소리는 여성의 음성이 아니라 남성의 목소리이다.44 그녀의 노동으로부터 혜택을 입는 것도 유능한 여성이 아니라 남편이다. 그는 "그 땅의 장로들 가운데 앉으며 사람들에게 인정"(31:23)을 받는다.

포로기 이후 유다 공동체는 가족구조 중심의 공동체 보존이 중요한 시기였다. 이러한 상황에서 여성 지혜와 유능한 여성을 (재)형성한 목적은 명백하다. 여성 지혜가 부와 명예와 장수를 가져오고, 유능한 아내가 가정의 경제적 안정을 보장하며 남편의 명예를 높이고 자녀들을 훌륭하게 교육하는 역할을 강조함으로 공동체의 안정과 보존을 강화하는 것이다. 포로기 이후 가족구조 중심의 공동체가 부활한다. 따라서 가정의 역할이 사회 및 경제적 위기에 처한 공동체의 생존에는 필수적이었고, 좋은 어머니와 아내의 이미지 강화를 통해 공동체를 유지하

---

44 Judith E. McKinlay, *Gendering Wisdom Host: Biblical Invitations to Eat and Drink* (Sheffield: Sheffield Academic Press, 1996), 127.

려는 것이었다. 동시에 이방 여자와의 혼합 결혼을 통해 공동체의 소유(땅) 이전이 우려되는 상황 속에서, 이방 여자와 동일시될 수 있는 이상한 여성을 (재)창조함으로 여성의 성$_{sexuality}$과 몸의 위험성을 강조한 것이다.

그러나 가정에서 여성의 역할의 강조가 가정의 위계질서의 부재를 의미하는 것은 아니다. 포로기 가족구조의 재생과 함께 '아버지의 집'이라는 용어의 부활은 오히려 가정의 가장으로 아버지의 역할이 강조되었음을 보여준다. 또한 가정에서 아내와 어머니로서의 여성의 희생을 강조하면서 여성들의 몸과 성$_{sexuality}$의 중요성은 간과되었다. 오히려 여성의 몸과 성$_{sexuality}$은 공동체의 생존을 위협할 수도 있는 위험한 것으로 간주되었다. 결과적으로 여성의 몸과 성$_{sexuality}$은 공동체의 이익을 위해서는 통제되어야 하며, 이상한 여성과 여성 지혜, 유능한 여성의 대조를 통해 여성은 항상 이분법적인 선상에서 평가되어야만 했던 것이다. 만약 여성이 자신의 욕망과 이익을 추구하면서 사회의 관습에 순응하기를 거절한다면, 그녀는 이상하고 낯선 이방 여자가 되는 것이다.

동시에 잠언의 이분법적인 여성상은 여성이 여성을 배제하는 결과를 초래한다. 공동체 재건을 위해 남성들의 이념이 투사되어 만들어진 이상한 여성이 여성 지혜, 유능한 여성과 겨루면서 서로가 서로를 배제시키는 것처럼, 때로 여성들은 사회가 만들어 놓은 여성상을 서로에게 투사하며 여성 혐오에 협조하기도 한다. 이러한 측면에서 여성 지혜와 유능한 여성은 여성의 권위와 능력을 보여주기보다는 공동체의 특정 이념과 이익을 대변하는 여성으로, 이상한 여성과의 대조를 통해 여성의 이원화와 소외에 기여하는 것이다. 동시에 사회가 만들어놓은 여성 지혜와 유능한 여성의 이미지를 내면화하려는 여성들은 그 기준에 자신이 부합하지 못할 때 자기를 비하하며 또다시 자기혐오에 빠지는 모순이 드러나기도 한다. 좋아하는 치마도 입고 빨간 입술도 칠하고 싶고, 발목양말도 신고 싶은 여성들에게 여성 지혜와 유능한 여성은 어떤 역할을 할 수 있을까? 이상한 여성의 몸과 성에 대한 자율성이 오늘을 사는 이들에게 더 힘이 되어주는 것은 아닐까?

IV. 나오는 말: 나의 목소리가 들리는 세상을 위하여

여성 혐오 논란이 여전히 지속되고 있는 현 상황에서 본고는 여성 혐오와 여성 폭력의 근거로 사용되었던 하와의 이야기 그리고 여성을 성녀와 악녀로 이원화하여 사회재건과 사회유지를 강화했던 잠언에 묘사된 여성들의 이야기를 살펴보았다. 성서가 여성에 대해 부정적이며 혐오적인 본문들을 가지고 있는 한, 여성 혐오 논란에서 성서는 항상 논란의 중심에 서 있을 수밖에 없을 것이다. 여성 혐오적인 성서해석을 무비판적으로 수용할 때 여성의 자기혐오도 극복될 수 없을 것이다. 그러나 성서에는 여성 혐오적인 본문 외에도 여성 혐오를 비판할 수 있는 다양한 여성들의 이야기가 존재한다. 폭력에 맞서 생존했던 여성들, 혐오에 맞서 연대하는 여성들, 자신의 몸과 성에 대해 긍정하는 여성들, 스스로의 목소리를 통해 자신의 욕망을 드러내는 여성들. 아가서에 등장하는 여성이 아마도 대표적인 한 예일 것이다. 그리고 이 이야기들은 누군가에 의해 읽혀지고 알려지기를 고대하면서 우리를 기다리고 있는 지도 모른다. 8시간이 넘도록 신촌 한복판에서 말해지고 들려진 50여명 여성들의 이야기가 사소한 이야기로 남지 않을 수 있었던 것은 그 날 거기에서 '나'의 이야기가 사회를 변화시킬 수 있다는 확신 때문이었다고 『거리에 선 페미니즘』은 기록한다. 성서의 여성들의 이야기도 말해지고, 알려지고, 고발되고, 재해석되기를, 그래서 이제는 새로운 변화의 이야기들이 곳곳에서 말해지고, 들려지고, 알려지기를 기대해 본다.

여성 혐오의 시대, 비체로서 예수의 여성들

송진순

I. 들어가는 말: 이 시대의 정동(情動, affect), 여성 혐오

2017년 5월, 강남역 10번 출구에서 한 설문조사가 실시됐다. "강남역 살인사건 이후 1년, 당신의 삶과 사회는 어떻게 변했습니까?" 235명의 시민들이 포스트잇에 답하는 방식으로 설문에 참여했다. 대부분의 남성들은 이에 대해 다시는 일어나지 말아야할 비극적인 일이라고 하면서도 이로 인한 공포나 불안에 대해서는 말하지 않았다. 심지어 몇몇 남성들은 여자들이 예민하게 반응한다며 격분하기도 했다. 그러나 대부분의 여성들은 이 사건을 현재 진행형으로 인식하고 있었다.[1]

---

1 http://www.hankookilbo.com/v_print.aspx?id=bf9a46042d0642e4a2d9db71f54b0153, 〈한국일보〉, 2018.1.19., "강남역 살인사건 1년 설문조사", 2017. 5.11-12 한국일보 취재팀이 진행했으며, 조사의 참여자 중 여성은 75%, 남성은 25%이었다. 강남역 살인사건에 대해 검찰과 경찰은 여전히 여성 혐오 범죄가 아니라는 입장을 유지하

이러한 설문 결과는 우리 사회에 깊숙이 스며있는 남성과 여성의 서로 다른 젠더 의식을 그대로 반영한다. 매일같이 보도되는 여성대상 범죄를 비롯하여 김여사, 김치녀, 맘충과 같이 아무런 문제의식 없이 소비되고 유통되는 여성비하 발언은 차별적 젠더 의식의 발현이자 여성 혐오의 사회적 맥락을 형성한다. 비단 온오프라인을 넘나들며 전개된 여성 혐오뿐만이 아니라 동성애, 이주민, 장애인 등 소수자나 약자에 대한 혐오는 이 시대를 관통하는 정동이 되었다. 개인의 기호와 감정이 선험적으로 주어진 것이 아니라 사회적 맥락과 관계에서 형성된다는 점에서,[2] 혐오는 주요한 사회 현상이자 인종, 계급, 젠더, 경제, 종교 등 사회 문화적 상황이 중층으로 교차하는 정치의 문제이다.[3]

고 있으나 여성계는 사건의 사회적 맥락에 주목하여 명백한 여성 혐오 범죄라고 말하고 있다.

[2] 김형완, "차별과 혐오, 인권의 패러다임," 「혐오표현의 실태와 대책」 서울대학교 인권센터 토론회(2016. 1. 28) 자료집, 3. http://www.humanpolicy.com/xe/61045; 법철학자, 윤리학자, 페미니스트인 마사 너스바움은 자신의 책에서 혐오의 감정이 법적 판단의 근거가 될 수 없는 이유에 대해 말한다. 그 전제로 감정은 사고를 결여한 충동이 아니라 특정한 믿음과 사고가 결부된 것으로 보고, 이를 비합리적인 것으로 거부하는 것은 잘못된 일로 본다. 마사 너스바움/조계원 옮김,『혐오와 수치심: 인간다움을 파괴하는 감정들』(서울: 민음사, 2015), 30.

[3] 가부장 사회의 여성억압과 차별은 젠더뿐만 아니라 계급, 인종, 종교, 문화를 비롯한 복합적 다층적 측면에서 일어난다. 가장 사적인 것이 가장 정치적이라는 케이트 밀렛(Kate Millett)의 말은 여전히 유효하다. 성은 정치와 권력의 문제이다. 이와 관련하여 여성 혐오는 여성을 남성과 동등한 주체로 인정하지 않는 여성에 대한 타자화, 객체화하는 모든 언행을 포괄한다. 가부장 사회의 성차별적 발언과 관련된 현상은 여성 혐오 개념에서 파악된다. 여성 혐오는 특권을 유지, 강화하려는 집단의 욕구 반영, 경계 세우기의 일환에서 볼 때 정치적 문제이다. "사적인 것이 정치적인 것이다"라는 페미니즘의 고전적 화두는 그의 논문에서 분명하게 드러난다. 케이트 밀렛/김전유경 옮김,『성 정치학』(서울: 이후, 2009), 1부 참조; 손희정, "혐오의 시대-2015년, 혐오는 어떻게 문제적 정동이 되었는가,"「여/성이론」 32(2015), 13.

본래 혐오는 인간다움을 조건 짓는 정동으로서 침, 콧물, 가래, 오줌, 정액, 피와 같은 신체 오염물을 대할 때 촉발된다.4 너스바움(Martha Nussbaum)에 따르면 혐오는 오염물이 체내화 될 가능성에 대한 불쾌감에서 작동된다고 한다. 그것은 한편으로는 신체의 안전과 정결을 유지하기 위해 사회 관습에 내재된 자연스러운 정동이지만, 다른 한편으로는 일종의 원시적 두려움으로 인간의 동물적인 측면을 정신적 차원에서 오염된 상태로 보는 것이다. 혐오는 우리 몸의 안과 밖, 즉 경계와 관련된 인지적 내용을 포함하면서 동시에 우리와 다른 특정 집단을 배척하고 낙인찍는 논리로 이용되어 왔다.5 따라서 혐오는 그것을 촉발하는 대상 자체가 아니라 대상에 대한 주체의 인식에 의지하는 특징이 있다. 예컨대 특정 집단이 자신을 오염시킬 수 있다고 믿는 순간, 또는 자기 집단의 경계를 흔들 수 있는 비체(abject)로 인식되는 순간, 혐오는 그들을 배제하고 종속시키는 기제로 작용하게 되는 것이다.6 이때 비체는 흐르는 것이자 경계를 넘나드는 것으로서 어떤 개념이나 언어로 규정되거나 잡히지 않는 것을 의미한다. 비체는 주체의 규정성을 넘어서며 동일성과 체계를 교란시키기 때문에 대상(object)이 아닌(a-) 것이다. 이러한 이유로 비체는 혐오의 대상으로 간주되고7 사회 문화적 위계 구

---

4 스튜워트 월튼/이희재 옮김, 『인간다움의 조건』(서울: 사이언스 북스, 2012), 141.
5 마사 너스바움, 『혐오와 수치심』, 166.
6 앞의 책, 176.
7 메리 더글라스, 줄리아 크리스테바, 엘리자베스 그로츠와 같은 문화인류학을 연구하는 페미니스들은 비체를 동일성과 체계 혹은 질서를 교란시키는 것으로 파악한다. 이현재, 『여성 혐오 그 후: 비체의 소란스러운 연대』(서울: 들녘, 2016), 34-35. 특히 비체에 대한 연구는 크리스테바의 다음 책을 참조한다. 줄리아 크리스테바/서민원 옮김, 『공포의 권력』(서울: 동문선, 2001), 25.

조에서 혐오는 정치적 함의를 갖게 된다. 대표적인 사례로 흑인, 여성, 유대인, 불가촉천민에 대한 혐오를 들 수 있다.

그중 가장 근본적이고 뿌리 깊은 혐오가 여성 혐오다. 남성에게 있어서 여성, 정확하게 여성의 몸은 생리와 출산을 하고 자신과 체액을 교환하는 과정에서 동물성이 발견되는 더럽고 부정한 몸으로 간주된다. 남성은 여성에게 순결과 순수에 대한 환상과 동경뿐만 아니라 육적이고 불결한, 즉 오염 가능성에 대한 불안과 혐오라는 양가적 감정을 갖게 된다.[8] 이와 같은 인식을 기반으로 가부장제도는 여성을 남성과 다른 열등한 존재이자 지배와 억압의 대상으로 삼아 온 것이다. 이에 대해 우에노 치즈코는 여성을 남성과 동등한 성적 주체로 인정하지 않고 객체화, 타자화하는 것을 여성 혐오라고 규정했다.[9] 주목할 점은 여성 혐오가 여성에 대한 감정적 차원만이 아니라 여성을 멸시하고 억압하는 사회 구조 전반을 포함한다는 점이다.[10] 다시 말해 각 시대에서 발현된 여성 혐오는 차별과 억압의 불평등한 위계 구조와 그것이 작동하는 사회정치적 상황과 깊이 관련되어 있음을 의미한다.

그렇다면 이 시대의 여성 혐오는 어떠한 사회정치적 맥락을 담보하고 있는가? 최근 광풍처럼 일고 있는 여성 혐오에 대해 인문 사회 영역의 연구들은 현상 진단과 함께 후기 자본주의 시대의 경제적 위기를 주원인으로 지적한다.[11] 신자유주의 시대의 극명한 징후인 무한경쟁,

---

[8] 마사 너스바움, 『혐오와 수치심』, 201-210. 이런 여성의 몸은 다른 박해받는 집단을 규정할 때 계속 투영되는 전형이다. 나치는 유대인의 몸을 여성 혐오적 언어로 규정했다. 남성들의 동성애 역시 더럽고 역겨운 동물적인 것으로 선동되어왔다. 따라서 이런 투사적 혐오는 결국 자기혐오적인 것이고 자기기만적인 것이다.
[9] 우에노 치즈코/나일등 옮김, 『여성혐오를 혐오한다』 (서울: 은행나무, 2010), 37.
[10] 이현재, 『여성 혐오 그 후』, 21.

고용불안, 심각한 양극화는 사회 전반에 위기의식을 불러일으켰다. 불안과 불확실만이 팽배한 시대에 남성과의 경쟁뿐만 아니라 여성과의 경쟁에서 위기감과 상실감을 경험한 남성들은 부상하는 여성주체나 여성운동에 반발하면서 이를 혐오로 표출했다는 것이다.12 특히 인간에 대한 존엄이 사라지고 생존 경쟁에서 설 자리를 잃은 젊은 세대는 좌절과 분노 그리고 왜곡된 욕구를 혐오의 정동으로 결집시켰다. 지금의 여성 혐오는 신자유주의라는 경제적 토대 위에서 사회정치적 함의를 갖는 혐오의 기제로 새롭게 재편됨으로써 우리 앞에 마주하고 있다. 혐오 대상으로서 여성들은 일상에서의 조롱과 비하를 넘어 물리적, 정신적 폭력 앞에 노출되어 있는 것이 현실이다.

이 점에서 동시대의 사회 문화적 맥락을 공유하고 있는 한국 교회 역시 여성 혐오에서 자유롭지 못하다. 19세기 후반 한국의 근대화 과정에서 유입, 성장한 기독교는 일제 식민지 상황에서 민족의 존립을 도모하며 교육, 의료, 사회사업에서 대안적 가치들을 제시해 주었다. 특히 이름 없고 소외된 여성에게 이름을 부여하고 여성 주체를 발견할 수 있는 교육의 발판을 마련한 것이 교회공동체였다. 그러나 한 세기가 지난 지금 교회 내 수직적 직제는 더 견고해졌고 여성의 부차적 위치와 역할은 전혀 달라지지 않았다. 시대를 역행하듯 대형교회에서는 앞 다퉈 가정 사역과 아버지 교육프로그램들을 시행함으로써13 남성

---

11 이현재, 손희정, 임옥희는 최근 여성 혐오 현상을 비판적으로 분석하면서 신자유주의적 자본주의에 대해 말하고 있다. 이현재, "도시적 감정으로서의 여성 혐오와 도시적 젠더 정의의 토대로서의 공감의 가능성 모색,"「한국여성철학」 25(2016); 손희정, "혐오의 시대"; 임옥희,『젠더 감정 정치: 페미니즘 원년, 감정의 모든 것』, (서울: 도서출판여이연, 2016).
12 이현재, "도시적 감정으로서의 여성혐오", 40.

중심의 위계질서를 재확립해 나갔다. 특히 목회자들의 성차별적 설교와 성문제는 심각한 지경에 달했다.14 기독교의 성차별과 억압은 대내외적인 여권 신장과 여성해방의 노력에도 불구하고 교회 질서 유지와 안정적 운영을 명목으로 하나님 뜻에 반하는 행보를 진행 중이다. 이와 같은 교회 내 여성 혐오는 기독교 역사에서 면밀하게 진행된 성서와 남성 목회자의 권위에 의지한 불평등한 젠더 의식에 근거하면서 동시에 한국의 유교적 가부장제도와 신자유주의적 상황에서 더욱 공고해졌다.

그러나 기독교의 기원에서 들려주는 예수에 관한 이야기들은 이와 다른 여성의 행적에 대해 보도한다. 예수 탄생 이전부터 공생애 활동 그리고 죽음과 부활에 이르기까지 예수의 처음과 마지막은 남성이 아니라 여성이 함께한 역사를 기록했다. 1세기 팔레스틴, 유대 사회에서 여성은 가부장제도에 귀속된 피지배적이고 부차적인 존재였다. 그럼에도 불구하고 예수를 만난 여성들은 부차적 존재로서의 자리를 벗어나 다른 삶의 모습을 보여주었다. 비록 초대 기독교와 성서 기자들이 가부장제의 한계를 담보하고 있다 해도 예수의 여성들이 보여준 행적은 우리에게도 여전히 유의미하게 해석될 수 있는 유산으로 전해진다. 이에 본고는 유대 사회에서 피지배자이자 혐오의 대상이었던 여성들이 예수를 만나 자기 자신을 발견하는 과정을 통해 어떻게 사회문화적

---

13 이숙진, "포스트-오이디푸스 시대 한국 교회의 아버지 담론과 신보수주의," 『당신들의 신국, 한국 사회의 보수주의와 그리스도교』 (서울: 돌베개, 2017), 258-59.
14 최순양, "한국 사회의 여성혐오와 한국교회의 성폭력," 「여성이 살리는 세상」 4(2017), 8-21; 채수지, "교회 성폭력, 우리 모두의 책임이다," 「여성이 살리는 세상」 5(2017), 66-80.

경계를 넘나드는 비체로 활동했는지 주목하고자 한다. 그들은 젠더, 민족, 경제, 종교라는 중층의 경계를 넘어 혐오의 대상이 아니라 자기 목소리를 지닌 자발적 존재로 자신을 확인한다. 그 과정에서 여성 혐오가 발현되는 유대 사회의 정치 경제적 상황을 살펴보고 그 속에서 경계를 넘나들고 사회 제도의 틈을 내는 비체로서 예수의 여성들의 삶을 확인한다. 이를 통해 이 시대 한국 교회의 여성 혐오를 극복하는 통찰을 제시하고자 한다.

II. 1세기 유대 사회와 여성 혐오의 사회적 맥락

1세기 팔레스틴에 살았던 유대 여성들의 삶을 기술하는 것은 그 자체로 한계가 있다. 그것은 자료의 문제뿐만 아니라 역사 기술의 주체가 가부장 사회의 남성들이었다는 점에서 더욱 그러하다. 다만 우리는 성서와 외경 및 지중해 지역의 문헌을 통해 유대 사회의 모습을 개괄함으로써 여성의 삶의 정황을 유추해 볼 수 있다. 이 점에서 복음서에 나타난 여성들의 행적을 고찰하는 데 있어서 섬세한 배려가 요구된다.[15]

---

15 당시 여성들에 대한 현실적인 사회 종교적 신분은 이데올로기적 혹은 규정적 진술에 의한 것이기보다는 그들의 경제적 자율성과 사회적 역할의 정도에 의해 결정되었다고 본다. 여성의 독립과 자율성은 성 역할뿐만 아니라 사회적 신분과 계급에 의해 달라졌다. 성서가 가부장 사회의 문화와 질서를 반영하지만 천편일률적으로 여성을 종속적이라고 두기보다는 오히려 기독교가 제도화되고 성장하는 과정에서 성서를 해석하고 후대 역사에서 여성을 종속시키는 문화를 공고히 다져온 결과이기도 한 것이다. 엘리자베스. S. 피오렌자/김애영 옮김, 『크리스찬 기원의 여성 신학적 재건』 (서울: 종로서적, 1986), 178-79.

왜냐하면 1세기 유대 사회에서 예수의 이야기가 성전 파괴(유대 전쟁, 66~70년) 이후, 즉 역사적 예수와 최소한 40년 이상의 거리를 두고 기록된 것을 감안한다면, 복음서 기자들은 예수 이야기를 재편하면서 자기 공동체에서 요구하는 문제에 응답했기 때문이다. 또 다른 이유로는 당시 여성들의 성 역할과 지위는 가부장 사회라는 하나의 관점이 아니라 젠더를 비롯하여 민족, 계급, 그에 따른 경제적 지위 등 다양한 사회적 관계에서 파악되어야하기 때문이다.

예수와 그의 추종자들이 몸담고 있던 1세기 유대 사회는 로마 제국의 식민 지배하에 헤롯 왕조의 폭압적 정치와 이들과 결탁했던 종교지도자들의 중층의 지배 구조에서 전개되었다. '팍스 로마나Pax Romana'라는 로마의 관용적 지배 체제는 피식민지국에 대한 정치적, 종교적 압제와 경제적 수탈 위에 성립되었다. 당시 유대 사회에는 제국을 등에 업고 활약했던 제사장 계열의 지도층을 비롯하여 율법과 이스라엘의 전승을 고수하는 서기관과 바리새인들, 그 외 다양한 메시아 운동과 민중 운동으로 헤롯 왕조에 저항하는 집단들이 공존했다.16 이스라엘은 주변 제국과의 지난한 역사를 거치면서 민족의 생존을 위해 성전과 토라를 중심으로 한 유일신 신앙과 정결법을 고수했다. 그럼에도 불구하고 예루살렘 성전 파괴와 함께 유대 전역이 정치, 경제, 종교적으로 로마에 예속되는 상황에서 유대인들은 대외적으로는 로마와 우호적인 협력 관계를 유지하고, 대내적으로는 율법 중심의 민족 정체성을 수립함으로써 유대교를 재건하는 데 전력을 다했다. 이 과정에서 유대 정체성이나 신앙관과 조금이라도 다른 신념을 가진 자들 혹은 일

---

16 리처드 호슬리/김준우 옮김, 『예수와 제국』(고양: 한국기독교연구소, 2004), 67-97.

탈하는 자들에 대해서는 날선 비판과 처벌을 가할 수밖에 없었다. 초대 기독교는 바로 이러한 사회 정치적 배경에서 전개되었다. 예수운동의 주동자들, 즉 유대 지역의 초대 기독교인들은 유대교의 갱신과 함께 하나님의 구원 역사를 이야기했다. 이에 유대인들이 보기에 초대 기독교인들은 유대 사회를 지켜내는 거룩함과 정결의 정체성을 침해하고 뒤흔드는 집단이었다. 따라서 유대 사회는 그들을 일탈하는 집단으로 보았고 기독교인과의 갈등은 첨예화되었다. 복음서가 기록되는 시기, 유대 기독교인들은 주류 유대교와는 대척점에 있었고, 유대인들에게 경계 밖의 존재로 간주되면서 유대 공동체에서 내몰렸던 역사가 성서 곳곳에 스며있다.17

복음서에서 확인하듯이 예수가 서기관이나 바리새인들과 벌였던 주된 논쟁은 안식일과 같은 율법 준수와 정결례에 관한 것이었다. 그것은 정치 종교적 관점에서 유대 사회를 관통하는 핵심 가치이자 상징이었다. 예수를 따르는 자들은 대부분 어부, 농민, 세리, 창녀, 병자와 귀신들린 자들로서 일상의 삶을 영위하는 데 있어서 당대의 관습과 규례를 지킬 수 없을 정도의 가난과 궁핍 그리고 정신적, 육체적 질병에 사로잡힌 자들이었다. 유대 사회는 그들을 사회적, 제의적, 경제적 차원에서 배제하고 억압했으며 죄인으로 낙인찍었다. 그 가운데 예수를 따르는 여성들은 민족 존립 위기와 지배적 가부장제라는 유대 팔레스

---

17 사도행전의 보고에 따르면 당시 팔레스틴 내부의 기독교인들은 유대교의 갱신운동 혹은 메시아 운동을 하는 여러 집단 중 하나로 비춰졌다. 예루살렘 교회 역시 유대교 내의 활동으로 인식되었다. 그러나 시간이 지날수록 유대 사회 안에서 예수를 따르는 자들의 입지가 악화되었다. 결국 유대 전쟁 이후 팔레스틴에서 유대 기독교인들을 찾는 것은 어려운 일이었다. 에케하르트 슈테게만·볼프강 슈테게만/손성현·김판임 옮김, 『초기 그리스도교의 사회사』(서울: 동연, 2008), 352-353, 359-362.

틴의 사회적 정황을 삶의 자리로 삼고 있다.

유대 사회에서 여성은 남성의 소유물로서 재생산과 양육 그리고 가사노동을 담당하면서 사적 영역에 머무는 존재로 나타난다.[18] 구약성서를 보면 여성은 남성보다 더 엄격한 정결례가 적용되었다(레위기 12-15장). 여성의 사유와 행동에는 늘 제약이 따랐기 때문에 가부장제 문화에서 벗어난 여인은 정숙하지 못하고 부정한 여인으로 배척당했다. 이것은 여성에 대한 규제와 혐오로 나타났다. 실례로 여성의 출혈(레위기 15:19 이하)이 자연스러운 생리 현상이든 질병이든 남성의 유출(15:1-18)보다 더 엄격한 방식으로 통제받았다. 물론 레위기 12-15장의 정결과 부정에 대한 규례는 이스라엘 민족에게 있어서 하나님의 거룩함을 수행하는 제의적, 신학적 의미를 포함하면서 동시에 당시 척박한 환경에서 살아남기 위한 보건 위생의 차원을 배려한 것이다. 그러나 기독교 역사에서 정결례를 비롯한 여성에 대한 성서 본문들은 남성에 비해 여성을 부정하고 열등하며 종속적인 존재로 간주하는 '여성 혐오'의 근거로 사용돼왔다. 뿐만 아니라 창세기, 룻기, 에스더, 잠언 등 구약성서에 등장한 여성들의 사회적, 종교적, 정치적 영향력에도 불구하고 그녀들의 가치는 폄하되었고, 유대 사회는 오로지 현숙한 아내와 지혜로운 어머니에 대한 여성상을 강요했다. 나아가 여성들을 가부장제의 울타리 안에서 남성에게 예속된 존재로 인식되면서 이를 통한 불평등한 위계 구조를 강화했다.

또한 유월절 같은 유대 명절에 온 민족이 예루살렘 성전을 방문해도

---

18 요아힘 예레미아스/번역실 옮김, 『예수시대의 예루살렘』(서울: 한국신학연구소, 1988), 455-56.

여성은 이방인과 마찬가지로 성전 출입이 제한되었다. 성전 내 직제는 정치 및 종교 지도자였던 대제사장을 비롯하여 레위 가문의 제사장 계열이 독점했으며, 그 외 성전 종사자들의 구성과 성전 운영은 가부장적 위계질서와 정결법에 따라 시행되었다. 지역 회당도 사정은 마찬가지였다. 예배와 교육 그리고 지역의 주요 사안을 다루는 회합 장소였던 회당도 성전과 같이 남성 중심의 위계 구조를 구현하면서 여성은 공적 영역에서 철저하게 배제되었다.[19] 기원후 90년경 랍비 엘리아잘은 "딸에게 토라를 가르치는 이는 방종을 가르치는 것이다"라고 말할 정도로 남자는 율법 교육을 받을 수 있었으나 여성에게는 교육의 기회를 갖는 것조차 어려웠다.[20] 남성 유대인들은 공적 예배에서 하나님이 자신을 이방인, 노예, 여자로 태어나지 않게 하심에 감사의 기도를 드리는 것이 수사학적 통례였다.[21]

남성을 위해 봉사하고 헌신하는 존재로서 여성의 역할은 세례 요한의 어머니 엘리사벳, 예수의 어머니 마리아, 베드로의 장모, 마르다와

---

[19] 슈테게만, 『초기 그리스도교의 사회사』, 572. 성차에 따른 구별은 고대 사회에서 남자와 여자의 위치를 심리학, 문화, 사회, 경제 관점에서 구분 지을 수 있는 구조적 틀을 제공한다. 여성은 사회 계층과는 무관하게 공적 삶의 영역인 정치 경제 사회적 재원에 접근할 수 있는 가능성이 남성에 대해 현저히 제한되어 있었다.

[20] 예레미아스, 『예수시대의 예루살렘』, 랍비 문헌은(Stoa III,4) 466쪽에서 재인용. 여성들은 신분이 높고 부유한 가정일수록 규제가 엄격했다. 그러나 반대로 드물기는 하나 지체 높고 부유하여 사회적으로 영향력을 가진 여인 중에 '회당장'이라 칭하는 여인도 있었다.; 김판임, "유대교에서의 여성의 지위와 역할 및 이에 대한 예수의 입장," 「기독교논총」 15/1(2000), 109-158. 김판임은 논문에서 가부장 사회였던 유대교 내의 여성들의 위치와 역할을 살펴보면서 사회 계급, 경제적 측면에서 남성 못지않게 권력을 행사한 여성들의 이야기를 전한다. 그리고 여성들을 대하는 예수의 당대와 다른 관점을 개괄했다.

[21] 피오렌자, 『크리스찬 기원의 여성 신학적 재건』, 268.

마리아에 대한 기술에서 확인된다. 이러한 본문들은 기독교의 젠더 질서를 강화하는 방식으로 해석되었다. 심지어 급식 기적에서 무리를 묘사하는 부분에서도(마태복음 6:21; 마가복음 6:44; 누가복음 9:14; 요한복음 6:10) 여성은 어린아이와 함께 셈에 들어가지 않는 부차적인 존재로 드러난다. 랍비 문헌에서는 여성은 법적이고 종교적 차원에서 어린아이와 남녀종과 동등한 부류로 간주되었다.[22] 1세기 유대 사회에서 여성은 여타의 가부장 사회와 마찬가지로 가정이라는 사적 자리에서 남편을 섬기는 아내이자 자녀를 출산하고 양육하는 어머니로서의 임무를 수행했다. 이들에게 지워진 삶의 자세는 침묵과 희생의 삶이었으며 공적 자리에 나타나거나 목소리를 내는 것이 사회적으로 금기시 되었다. 여성은 가부장적 위계 구조에서 자기를 드러내지 않고 순종과 섬김의 자세를 보여주는 것이 최고의 덕으로 여겨졌다.

III. 예수를 만난 여성들, 비체로서의 여성과 그 한계

흙먼지 날리는 팔레스틴의 땅에서 역사적 예수가 보여주었던 삶은 가난한 이들, 소외되고 병든 이들과 식사를 하고 그들의 고통을 치유하면서 하나님 나라에 대한 비전을 나누고 가르치는 것이었다. 예수와 함께한 자들이 로마 제국 치하에서 삼중의 세금과 부역을 감당하며 적빈 상태에서 기아와 질병으로 고통 받은 사람들이었다는 것을 생각할 때, 예수를 따르던 여성들도 대부분 사회 경제적으로 하위 계층의 사

---

22 피오렌자, 『크리스찬 기원의 여성 신학적 재건』, 143.

람들로 구성되었다는 사실을 짐작할 수 있다.23 앞서 언급했듯이 초대 기독교, 예수운동의 추종자들에 대한 유대 사회의 배제와 혐오는 예수를 따르는 여성에게도 그대로 적용되었다. 오히려 가부장제의 위계질서 내에서 예수를 따르는 여성들은 일탈하는 집단의 여성이라는 이중의 잣대로 폄하되고 배척당했으리라 유추할 수 있다. 유대 사회의 여성 혐오는 가부장제라는 하나의 관점이 아니라 젠더를 비롯하여 민족, 종교, 사회 문화라는 중층의 경계가 교차하는 정치적 문제를 포함하기 때문이다. 예수를 따르는 여성들은 타자화되고 대상화된 존재로 예수를 만나 아내와 어머니로서의 역할과 영역에서 벗어나 하나님 나라의 비전을 실현하는 데 있어서 남성 제자를 비롯한 초대 기독교 남성 중심의 질서에서, 나아가서 유대 사회에서 이들에게 가해지는 비난, 증오, 배제의 다양한 양상의 여성 혐오를 마주해야했다.

이렇게 볼 때 복음서에 기록된 여성들은 예수를 만나고 혹은 그를 따르게 되면서 전통적으로 유대 사회에서 기대하는 역할과 의무에서 벗어나는 모습을 보인다. 예수를 따르는 여성들은 젠더적 경계 이외에 유대인 대 이방인이라는 민족적 경계, 질병을 통한 부정과 오염이라는 종교, 사회문화적 경계, 나아가 하층민이라는 경제적 경계를 넘나들면서 기존의 위계적 질서를 뒤흔드는 방식으로 자신을 드러낸다. 그러나 그들의 행위가 본래 유대 사회의 지배적 가부장제에 대항하거나 남성

---

23 슈테게만, 『초기 그리스도교의 사회사』, 605-607. 성서는 예수를 따르는 여성들을 모범적인 딸이나 아내 혹은 어머니 등의 덕망 있는 여인으로 기술하지 않고 전통적인 성 역할에 충실한 여인으로 묘사하지 않는다. 오히려 예수를 따라다니며 공공장소에 머물 수 있을 정도라면 사회적 평판이 좋지 않은 여인으로 보는 것이 더 가능한 추론이라고 본다.

과 동등한 자리를 차지하기 위한 시도에서 시작된 것이 아니었다. 예수를 대면했던 여성들은 가족의 고통이나 자신의 질병, 혹은 극빈한 생활로 인해 육체적, 정신적 그리고 사회 종교적 삶의 끝에 설 수 밖에 없는 절박함을 공유했다. 예수는 유대 사회의 위계적 정체성과 중층의 경계들을 거부하고 이 땅에 도래할 하나님 나라의 가능성 안에서 삶의 위기와 절박함에 있는 여성들을 초대했다. 그녀들은 예수를 만나고 하나님 나라의 비전을 맨몸으로 실현해갔던 여성들이었다. 예수를 만난 여성들은 하나님 나라의 비전을 통해 자기를 발견하고 주체나 객체도 아닌 사이 공간에 있으면서 경계, 장소, 규범의 정형화를 넘어서 기존 사회의 정체성과 질서를 교란시키는 유동적인 존재로서 비체라 볼 수 있다. 그녀들은 자신의 말과 행동을 통해 남성 중심의 지배적 가부장 구조를 해체함으로써 하나님의 새로운 질서를 구현하고 공동체 내에서 새로운 주체됨의 발견과 소통의 가능성을 모색할 수 있게 한다. 이러한 관점에서 예수를 만난 여성들의 모습을 살펴보도록 한다.

1. 경계를 넘어서 예수를 대면한 여성들

여기서는 가부장 사회 구조를 비롯하여 여성 억압의 기제가 되는 경제, 정치, 종교, 민족의 경계를 넘어 예수를 대면함으로써 치유받고 딸을 살려낸 여성들을 만난다. 예수는 치유기적을 통해 육체의 질병은 물론 질병에 따른 사회적 배척과 종교적 부정을 모두 걷어냄으로써 병든 자들을 이중, 삼중의 고통에서 벗어나게 했다. 공관복음서는 혈루증을 앓은 여인이 무리에 섞여 있다가 예수의 옷에 손을 대면서 치유를 받는 이야기를 전한다(마태복음 9:20-22; 마가복음 5:24b-34; 누가복음

8:43-48). 특히 마가는 상세하게 여인의 상황을 묘사하는데, 그녀는 십이 년 동안 혈루병을 치료하고자 여러 의사를 거쳤으나 병세는 악화되었고 남은 재산은 탕진하게 됐다. 추정하건대 이 여인은 질병의 물리적 고통만이 아니라 종교적, 사회적으로 배제당한 자로서 정신적 고통으로 힘든 삶을 살아왔을 것이다. 오랜 된 유출병으로 인해 그녀는 제의적으로 부정했고, 그녀가 앉고 서는 자리뿐만 아니라 그녀와 접촉하는 사람까지도 오염시키는 불결한 존재였다(레위기 15:25-30). 그레코 로마 시대의 사회적 맥락에서 볼 때 이러한 여자가 동행도 없이 공개적인 장소에 나타난 것은 아마도 그녀가 수치스러운 지위에 있었을 것으로 유추해 볼 수 있다.[24]

물론 복음서 기자들은 여기에 대해 설명하지 않는다. 그러나 분명한 것은 그녀는 베드로의 장모처럼 남성의 보호 아래 있는 것도 아니고, 회당장 야이로의 딸처럼 자기를 대신하여 간구할 사람도 없었으며(마태복음 9:18-19, 23-26; 마가복음 5:21-24a, 35-43; 누가복음 4:41-42, 49-56), 허리 굽은 여인의 경우처럼 예수가 먼저 다가와 치유해 준 것도 아니었다(누가복음 13:11-13). 이 여인은 혈루병으로 가족과 친척의 사회 공동체는 물론 종교 공동체에도 속하지 못한 채 배제와 혐오의 대상이었다는 사실을 충분히 짐작할 수 있다. 그러나 그녀는 공개적인 장소에 나와 예수에게 손을 댐으로써 그에게 자신의 부정과 혐오를 전염시켰다(27절). 그것은 당시 사회적 규범과 종교적 율법을 모두 위반한 행위였다. 그러나 더 이상 물러날 곳이 없는 여인이 마지막 방

---

[24] 캐롤 A. 뉴섬, 샤론 H. 린지 공편, 이화여성신학연구소 옮김, 『여성들을 위한 성서주석-신약 편』 (서울: 대한기독교서회, 2012), 86.

법으로 예수의 소문을 듣고 병 낫기를 바라는 절박한 믿음에서 여인의 구원이 이루어졌다(28절).

　사회 문화적, 경제적, 종교적으로 배제되고 소외되었던 여인은 삶의 마지막에서 자기를 둘러싸고 있는 정결과 부정이라는 혐오의 경계를 넘어 예수에게 먼저 다가감으로써 치유 받을 수 있었다. 예수는 자기의 능력이 나간 것을 알고(30절), 이 여인에게 "딸아, 네 믿음이 너를 구원했다"라고 선언한다(34절). 이 선언과 함께 각 복음서 기자들은 예수가 여인을 위로하면서 평안을 전하는 말을 덧붙인다. 치유 받은 여인은 예수의 선언을 통해 사회적, 종교적으로 공동체 안으로 복귀함으로써 하나님 나라의 새로운 가족으로 편입하게 된 것이다. 그러나 적극적이던 여인은 예수 앞에서 다시금 순종적인 모습을 보여준다(33절). 그녀는 치유를 통해 기존의 관습적 지위를 회복하면서 동시에 남성 중심의 위계질서 속으로 편입된 모습을 보여준다. 삶의 끝에서 주도적이고 능동적인 자세로 경계를 넘어섰던 여인은 하나님 나라의 새로운 비전을 경험했다. 그러나 본문은 그녀가 치유와 함께 사회 안으로 복귀하면서 기존의 관습적이고 종속적 성역할을 수행할 가능성을 보여주고 있다. 그럼에도 이 여인은 이미 여성-병자-빈자를 타자화하는 사회적 경계를 넘어 육체적, 사회적, 종교적 치유를 경험한 이상 이중 삼중의 고통을 강요하는 권위적 폭력적 질서에 자신을 온전히 내맡기지는 않으리라는 기대를 전하고 있다.

　두 번째로 마가복음 7장 24-30절은 수로보니게 여인의 믿음으로 잘 알려져 있다. 이 담화의 평행본문인 마태복음 15장 21-30절은 그녀를 가나안 여인으로 소개한다. 예수가 갈릴리 지방을 떠나 지중해 연안 도시인 두로 지역으로 가는 중에 더러운 귀신 들린 딸을 둔 수로

보니게 출신의 여인을 만난다. 그녀는 헬라인이지만 남성 친척이나 경제적 수준에 대해서는 보도되지 않는다. 다만 귀신들린 딸의 고통을 두고 볼 수 없어 소문을 듣고 예수에게 달려왔다는 것은 확실하다. 역사적으로 볼 때 두로 도시는 주변 농촌지역에서 식량을 조달받았다(열왕기상 5:11; 9:10-14; 에스겔 27:18, 사도행전 12:20). 두로의 이와 같은 식량 수탈은 유대 농민들을 빈한하게 했으며 그들은 두로에 대해 적대와 분노를 품었다. 여인이 헬라인으로서 헬라어를 유창하게 구사하는 것이나 그녀의 딸이 값싼 침상($κράβαττος$)이 아닌 침대($κλίνη$)를 사용한 점을 볼 때(30절), 여인의 경제적 사정은 그리 어렵지 않았다는 것을 짐작해 봄직하다.25

이처럼 유대인과 수로보니게인 사이의 정치적, 경제적, 사회적 대립과 갈등을 잘 알고 있음에도 불구하고 귀신들린 딸의 고통을 목도해야하는 여인으로서는 예수에게 달려가는 것이 최선의 방책이었다. 이런 이유로 그녀의 민족과 특권에 대한 예수의 가멸찬 비판에도 여인은 아랑곳하지 않고 예수를 말을 되받아친다. "주여 옳소이다마는 상 아래 개들도 아이들이 먹던 부스러기를 먹나이다"(28절). 가난하고 부정한 자들에게 먼저 손을 내밀었던 예수가 유대인을 착취하는 이방 출신의 여인의 사회 경제적 지표에 대해 냉소적인 비판을 던진 것이다. 그러나 여인은 그녀 앞에 놓인 민족적, 정치적, 경제적 경계를 넘어 예수가 던진 말꼬리를 붙잡았다. 그녀는 딸을 살리기 위해 예수의 비판을 기꺼이 긍정하고 자신이 처한 한계를 넘어 이질적이고 차가운 유대인들의 세계로 뛰어들었다. 여인의 태도는 예수의 마음을 움직였고 딸에

---

25 배현주, "생명을 살리는 밥상,"「한국여성신학」 57(2004), 51-52.

게서 귀신이 나갔다(29절). 그녀는 고통 받는 딸의 어미로서 자신과 다른 피억압민의 세계에 뛰어 들어가 스스로의 권위와 특권을 내려놓는 적극성으로서 딸을 살려냈다. 여인은 자신과 다른 세계를 수용하고 도전하는 용기 있는 모습을 통해 예수의 인정을 받게 된다. 나아가 복음서 기자는 수로보니게 여인의 이야기를 통해 당시 예수운동이 어떻게 민족적, 정치 경제적 간극을 넘어 이방인들에게 전파되었는가에 대한 실마리를 제공한다. 그 시작에 젠더, 민족 그리고 경제의 중층의 문제를 넘어서는 여인의 절박함과 이를 넘어서는 도전이 있었음을 알게 된다. 그것이 헬라 세계와 유대 세계에서는 거리끼는 일이었으나 여인은 비난과 혐오의 시선을 감내하고 경직된 지배 질서의 틈을 내는 비체로서 역할을 보여주었다.

2. 세계에 틈을 내며 예수를 따르는 여성들

복음서는 예수를 따르는 여성들이 예수 생애와 예수운동에서 얼마나 중요한 역할을 했는지 전하고 있다. 그중 예수와 같은 섬김을 실천한 여성들로 예수의 죽음과 부활을 함께한 여성들을 이야기한다. 사실 복음서는 여성에게 명시적으로 예수의 제자라는 표현을 사용하지 않는다. 다만 마가복음 15장 41절에서 예수를 '따르다'($\dot{\alpha}\kappa o\lambda o\upsilon\theta\acute{\epsilon}\omega$)라는 단어를 사용함으로써 예수를 따르는 제자에 대해 함축적으로 표현하고 있다. 그러나 예수의 첫 번째 추종자들은 유대 남성들과 마찬가지로 유대 여성들이었다. 그들은 예수 탄생에서부터 죽음과 부활에 이르기까지 예수의 곁을 지켰다. 특히 마가복음 15장 40-41절에서는 예수의 죽음을 지켜보았던 막달라 마리아, 야고보와 요셉의 어머니 마리아, 살로메와 그 외 많은 여성들이 갈릴리에서부터 예수를 따르며 섬겼다고 보도한다. 평행본문인 마태복음 27장 55-56절과 누가복음 23장 49절, 8장 2-3절은 마가 본문을 따라 각 공동체의 상황에 맞게 집필했기에 여기서는 마가복음에 초점을 두고 전개한다. 마가는 여인들이 멀찍이서 예수의 십자가 처형과 매장까지 지켜보았다고 서술한다. 이 여인들은 예수를 따라 갈릴리에서부터 온 자들이었으나(마가복음 15:41) 예수를 따르는 여성들은 예수 생애 마지막에서 처음 등장한다. 그들은 멀리 있기는 했지만 예수의 죽음과 부활을 지킨 자들로서 제자로 명명된 남성들보다 예수를 따르는 데 있어서는 더 우위에 있다. 첫째는 이 여성들이 예수의 섬김을 실천하는 자들이기 때문이다. 마가복음에서 처음 등장하는 여인이 바로 예수가 치유한 베드로의 장모다. 예수는 갈릴리 사역을 시작한 직후 베드로의 장모를 찾아가 그녀의 손을 잡아 일으킨다(마태복음 8:14-15; 마가복음 1:29-31; 누가복음 4:38-39). 베드로의 장모는 남성들의 보호 아래 있는, 통상적 가정의 관습에 따라 사적 공간에 머물면서 남성들의 보호가운데 치유 받는 여인으로 묘사된다. 주목할 점은 그녀가 치유 받은 것에 대한 응답으로 그들에게 수종들었다는 기록이다(마가복음 1:31).

여기서 "수종들다"는 헬라어 '섬기다'라는 의미의 $\delta\iota\alpha\kappa o\nu\acute{\epsilon}\omega$를 번역한 것으로, 이 단어는 복음서에서는 천사가 예수를 돌볼 때(마태복음 4:11; 마가복음 1:13), 인자의 섬김을 언급할 때(마태복음 20:28; 마가복음 10:45; 누가복음 22:26-27) 그리고 전적으로 여성들이 예수를 따라 섬길 때(마태복음 27:55; 마가복음 15:41; 누가복음 8:3; 요한복음 12:2) 사용된다. 이 단어는 남성 제자에게는 사용되지 않으며, 서신서에서는 사도들의 자세나 집사의 직분을 나타낼 때 사용된다. 여성의 섬김 행위를 두고 학자들은 가부장적 사회 구조 속에서 여성들이 마땅히 행할 가사 노동으로 봐야하는가 아니면 그들의 돌봄과 배려가 섬김의 리더십으로 해석할 만큼 예수를 따르는 일의 연장선에서 봐야 하는가에 대해서는 의견이 나뉜다.[26] 그럼에도 분명한 것은 치유 받은 베드로의 장모가 기존 사회 제도권 안에서 행할 수 있는 감사와 섬김의 반응으로 예수와 그의 제자들을 섬기는 행위를 보여주었다는 것이다. 또한 마가복음 15장 40-41절과 누가복음 8장 1-3절에 따르면 예수를 섬기는 여성들이 갈릴리에서부터 예수를 따르기 시작하여 예수의 죽음과 부활의 현장에 참여하며 부활의 증인으로 세워지는 과정에서 예수를 섬기는 행위를 보여주었다는 것이다. 이는 사적 영역에서 이뤄지는 여성의 역할에 대한 협의의 의미뿐만 아니라 예수의 죽음을 지켜낸 막달라 마리아와 같은 여성들이 자신의 공간적 한계를 벗어나 예수 따름과 예수 섬김을 실천하는 광의의 의미를 포함한다.

복음서는 예수운동에 얼마나 많은 여성들이 적극적으로 참여했는가에 대해 언급하지 않는다. 그러나 예수를 섬기는 여성에 대한 본문들은 그녀들이 기존 젠더의 질서에서 부과된 사적 영역을 벗어나서, 과격하게는 자신의 가족 공동체를 떠나서 예수를 따르는 사역에 동참했다는 사실을 알 수 있다.[27] 그들의 결단은 기존 유대 사회에서 인정

---

26 피오렌자,『크리스찬 기원의 여성 신학적 재건』, 178-79. 피오렌자는 여성들의 활동을 남성과 평등한 제자직으로 보고 있으나 다른 한편으로 섬김을 단순히 돌보는 차원에서 봐야하는지에 대해 의견이 나뉜다. 슈테게만,『초기 그리스도교의 사회사』, 597-587.
27 누가복음 8:2-3은 누가의 어법과 집필 경향을 반영하고 있기 때문에 예수운동에 대한 전승이라기보다는 팔레스틴 외부 로마 제국의 여러 도시에서 성장하고 있는 신생 기독교 공동체에서 온 것으로 추정된다(행 16:14-15, 17:4, 12) 그럼에도 초기 기독교 공동체에서 여성이 차지한 의미를 예수 당시로 설명하고 있는 것이다. J. A. Fitzmyer,

되는 여성의 역할과 영역을 벗어나 가부장제의 위계질서와 그 경계를 넘어서는 위협적인 행동을 보여주는 것이었다. 당시 가부장 문화권에서 여성들이 남자들과 더불어 전도 여행을 한다는 것은 성, 인종, 계급 차별을 넘어서 하나님 나라라는 새 세상에 대한 비전과 선포 그리고 그들의 신앙적 결단이 전제가 되어야 했기 때문이다. 이러한 행동은 유대 민족의 정체성을 확립하는 과정에서 용납하기 어려운 행위들이었다. 예수를 섬기는 여성들은 바로 예수운동의 담지자로서 여성 제자들이 보여주는 새로운 삶의 모습을 제시한다. 그녀들은 기존의 종교적 권위들이 얼마나 경직되고 허위적 체계였는지를 보여주면서 유대 사회와 질서에 틈을 내는 유동적인 존재, 즉 비체로 나타난다.

두 번째로, 예수의 몸에 향유를 부은 여인 역시 남성 제자들보다 앞서 예수가 누구인지 바로 인식하고 예수의 죽음과 부활을 예비하는 자로 등장한다. 마가복음 14장 1-9절은 이름 없는 한 여인이 예수의 머리에 기름을 붓는 행위에 대해 예수는 "복음이 전파되는 곳에 이 여자가 행한 일도 말하여 그를 기억하리라"(마가복음 14:9)로 선포한다. 마태는 이 본문을 거의 그대로 유지하지만(마태복음 26:6-13), 누가는 마가의 본문을 죄 많은 여인이 눈물로 예수의 발을 씻고 머리털로 닦은 후 기름을 바른 것으로 변형시켰다(누가복음 7:37-50). 반면 요한은 마리아가 예수의 발을 머리털로 씻기는 것으로 변형하여 보도했다(요한복음 12:1-8). 향유를 부은 여인에 대한 각 복음서의 보도는 그 배후에 신앙공동체의 사회 역사적 삶의 자리에서 재해석된 여인의 모습을 보

The Gospel according to Luke I-IX, Anchor Bible 28, (New York: Doubleday, 1986), 695-698.

여준다. 먼저 마가복음에서 예수의 머리와 몸에 기름 부은 여인의 행위는 예수의 수난 및 죽음과의 관련성에서 파악된다. 여인은 수난당할 예수가 메시아임을 인식하고 수난으로 향하는 메시아의 길을 곧게 하는 선지자로서의 사명을 담당한다. 마가복음의 남성 제자들이 메시아 예수를 이해하지 못하고 그를 배신하고 부인하는 자들로 묘사되는 것에 반해 이 여인은 그들보다 앞서 예수를 수용하는 진정한 제자로 그려졌다는 것을 알 수 있다.

반면 누가는 죄 많은 여인이 눈물을 흘리며 예수의 발에 입 맞추고 기름을 붓는 장면을 통해 죄인인 여성에 주목한다. 사실 누가는 당시 죄인으로 멸시받았던 병자, 장애인, 세리와 창녀가 권력자들의 부당한 법 체제에 의해 착취당하고 비천한 직업에 종사하는 소외되고 가난한 자들로 본다. 이러한 맥락에서 누가는 가난한 이들에게 우선적으로 하나님 나라의 자비와 평화가 임해야 한다고 전하고 있다. 따라서 누가복음에 나온 여인은 죄인인 여성의 용서에 주목할 것이 아니라 예수의 발에 입맞춤으로써 그의 메시아됨을 승인하고, 의인으로 여김 받음으로써 평화와 구원의 축복을 받은 자로 묘사된다.[28] 또한 요한복음에 나타난 여인이 예수의 발을 머리털로 씻기고 기름 붓는 행위는 기본적으로 예수를 메시아로 선포하고 예수를 섬기는 것과 함께 그의 수난 사건에 동참하는 행위이다. 또한 예수의 세족 행위를 먼저 수행하는 행위이기도 하다. 이를 통해 그녀는 보이지 않는 하나님의 사랑과 구원을 계시함으로써 구원받은 자로서 세상에서 예수의 일을 수행하는 제자의 사명을 감당하는 자로 묘사된다.[29]

---

28 최영실, "기름 부은 여인, 그녀는 누구인가?,"「기독교신학논총」 22/1 (2001), 71.

예수의 머리에 기름을 부은 여인에 대한 전승은 각 복음서에서 변형되었으나 이를 통해 복음서 기자들은 이들을 죄인으로 비하하거나 가부장적 문화에서 그녀에 대한 기억과 의미를 제거하려는 것은 아니라는 것을 알 수 있다. 본문은 공동체 안에 있는 여성 구성원들로 하여금 전적인 자기 헌신과 예수 따름의 정신을 종교적, 경제적, 젠더적 경계를 넘어 성실하게 수행해 갈 것을 이야기한다. 하나님 나라의 비전은 예수 앞에서 여성 스스로가 자신의 존재를 인식하고 예수를 대면하는 과정을 통해 여성을 타자화하고 객체화했던 많은 억압의 구조를 밝혀내고 대항함으로써 새로운 가치관을 제시하는 데 있다. 여기서 여성들은 하나님 나라의 진정한 담지자로서 자신을 새롭게 인식하고 자신이 속한 역사 사회적 경계를 넘어서 사회 규범과 기존의 질서를 흔드는, 어쩌면 복음서 기자도 의도하지 않았으나 초기 기독교 공동체 내에 스며있는 가부장제 질서를 뒤흔드는 비체로서 등장하게 된다.

세 번째, 복음서는 일관되게 남성이 아닌 여성이 예수의 수난과 십자가 처형을 목격하고(마태복음 27:55-61; 마가복음 15:40-47; 누가복음 23:27-28, 49-56; 요한복음 19:25-27), 부활의 증인이 된 사실에 대해 보도한다(마태복음 28:1-10; 마가복음 16:1-11; 누가복음 23:56b-24:12; 요한복음 20:1-2, 11-18). 각 복음서에서 예수의 죽음과 부활에 대해 보도하는 바가 상이하지만 남성들이 아니라 여성들이 예수의 죽음을 목도하고 그의 빈 무덤을 확인하며 부활을 선포한 최초의 증인으로 묘사된다. 특히 공관복음서에서는 갈릴리에서부터 예수를 섬기며 따르는 자들이 예루살렘에 올라와 멀리서 예수의 죽음을 목격했다고 보도

---

29 뉴섬, 린지, 『여성들을 위한 성서주석-신약 편』, 169-70.

한다(마태복음 27:55; 마가복음 15:40). 이를 두고 그녀들의 행동을 불신앙이나 미온적 신앙으로 격하시킬 수도 있겠다. 그러나 당시 예수가 정치사범으로 십자가 처형을 받았다는 것을 고려한다면 여성들이 그 자리에 참석하는 일이 정치적으로 얼마나 위험한 일이었는가를 알 수 있다. 베드로를 비롯한 남성 제자들은 예수가 본격적으로 심문받기 전에 도망간 것만 봐도 여성들의 행동과는 대조적이다.

이 여인들은 향유를 준비하여 예수의 무덤을 찾아간다(마가복음 15:47-16:1; 마태복음 27:61, 28:1; 누가복음 23:55-24:1). 빈 무덤을 확인한 여인들이 근심과 두려움에 있을 때, 천사를 통해 혹은 예수를 직접 대면함을 통해 부활한 예수를 만나게 된다. 마가복음은 "여인들이 두려워 아무 말도 못했다"(마가복음 16:8)라고 전한다. 그러나 이후 마가복음의 편집본에서는 다른 복음서와 마찬가지로 다른 여인들과 함께 막달라 마리아를 부활의 증언자로 명시한다(마가복음 16:9; 마태복음 28:1; 누가복음 24:10, 20:18). 이들은 예수의 부활을 제자들에게 전함으로써 부활의 첫 증인이자 기독교에서 부활신앙의 첫 담지자로 자리매김한다. 당시 유대교에서 여성이 공적 삶에서 배제되고 특히 증언할 권리가 없음에도 불구하고 부활이야기에서 예수의 죽음과 부활의 증인으로 여성을 말하는 것은 놀라운 일이다.30 물론 마가복음과 누가복음에서는 남성 제자들이 그녀들의 증언을 믿지 않았다고 전한다(마가복음 16:11; 누가복음 24:11). 여성들의 부활 신앙과 고백을 의심하고 거부하는 남성 제자들에 대한 묘사는 한편으로는 초대 기독교에서 드러나는 여성의 위치, 즉 기존 유대 사회의 젠더 위계구조가 교회 공동

---

30 김경희, "최초의 부활신앙인인 여성 제자들,"「한국여성신학」4(199): 10-15.

체에 그대로 들어와 여성을 열등하고 믿지 못할 존재로 그려내고 있음을 반영하는 것이다. 이는 예수를 만난 사마리아 여인에게서도 나타난다. 우물가에서 예수를 만난 여인은 대화를 통해 예수를 선생에서 예언자 그리고 메시아로 깨닫게 된다. 이후 그녀는 사마리아 마을에 그리스도 예수를 전했으나 이후 예수를 믿게 된 사마리아인들은 그녀의 증언이 아니라 그리스도를 보고 믿었다고 전한다.

복음서는 예수의 메시아됨과 믿음의 증언을 남성이 아니라 여성을 통해 전달하고 있다. 이에 대한 남성 제자들이나 복음서 기자의 부정적인 반응은 하나님 나라가 새로운 가치, 즉 그것이 갖는 전복적인 새 질서에 대한 비전에도 불구하고 여전히 유대 사회의 이분법적 젠더 질서에서 여성을 묘사하고 있다는 것을 보여준다. 이것은 복음서 기자의 어떠한 의도를 떠나 남성 제자들과 대조되는 여성 제자들의 신실한 믿음과 섬김의 실천을 반영한다. 그녀들의 믿음의 고백과 부활의 증언은 기존 질서에서 부과된 여성의 역할과 활동 영역을 벗어났다는 점에서 예수를 따르는 남성들에게도 커다란 도전이었다. 예수의 증언자이자 하나님 계시의 담지자로서 자기 목소리를 내는 여성들은 유대 사회는 물론 초대 기독교 공동체의 남성 중심의 권위 구조에 틈을 내고 남성과 여성의 경계를 허물며 하나님 나라의 실현을 위한 진정한 제자로서 자리매김하고 있다. 그녀들이야말로 기존 질서에서 늘 타자로 소외되고 배제되었던 여성 자신을 발견하고 주체됨을 확인했다. 그 자리가 바로 예수와 대면하는 자리였다는 점이다. 그것은 하나님 나라가 담보하는 새로운 가치뿐만 아니라 지배적인 가부장 사회는 물론 여성을 억압하는 종교적, 정치적 경계를 넘어서 사회의 가치와 규정성을 흔드는 비체로서의 예수의 여성들의 모습을 잘 보여주고 있다.

IV. 나오는 말

여성은 하나님의 새로운 질서 안에서, 낮은 자를 옹호하는 복음의 비전에서 중요한 역할을 했다. 피 흘리는 여인은 정결과 부정의 경계를 깨뜨리고 예수를 오염시킬 만큼 무모한 용기로 치유됐고, 수로보니게 여인은 민족 경제 정치적 간극을 넘어 예수에게 이방인의 구원도 허용할 것을 강요하는 예언자와도 같았다. 도덕적으로 버려진 자였으나 제일 먼저 하나님 나라에 들어갈 사람은 세리와 창녀들이었다.[31] 당시 유대 사회에서 일탈하는 자들로 간주되는 예수를 따르는 사람들, 그 안에서도 다시금 타자화된 여성들은 예수의 메시아됨을 올곧게 인식하고 믿음의 고백자이자 예수의 죽음과 부활의 처음 증인으로 자리매김한다. 그들은 현 사회 위계체제의 밑바닥에 위치해 있으면서, 또한 유대 사회 내부에서 열등 계급과 열등성이라는 이중의 멸시와 혐오를 받으면서도 하나님 나라에 가장 먼저 들어갈 가장 나중 된 자였다. 복음은 계급, 인종, 종교, 법 등의 요소와 함께 사회적 신분을 결정하는 젠더 의식이라는 구체적 사회 현실에 저항하는 것이다. 예수는 하나님 나라의 비전과 가치를 전하면서 여성 그리고 남성과 함께 이 세계의 위계적 질서와 인간을 억압하는 삶의 경계와 사회의 특권을 파기시키고 자유롭고 주체적인 인간에 대한 가능성을 선포했다.

삶의 절박한 순간에 예수를 만난 여성들은 이러한 해방과 저항의 복음을 받아들이고서 하나님의 구원과 사랑의 역사를 맨몸으로 실천해

---

31 로즈마리 R. 류터/안상님 옮김, 『성차별과 신학』 (서울: 대한기독교출판사, 1985), 148-49.

나갔다. 그녀들은 가부장 사회의 시대적 정치적 한계 상황에서 이 세계를 무비판적으로 수용하고 편승하는 삶을 거부했다. 사회에서 언제나 타자로, 주변인으로, 나아가 혐오 대상이었던 여성은 예수를 만나는 사건을 통해 자신을 새롭게 발견하고 젠더, 민족, 계급의 경계를 넘어서 남성-지배-권위의 가부장 사회에 균열을 내고 이를 해체하는 비체로서의 삶의 가능성을 보여주었다. 복음서는 당시 시대적 정치적 제약에도 불구하고 이 여성들을 예수를 통해 자기를 발견하고 주체적이고 능동적인 확장을 통해 젠더, 민족, 계급의 경계를 넘어서는 모습을 그려냈다. 그녀들은 더 이상 예속적이고 대상화되는 존재가 아니라 민족, 계급, 성별의 구분 없이(갈라디아서 3:28) 하나님 나라의 일원, 예수의 참 제자로 부름 받은 자들이었다.

이후 그토록 오랫동안 여성들은 교회 안팎에서 성서와 교회 전통과 대면하고 싸우고 화해하면서 여성신학적 성서 해석과 여성해방운동에 전력을 다했다. 그럼에도 불구하고 우리가 몸담고 있는 이 시대의 한국 기독교는 여전히 여성 혐오로 가득하다. 어느 여성학자의 언급처럼 우리는 여성 혐오가 시대정신인 시대에 살아가고 있는 것이다. 바로 그런 의미에서 우리는 그들의 문제가 아니라 우리 모두의 문제가 된 혐오를 '지금 여기'의 정치적 문제로 소환해야 한다. 그리고 예수를 만난 여성들의 이야기를 다시금 살펴봄으로써 교회에서 여성의 목소리를 끊임없이 억누르고 여성을 지속적으로 타자화해 왔던 젠더 이분법을 흔들고, 교회 내 경직된 권위 구조에 틈을 내며, 중층의 경계들을 넘어 마땅한 두려움과 혼란을 야기하면서, 이도 저도 아닌 사이에서 규정할 수 없는 비체로서의 유쾌한 하나님 나라의 운동이 이어지기를 바란다.

"남자와 동침하면 사형에 처하라"(레위기 20장 13절): 유대 귀환 공동체의 순결주의 정치학

김진호

> 남자가 같은 남자와 동침하여 여자에게 하듯 그 남자에게 하면,
> 그 두 사람은 망측한 짓을 한 것이므로 반드시 사형에 처해야 한다.
> 그들은 자기 죗값으로 죽는 것이다.
> _ 레위기 20:13

I. 들어가는 말: 동성 간의 사랑에 관한 것?

어느 방송 강연에서 아무개 목사는, 성서는 동성애에 반대한다고 말하면서 '반드시 죽여라'는 말을 두 번이나 반복했다. 물론 그가 동성애자 살해를 선동하거나 스스로 그 일을 실행에 옮기는 이력의 소유자는 아니다. 하지만 그의 말은 너무나 섬뜩하다. 성서를 문자 그대로 받아들여야 한다고 그는 믿고 있기에, 이 표현을 그대로 실천하는 것이

그에게 마땅한 일이겠다. 다만 그는 그것을 실행에 옮기는 대신 동성애자를 '개조'하는 운동에 전념하는 방식으로 자신의 신앙과 사회적 행동 사이의 간극을 조정하려 했을 것이겠다. 그런 점에서 그의 폭력적인 언사는 분명 부적절한 것이지만, 그는 증오 범죄의 직접적 가해자가 되지는 않을 수 있었다.

하지만 그런 말을 함부로 내뱉었던 '거짓 예언자들'에게 동화된 어떤 이들 혹은 정치 세력이 동성애자에 대한 증오 범죄를 저질러 왔다는 지난 역사를 반추해 본다면 이런 '거짓 예언'은 지극히 위험한 일이며 하여 의당 논박되어야 한다. 나아가 그런 폭언들을 자행한 이들 혹은 세력, 특히 특정 종교집단들에 대한 사회적 탄핵이 엄중히 일어나야 한다.

본고는 성서가 동성애를 반대하고 있다고 주장되어 온 몇 안 되는 성서 구절 가운데 가장 폭력적인 언사를 담은 텍스트인 레위기 20장 13절에 대해 살펴보려 한다. 결론부터 말하면 이 구절을 담고 있는 성서 텍스트는 동성애 문제에 아무런 관심이 없다. 동성 간의 사랑은 당시 지중해 지역과 메소포타미아 지역에서 흔히 일어나는 성적 행위에 속했고, 어떤 남녀가 여자를 사랑하고 있다는 사실 자체에 대해 누구도 화들짝 놀라지 않는 것처럼 남성 동성 간의 사랑에 대해서도 그랬다. 그렇다면 남자와 남자가 사랑한 것을 사형에 해당하는 죄로 규정한 본문은 동성애에 대한 반대가 아닐 가능성이 있다. 그럼에도 이렇게 표현되었으니 그 의미를 해명할 필요가 있다. 그 역사적 내막과 그 의미의 가능성을 살피는 것이 본고의 목표이다.

II. 극형에 관한 두 가지 텍스트
 : 레위기 20장과 출애굽기 21장 12-17절

레위기 20장에는 '사형에 해당하는 죄'에 대하여 16가지를 열거하고 있다. 이것은 사형죄에 관해 이야기하고 있는 또 다른 성서본문인 출애굽기 21장 12-17절과 대조된다. 아래 표에서 보듯 출애굽기는 사형죄 항목을 5개로 열거하고 있다.

	출애굽기	레위기	
사람을 때려죽인 자 사형해 처해야 한다	21:12	20:2	"너는 이스라엘 자손에게 다음과 같이 일러라"
실수로 사람을 죽인 경우, 정하여 준 곳으로 피신할 수 있다.	21:13	20:2-3	이스라엘인, 외국인 모두. 자식을 몰렉에게 제물로 바치는 자. 그 지방 사람들이 돌로 쳐죽여라.
홧김에 이웃을 죽인 자, 제단으로 피하여 오더라도 죽여야 한다.	21:14	20:4-5	자식을 몰렉에게 바친 자를 눈감아준 모든 자. 내(주님)가 직접 모든 자들을 죽이겠다.
부모를 때린 자는 사형에 처해야 한다.	21:15	20:6-7	혼백을 불러내는 여자와 마법을 쓰는 사람에게 다니면서 음란한 짓을 하는 자 죽이겠다.
유괴한 자는, 팔았든 데리고 있든, 사형에 처해야 한다.	21:16	20:9	아버지나 어머니를 저주하는 자, 사형에 처하라.
부모를 저주하는 자는 사형에 처해야 한다.	21:17	20:10	남자가 타인의 아내와 간통하면, 둘을 사형에 처하라.
		20:11	아버지의 아내와 동침한 자는, 둘을 사형에 처하라.
		20:12	시아버지가 며느리와 동침하면, 둘을 사형에 처하라.
		20:13	남자가 남자와 동침하면, 둘을 사형에 처하라.

20:14	남자가 아내의 어머니를 취하면, 남자와 아내, 아내의 어머니를 사형에 처하라.
20:15	남자가 짐승과 교접하면, 남자와 짐승을 사형에 처하라.
20:16	여자가 짐승과 교접하면, 여자와 짐승을 사형에 처하라.
20:7	남자가 아버지의 딸 혹은 어머니 딸과 동침하면, 남자와 그의 누이를 사형에 처하라.
20:18	남자가 월경하는 여자를 범하면, 그 둘을 사형에 처하라.
20:19	남자가 이모나 고모들과 동침하면, 그들을 사형에 처하라.
20:20	남자가 숙모와 동침하면, 그들을 사형에 처하라.
20:21	남자가 형수나 제수를 취하면 그들을 사형에 처하라.
20:23-24	"너희는 내가 너희 앞에서 쫓아낼 민족의 풍속을 따라서는 안 된다. 그들이 바로 그런 풍속을 따라 살았기 때문에 내가 그들을 싫어하였다." "너희가 그들이 설던 땅을 물려받게 될 것이다. 나는 그 땅을 너희가 가지도록 주겠다. … 나는 너희를 여러 백성 가운데서 골라낸 주 너희의 하느님이다."

출애굽기의 5개 항목은 극형에 해당하는 죄를 패륜적 범죄로 단순 명료하게 정리함으로써 법적 논란을 최소화하는 짜임새 있는 정상국가적 법의 형식을 띤다. 여기서 한마디 첨언하면 '정상'이라는 말은, '더 나은 법'이라는 의미를 강조하는 표현이 아니라, 그 사회를 과대 대표하는 가부장의 질서관과 부합하는 법조항으로 만듦으로써 다수의 백

성들이 저항감을 갖지 않고 그 법의 주체인 국가에 순응하게 하는 효과를 지닌 법임을 강조하려는 것이다.

반면 레위기의 항목들은 그 수도 많을 뿐 아니라 대부분의 항목이, 사회의 패륜범죄로 당연시되어 왔던 것이라기보다는, 가족 내에서 벌어지는 일부 성적인 사례들을 특정하여 확대적용한 것이라고 할 수 있다. 그렇게 해야 했던 이유는 아마도 이런 행위들이 공공의 안녕을 해치고 있기 때문이라고 보았기 때문이겠다.

그런데 왜 사적인 성적 행위들이 공공의 안녕과 관련이 있을까. 이 법률 텍스트에 따르면 "쫓아낼 민족의 풍속을 따른"(23절) 백성들로 인해 유다국이 멸망하고, 임금을 포함한 지배층들이 유배되기까지 하는 수산을 겪어야 했다고 해석한다. 더 나아가 이 텍스트는 성적 행위들을 극형에 처하는 법을 통해 백성이 깨끗해지면 유배된 이들이 땅을 되찾을 수 있다는 주장(24절)으로 이어진다. 즉 유배된 이후 수세기가 지난 뒤 귀환자들이 땅의 종주권을 주장하기 위한 알리바이로 이 법조항들이 기능하고 있다는 얘기다. 요컨대, 법의 형평성보다는, 특정한 사적인 행위가 종교적이거나 이데올로기적으로 위험한 것임을 강조하고, 그 범죄를 자행한 이를 시범적으로 적발·처벌함으로써 사회를 공안통치하려는 것, 그것이 레위기 20장에 반영되어 있다는 것이다.

출애굽기 21장의 텍스트는, 문맥상 보면, 이집트에서 탈출해서 광야를 유랑하던 시절에 모세가 신으로부터 받은 법이라고 주장한다. 하지만 유랑자 공동체에서 성문법이 필요할 리가 없다. 또 그 항목에 있어서도 '이웃'을 죽인 죄(14절)나 유괴범죄(16절) 등은 정착민들 사이에서나 있을 법한 범죄다. 과실치사 범죄자의 경우 '정하여 준' 곳으로 도피하게 했다(13절)는 내용도 유랑민의 현실보다는 정착민의 현실을 전제로 한다.

이 텍스트가 포함된 법전을, 학자들은 '계약법전Covenant Code'이라고 부르는데, 일반적으로 그 원형은 신명기 시대보다 오래된 것으로 알려져 있다. 하지만 그 형성 시기가 어디까지 올라갈 수 있는지는 현재로선 추정불가하다. 그러나 신명기 텍스트의 최초본이 만들어진 요시야 왕 시대(기원전 7세기 말)보다 더 오래된 유다국의 성문법전이 존재했을 가능성은 거의 없다. 왜냐면 요시야, 혹은 아무리 앞으로 올라가도 그의 조부나 증조부인 히스기야나 아하스 왕 이전까지 유다국은 원시국가 수준에 지나지 않았기 때문이다.

원시국가가 법전을 만들었던 사례는 전 세계에서 찾아볼 수 없다. 성문법을 만든다는 것은 기록문화가 어느 정도 궤도에 올라야 하고 그것은 서기관을 포함한 관료제도가 상당히 체계화되어야 가능한 일이다. 나아가 영토 내의 각 지역까지 영향을 미칠 만큼의 통치능력을 갖추지 않으면 그 법은 무의미하다. 한데, 유다국에서 그런 법전의 출발이 신명기임은 의문의 여지없다.

그런 점에서 '계약법전'(출애굽기 20:22-23, 33)은, 그 원형이 신명기보다 앞선 것이라는 점에서, 유다국보다 먼저 발전된 국가체제를 이룩했던 이스라엘국에서 유래했을 가능성이 크다. 그러나 이스라엘국이 멸망한 이후 이 나라의 서기관들이 이 법전을 포함한 많은 이스라엘의 문서를 가지고 남하했을 것으로 보이는데, 이것은 유다국의 문서화 현상을 촉진하는 데 크게 기여했다. 특히 요시야 왕실에서 신명기 법전 작업을 실행에 옮기기 전쯤(요시야 왕실 혹은 그 선왕의 왕실에서) 이스라엘국의 법전을 조금 다듬어 사용했던 것이 아닐까 추정된다. 그것이 바로 출애굽기에 담긴 계약법전이었을 것이다.

아무튼 출애굽기 21장의 법은, 위에서 말한 것처럼, 단순하면서도 명료한 극형에 해당하는 법률이다. 그것은 이 법률이 국가운영에서 실제로 적용되었을 가능성이 높다는 것을 시사한다. 그만큼 이 법률은 실정법적 형식을 충분히 갖추고 있다.

유다국	아하스 (742-727 BCE)	히스기야 (727-698 BCE)	므낫세 (697-642 BCE)	아몬 (642-640 BCE)	요시야 (639-609 BCE)
			계약법전(?)		신명기법전

이스라 엘국	계약법전 원본 멸망(722 BCE)

III. 레위기 21장의 역사적 자리

그렇다면 레위기 21장의 역사적 자리는 어디로 추정할 수 있을까? 이 텍스트는 일반적으로 '성결법전Holiness Code'이라고 알려진 법전(레위기 17-26장)의 일부다. 이 이름은 "너희의 하느님인 나 주가 거룩하니, 너희도 거룩해야 한다"(19:2; 20:26; 21:8; 22:35)라는 구절이 반복되어 사용되고 있다는 데서 따온 것으로, 다른 텍스트들에 비해 유난히 '성결holiness'을 강조하고 있다. 이때 성결의 문제는 주로 '제사'와 '예물'에 집중되고 있고 그것을 주도하는 이들은 '제사장들'이다. 특히 '아론계 제사장'들이 중요한 역할을 하고 있는 것으로 보인다. 여기서 또 하나 주목할 것은 '땅'에 관한 것이다. '땅'은 성결법전에서 율법을 둘러싼 상벌에서 가장 핵심적인 키워드이기 때문이다.

> 내가 그들을 거스르지 않을 수 없었다는 것과, 그래서 내가 그들을 원수가 사는 땅으로 보냈다는 것을 깨닫고, 할례 받지 못한 그들의 마음이 겸손해져서, 자기들이 지은 죄로 벌을 기꺼이 받으면, 나는, 야곱과 맺은 언약과 이삭과 맺은 언약과 아브라함과 맺은 언약을 기억하고, 또 그 땅도 기억하겠다. 그들에게 버림받은 그 땅은, 오히려 그들이 없는 동안 폐허로 있으면서, 안식을 누릴 것이다. 그 기간에 그들은 내가 명한 법도를 거역한 죄값과 내가 세운 규례를 지키지 않은 죄값을 치를 것이다. 비록 그들이 죄값을 치르고 있더라도, 그들이 원수의 땅에 잡혀가 있는 동안에, 나는 절대로 그들을 버리지 않겠다. 미워하지도 않고 멸망시키지도 않겠다. 그래서 그들과 세운 나의 언약을 깨뜨리지 않겠다. 내가 주 그들의 하나님이기 때문이다(레위기 26:41-44).

이 텍스트는 이스라엘이 이집트로 가서 노예로 살다 다시 가나안으로 돌아오게 되었다는 내용처럼 들린다. 하지만 동시에 유다국이 멸망하고 유배된 자들이 귀환해서 돌아와 '땅의 권리'를 주장하는 것의 정당성에 관한 이야기이기도 하다. 여기서 초점은 후자에 있다. 왜냐면 제사장들(군주가 아니라)이 중심이 되고 제사가 모든 문제의 핵심에 자리 잡게 되었다는 본문의 논조는, 이스라엘의 이집트 탈출 시대가 아니라 유다국이 멸망한 이후 유다계 귀환민들이 돌아와 정착민들과 땅을 둘러싸고 각축을 벌이던 시대와 더 부합하기 때문이다. 출애굽 시대의 핵심 기조는 '해방'이지 '제사와 정결' 문제가 아니었다. 반면, 귀향민들은 자기들은 정결을 지킨 반면 남은 이들은 부정한 자들이라는 프레임을 만들어 냈다. 그런 점에서 성결법전은 귀환자들의 이해와 맞아 떨어진다.

사실 이스라엘 탈출기는 역사라기보다는 신화에 가깝다. 그 신화는 역사의 반영물이지만 서술 형식상 역사기술이라기보다는 신화적 기술로 볼 수 있기 때문이다. 즉, 역사를 신화적으로 기술한 것이라는 얘기다. 그리고 그렇게 역사의 신화화가 시작된 시기는 아마도 이스라엘 부족동맹 시대(기원전 13-11세기경)였을 것이다. 그리고 그러한 신화가 문서 텍스트로 자리 잡은 것은, 수백 년이 지난 뒤인 군주제 시대였다. 아마도 선진국인 이스라엘국에서 먼저 문서화가 진행되었을 법하다. 그런데 이 나라는 먼저 역사에서 사라졌다(기원전 722년 이후). 이에 이스라엘국 유민들 중 상당수가 유다국으로 남하했는데, 그들 중에는 서기관들도 있었다. 바로 이들이 유다국의 문서화 작업에 큰 역할을 했던 것으로 보인다.

이런 방식으로 부족동맹 시대를 다루는 이스라엘국의 기록들은 유다국(아마도 요시야 왕실 서기관들에 의해)의 선사先史적 기억으로 정착했을 것이다. 그런데, 위의 인용문에서 보듯, 레위기는 군주시대가 몰락한 뒤 제국의 식민지 상황에 놓여 있던 시대를 배경으로 한다. 말한 것처럼 유배된 유다국 엘리트들이 귀환해서 자치공동체를 만들던 때(기원전 6세기 말 이후)가 이 해석의 역사적 맥락이라는 이야기이다.

좀 더 그 배경에 대해 이야기해보자. 바빌로니아 제국에 의해 멸망한 유다국은 전 국토가 초토화 되다시피 했다. 최근의 고고학적 조사에 바탕을 둔다면 왕국이 급격히 몰락하던 기원전 6세기를 거치면서 유다국 인구의 85%가 유출되었던 것으로 추산된다. 정착지의 80%가 파괴되었고 특히 도시들 대부분은 완전히 사라져버렸다. 이후 사치품 사용의 흔적이나 이렇다 할 건조물의 흔적이 발견되지 않는다는 것은 한동안 지배층을 대체할만한 세력이 그 땅에 존재하지 않았음을 시사한다.

출애굽 신화의 역사화 과정

한편 바빌로니아로 유배된 이들은 지배층 일부와 군인, 장인집단 등으로, 열왕기상 24장 14, 16절에는 두 차례에 걸쳐 각각 1만 명과 8천 명으로 말하고 있지만, 예레미야서 52장 28-30절에는 4,600명(=3,023+832+745)으로 묘사되어 있다. 예레미야서의 수치가 더 구체적이고 신빙성이 있지만, 두 텍스트를 다 존중해서 말하면, 유배민의 총수를 4,600명과 18,000명 사이쯤 된다고 할 수 있겠다.

그런데 기원전 539년 페르시아에 의해 바빌로니아가 멸망하고, 페르시아의 황제 고레스(키루스 2세, Kuruš)는 아시리아와 바빌로니아 제국 시대에 강제 이주되었던 이들의 본국 귀환을 허락하였다. 이후 페르시아 시대에 팔레스티나로 귀환한 유다계 이민자들의 행렬에 대해 우리는 최소한 네 번의 사례를 알고 있다.

첫째와 둘째 그룹은 세스바살과 스룹바벨이라는 구 왕족 출신 인사가 중심이 된 귀환자 집단인데, 그들은 대략 기원전 6세기 중후반에 유다 지역으로 돌아왔다. 이 중 스룹바벨은 학개와 스가랴 등의 예언자와 아론계 제사장[1]인 예수아(여호수아의 축약형) 등의 보좌를 받으며 폐허가 된 예루살렘에 성전을 다시 건축하였다. 그러나 이들 6세기 귀환공동체의 정착은 녹록치 않았고 그 존재감도 거의 없었다고 해도 과언이 아니다. 아주 미약한 정치세력으로, 사마리아와 암몬족의 하위정치세력 정도로 존립하고 있었던 듯하다. 아무튼 이때까지 유다사회의 재건은 군주제로의 재건에 초점이 있었다.

한편 시간을 건너뛰어 기원전 5세기 후반에서 4세기 전반에 또다시 두 번의 유력한 귀환운동이 벌어지는데, 느헤미야와 에스라를 중심으로 귀환공동체 재건운동이 다시 박차를 가하게 된다. 이 두 인물은 유다계 페르시아 관료로서 느헤미야는 정무적 직책을, 에스라는 종교적 직책을 맡았던 인사인 듯하다. 느헤미야의 귀환운동에서 주목할 것은 예루살렘 성벽을 재건한 것인데, 이로써 유다귀환공동체는 명실상부한 정치세력으로서 자리 잡기 시작했다. 그리고 에스라 귀환운동은 율법의 반포로 귀환공동체의 내적 통합을 도모한 운동이다.

좀 과장해서 말하자면, 느헤미야의 성벽건축 프로젝트는 유다귀환공동체의 '정치적 국경political territoriality'의 출발점이 되었고, 에스라의 율법화 프로젝트는 유다의 '사회종교적 국경socio-religious territoriality'을 구축하는 초석이 되었다고 할 수 있다.

---

[1] 유다계 사회에서는 세 부류의 제사장 그룹이 등장하는데, 레위계, 아론계, 사독계가 그들이다. 이 중 레위계는 〈신명기〉, 〈예레미야서〉 등에 등장한다. 그래서 아마도 이들은 요시야 개혁을 지지하는 예루살렘 중심의 제사장 세력을 지칭했을 것 같다. 하지만 이들은 식민지 시대에는 권력투쟁에서 밀려났고, 이후 레위계 제사장은 하급 제사장을 일컫는 말로 전환되어 갔다. 반면 아론계 제사장 그룹과 사독계 그룹은 군주제 시대 이후 식민지 시대 재건공동체 형성과정에서 주류세력으로 등장한다. 〈레위기〉는 아론계열의 제사장을 강조하는 성서 텍스트이고, 〈에스겔서〉는 사독계 제사장을 강조한다.

에스라는 사독계 제사장인데, 페르시아 제국 관료로서 유다계 이민자 집단의 제사장직을 수행했던 자로 보인다. 그는 페르시아 황실의 명을 받고 유다 지역으로 귀환한 이후 최고지도자로서 율법을 반포했는데, 이것은 인근의 강력한 정치세력인 사마리아와 암몬에 대해 적대적인 분리주의 정책의 일환이었고, 공동체 내부에 대해 강한 동질성을 추구하는 자폐적 순결주의 운동을 내포하고 있었다. 동시에 그것이 궁극적으로 목표로 한 것은 유다귀환공동체를 명백한 친페르시아 세력으로 재편하려는 것이었으며, 동시에 유다공동체를 독립적인 정치적 세력으로 만들려는 것이었다.

제1차 귀환집단	세스바살(구왕족 출신)	기원전 6세기	
제2차 귀환집단	스룹바벨(구왕족 출신)		성전재건
제3차 귀환집단	느헤미야(유다계 페르시아 관료. 정무직)	기원전 5세기 후반 -4세기 전반	성벽재건(정치적 국경)
제4차 귀환집단	에스라(유다계 페르시아 관료. 종교직)		율법반포(사회 종교적 국경)

느헤미야-에스라 이후 유다귀환공동체는 사마리아와 암몬으로부터 사실상 독립적인 정치세력으로 부상했음이 분명하다. 하지만 느헤미야-에스라 정책을 추구하는 이들이 지속적으로 권력을 장악했는지는 알 수 없다. 아마도 치열한 권력투쟁이 계속되었고, 세월이 흐르면서 그들의 전선은 점점 모호해졌을 것이다. 이 중 아론계 제사장 세력과 사독계 제사장 세력도 여전히 유력한 경쟁세력이었다. 그러나 어느 편이 권력을 장악하든 분리주의 프레임은 여전히 강고했다. 그것은 유대사회를 분리주의 이데올로기의 사회로 고착화시키는 담론적 장치가

그 반대의 흐름을 압도했던 탓이다.

그중 대표적인 것이 문헌들의 집필과 편찬이다. 물론 욥기, 전도서, 잠언 등 개인주의적이고 냉소적이며, 지배적 질서와 문화에 대해 비판적 성격이 강한 지혜문학적 텍스트들도 있었지만, 대부분의 문헌들의 기조는 분리주의 성격이 매우 강한 편이었고, 그 반대 성격의 문헌들은 이사야서 후반부에 덧붙여진 '제2, 제3이사야 텍스트들'(이사야 40-55장, 56-66장) 정도가 있을 뿐이었다.

이렇게 분리주의적 해석을 주도한 이들로는 후기 신명기 계열과 제사장 계열의 서기관들이 대표적이다. 그중 레위기나 그것에 수록된 '성결법전'은 제사장 계열의 대표적인 문서이며, 특히 아론계 제사장들의 문서다. 이들 아론계 제사장들은 제1, 제2차 귀환자 물결 이후 유다 귀환공동체를 주도하는 제사장 세력이었다가, 사독계 제사장인 에스라의 분리주의 정책에 의해 숙청되었었다. 하지만 그들은 몰락하지 않았고, 그 이후 사독계 제사장 계열과 치열한 권력쟁투를 계속했다. 여기서 흥미로운 것은 레위기와 '성결법전'에서 보듯, 아론계 제사장들은 사독계 못지않게 열심히 분리주의적 신학을 주도하고 있다는 점이다.

하여 결론을 얘기하면 레위기와 그 속에 포함된 성결법전은 페르시아 시대 말기인 기원전 4세기 전반부터 헬레니즘 시대가 시작되는 기원전 3세기 사이에 형성, 보완, 발전된 문서라고 할 수 있다. 즉, 에스라 시대부터 헬레니즘 시대 초기까지 형성, 발전되었다는 것이다. 실제로 문서의 편찬 과정은 비용이 많이 들고 필사와 해석의 전문가 집단(서기관)이 대대적으로 양성되지 않으면 불가능한 작업인데, 군주국 유다가 멸망한 기원전 522년부터 느헤미야-에스라 시대 이전까지 유다 사회는 인구도, 영역도 아주 빈약한 보잘 것 없는 공동체였다. 그

정도로 약한 정치세력이 법전을 편찬한다는 것은 거의 불가능한 일이다. 반면 페르시아 시대 말기부터 헬레니즘 시대 초기에 유다사회는 지리적으로나 인구학적으로나, 경제적으로나 상당히 팽창하였고 안정되었다. 다시 말해, 문헌운동이 일어나는 것이 가능한 여건이 이 시기에 조성되었다는 것이다.

기원전 7세기 말	기원전 6-4세기	기원전 4세기 말-3세기
군주국 유다 말기 (요시야 왕정)	바빌로니아 식민지- 페르시아 식민지 시대	페르시아 시대 말기- 헬레니즘 시대 초기
문서 편찬 시대	문서 공백 시대	문서 편찬 시대
계약법전(출애굽기) - 신명기법전(신명기)		성결법전 (레위기)

IV. 왜 남자끼리 동침하면 죽어야 할까

이제 우리는 〈레위기〉가 페르시아 시대 말기에서 헬레니즘 시대 초기에 아론계 제사장들의 문서에서 유래한 것이라는 전제 위에서 남자끼리 동침하면 죽는다고 말하는 20장 13절을 살펴보자.

우선 제기되는 질문은 여자끼리 동침하는 문제는 왜 언급되지 않았는가 하는 것이다. 반동성애론자들이 주장하는 것처럼 이것이 동성애에 대한 구절이라면 남녀 간의 사랑 외의 모든 사랑을 예외 없이 처벌하는 게 상례일 텐데, 여성끼리의 사랑은 처벌 항목에서 생략되어 있다. 어떤 이는 여성을 법적 주체로 간주하지 않은 탓이라고 말하기도 한다. 또 실수로 누락된 것이라고 보는 이들도 있다.

하지만 15-16절을 보면 동물과 교접하는 것을 뜻하는 수간의 경우 남자뿐 아니라 여자도 죽이라는 문장이 각각 따로 명시되어 있으니, 여성을 법적 주체로 간주하지 않은 탓에 여성 동성애 처벌 얘기는 할 필요가 없었다거나² 실수로 누락된 것이라는 주장들은 타당성이 없다. 실제로 남녀 간의 사랑 외에도 사형에 처할 '부적절한' 사랑들이 20장에는 여러 가지가 명시되어 있다. 타인의 아내와 동침하는 경우, 아비의 아내와 동침하는 경우, 시아버지가 며느리와 동침하는 경우, 사위가 장모와 동침하는 경우, 남자가 아버지의 딸인 이복누이나 어머니의 딸인 이복누이와 동침하는 경우, 남자가 월경하는 여자와 동침하는 경우, 남자가 고모나 이모와 동침하는 경우, 남자가 숙모와 동침하는 경우, 남자가 형수나 제수와 동침하는 경우 그런 짓을 한 남자와 여자 '모두'를 처형하라고 한다. 그러니 남자끼리 동침하는 것만 언급된 것은 여성을 법적 주체로 간주하지 않은 탓도 아니고 실수로 누락된 것도 아니다.

　여기서 우리가 주목해야 할 것은 이 극형에 관한 법들은 출애굽기의 중범죄들처럼 명약관화(明若觀火)한 것들이 아니라는 점이다. 모든 범죄에 대한 처벌이 마찬가지이지만, 특히 극형에 있어서는 누구나 그런 범죄는 동일하게 처벌된다는 사회적 합의가 필수적이다. 만약 어떤 이는 극형에 처해지고 다른 이는 좀 더 가벼운 형을 받거나 아예 처벌되지 않는 일이 비일비재하면 그 법은 신뢰를 상실할 것이고 결국 무용지물이 되고 말 것이다.

---

2 이 시대 유다귀환공동체에서 여성이 법적 주체로 간주되지 않은 것은 분명하지만 법적 처벌의 대상에는 거의 예외 없이 포함된다.

한데, 레위기 20장에 언급된 범죄들이 과연 명약관화하게 다루어 질 수 있는 것들인가? 말할 것도 없다. 여기에 명시된 항목들 대다수 는, 집안에서 사사로이 벌어진 일이기 때문에 그 범죄자를 색출하지조 차 못한 채 넘어갈 가능성이 농후한 것들이다. 그러니 이 항목들은 실 정법으로서는 거의 무의미하다. 다만 일부 시범케이스들에 대한 색출 과 처벌만이 가능했을 것이고, 그러한 공포의 퍼포먼스를 벌이기 위한 법적 알리바이 정도로만 유용한 것이었겠다. 그렇다면 레위기 20장은 실정법이라기보다는 집권세력의 이데올로기적 홍보물에 가깝다.

이 그림은 시나이반도 북쪽의 이스라엘군 요새인 쿤틸렛 아주루 드(Kuntillet`Ajrud)에서 발견된 벽화다. 여기엔 황소와 암소 모습을 한 야훼와 아세라가 부부로 등장한다.

다시 13절, 남자끼리 동침하는 것에 대해 얘기해보자. 왜 '남자끼리' 에 방점이 찍혀 있을까? 여기서 '히에로스 가모스hieros gamos'라는 지중해 지역 도처에서 일반적으로 수행되던 예배전통을 연결시키면, 그 의문 에 대한 그럴듯한 답을 얻을 수 있다. 이는 '거룩한 결혼'이라는 뜻의 그리스어인데, 성소에서 남자 제사장들이나 여자 제사장들이 신의 역할을 하여 신도들과 가상 결혼식을 하고 최종으로 신도 대표자와 성관계를 맺는 형식으로 진행되는 제의를 가리킨다. 이 의례는 가상 결혼식을 수행하는 이들과 거기에 모인 이들이 함께 열광적으로 잔치를 벌이는 한편의 소란스러운 축제 같은 의례다. 여기서 사람들은 제사장과 신도 가릴 것 없이 서로 얽혀 노래하고 춤추며 함께 식사하고 성관계까지 수행한다. 흥미로운 것은 이 의례는 기본적으로 다신교적이라는 점이다. 풍요와 관련된 모든 신적인 존재가 이 축제에 참여한다. 특히 남신과 여신이 커플이 되어 참여하는 경우가 흔하다. 여기서 대표적인 여신들로는 가나안의 아세라Asherah나 아스다롯Astaroth, 바빌로니아의 이슈타르Ishtar, 아시리아의 아낫(아나투, 'anatu), 그리스의 아프로디테Αφροδίτη, 로마의 베누스Venus 등이 있다. 이들은 대체로 금성金星을 상징하는 여신들로 풍요와 다산을 표상한다. 이때 야훼는 종종 아세라나 아스다롯과 부부로 등장한다.

 호세아서는 야훼와 아스다롯이 부부로 등장하는 히에로스 가모스 의식이 이스라엘국의 성소들에서 흔히 벌어지고 있었음을 시사하고 있다. 필경 유다국에서도 도처에서 이런 의례들이 횡행했을 것이다. 지중해 인근 사회에서 널리 행해지는 의례가 유다사회에서만 없었다는 게 오히려 더 이상한 일이다.

 그런데 유다국에서 요시야 왕이 개혁정책을 펼 때 지방에서 벌어지는 일체의 의례를 중지시켰다. 그리고 예루살렘 의례만을 정당한 것으로 규정했다. 이때 예루살렘 의례는 흥미롭다. 여기서 야훼가 다른 여신과 부부로 등장하는 것은 우상숭배로 간주했다. 해서 이스라엘국의 예언자임에도 이런 우상숭배의 전거로 해석할 수 있는 호세아의 신탁집인 호세아서가 열두 예언자 묶음집에 포함되었다.

이제 야훼는 홀로 성전 안에 있게 되었다. 게다가 난교의식들이 수행되고 축제가 벌어지는 성전이 아닌, 엄숙하게 폐쇄적인 성전 안에 있다. 이 성전은 여러 구역들로 나뉘는데, 백성의 뜰, 제사장의 뜰, 성전 건물이 그것이다. 성전 건물 안에는 대제사장만이 정해진 때에만 들어갈 수 있다. 그 안은 어떤 조명도 없으니 신이 있다고 해도 대제사장조차 신을 볼 수 없다.

이렇게 철저히 폐쇄적인 야훼예배는, 아마도 그 원초적 형태가 요시야 왕실에서 수행되었던 것 같다. 그리고 식민지 시대에 만들어진 성서 텍스트들을 보면 야훼가 있다던, 그러나 아무 것도 안 보이는 그 성전 안에도 야훼는 없다고 한다. 거기에는 단지 그이의 '영광'(카보드, *kabod*)만 있을 뿐이다.

하지만 요시야 개혁은 시도만 되었을 뿐 성공하지 못했다. 너무도 오래된 일상화된 관습이 불과 20년도 안 되는 개혁의 시간 안에 사라지는 건 불가능에 가깝다. 더구나 요시야 왕은 이집트의 파라오 느고 2세의 팽창주의 정책으로 인해 비명에 숨졌고, 그의 개혁을 계승하기 위해 그를 지지한 세력이 추대한 여호아하스 왕도 불과 3개월 만에 폐위되었으며, 다른 아들인 여호야김이 느고에 의해 왕으로 옹립되었는데, 그는 반개혁파의 비호를 받는 통치자였다. 그러니 지방 성소에서 벌어지는 종교관행은 잠시 주춤했을지언정 폐지되지는 않았고 곧바로 다시 활발하게 수행되었음이 분명하다.

필경 전국 곳곳에서 히에로스 가모스 예배가 계속되었을 것이다. 그리고 유다국이 바빌로니아에 의해 멸망하고 고위급 제사장을 포함한 지배층 다수가 유배되었으며 그중 일부가 귀환하여 귀환공동체를 구축하려는 역사가 수세기에 걸쳐 진행되는 동안에는, 지방에서 히에로스 가모스 의례를 방해하는 세력이 아예 사라졌다. 또 귀환공동체 형성기에 와서도, 요시야 시대보다 훨씬 약한 수준의 제의 중심화 프로젝트가 수행되었을 뿐이었다. 이 세력이 그럴 만한 힘을 갖추기까지는 수세기의 시간이 필요했다. 하여 히에로스 가모스는 오랫동안 대중 사이에서 계속되었다.

그런데 앞서 보았듯이, 느헤미야가 정치적 국경을 구축하고(성벽 수축) 에스라는 국경 내에 사회종교적 국경을 만들기 시작했다(율법 반포). 그리고 그 시대는 군주가 아니라 제사장들과 귀족들이 중심이 되는 체제였다. 이 과정에서 가장 빠르게 바뀐 것은 '제사장들의 남성화'다. 이 시기에 성서의 거의 모든 텍스트들이 편찬되거나 저술되었는데, 두드러진 것은 여성 제사장들이 사라진 것이다. 마찬가지로 예배의 주도권을 쥔 백성도 남자였다. 여자는 소극적 역할만을 할 수 있었다.

하지만 히에로스 가모스 관행까지 사라지진 않은 듯하다. 귀환공동체의 고위급 제사장 세력이 강력히 영향을 미치고 있던 예루살렘을 제외한 유다 지방의 많은 성소들에서 남자 제사장들이 거룩한 결혼 의식의 주역으로 활동했을 것이다. 그리고 이들과의 가상 결혼은 남성이 맡았다. 당시 사회는 남성끼리의 성관계가 흔한 때였으니 남성끼리의 (가상)결혼은 별로 이상한 것으로 받아들여지지 않았을 것이다. 그런데 에스라와 그를 이은 대제사장들은 이런 지역 성소들에서 벌어지는 히에로스 가모스 관행을 척결하고자 했음이 분명하다. 그것은 나아가 지역 성소 자체를 와해시키는 일이기도 했다. 이것이 바로 남자끼리 성관계를 한 자들을 처형한다는 법령의 숨은 뜻이었을 것이다.

한편 이 법령의 부가효과도 있었다. 보다시피 이 법령은 지방 성소

예배를 금한다거나 히에로스 가모스를 금한다고 표기된 것이 아니라 남자끼리의 성관계를 금한다고 했다. 그것은 대부분의 백성들이 거룩한 결혼의례를 풍요의례로 믿고 있는 터에, 또한 그런 의식이 진행되는 성소가 중앙 성소가 아닌 지역 성소들인 터에, 당국이 명시적으로 그 관행을 금한다거나 성소를 폐쇄한다거나 하는 조치를 내리면 대중의 원성을 사게 될 것이었다. 중앙의 권력이 아직 취약한 상황에서 강제력의 동원이 별로 여의치 않은 데다, 이스라엘과 암몬의 군대가 간섭할 명분을 제공할 조치를 내리기란 쉬운 일이 아니었다. 하여 당국은 의도한 것을 명시적으로 주장할 수는 없었을 것이다.

그런데 말했듯이, 남자끼리의 성관계가 이루어지는 경우는 사회 속에 흔했다. 일반적으로 성인 남자가 소년과 성관계를 맺는 일이 비일비재했다. 이런 관행은 지중해 전역에서 고루 나타난다. 사울의 궁중에서 악기를 연주하는 소년 다윗에 관한 설화(사무엘기상 16장 14-23절)에서 대중은 성인 남자인 사울과 소년인 다윗 간의 성적 관계를 연상하면서 이 설화를 기억했을 수 있다는 이야기이다.

한데 문제는 이런 관행이 실제로는 수많은 폭력적 상황 아래서 실행되었을 것이라는 데 있다. 가난한 계층의 소년들이 권력과 부를 거머쥔 남성 귀족들의 성적 노리개로 선택되곤 했던 것이다. 물론 가난한 계층의 소녀들도 예외가 아니었을 것이다. 하지만 이 금령의 목적은 히에로스 가모스를, 결국에는 지방 성소를 척결하는 것이고, 그와 함께 유다 사회에 들어와 있는 이스라엘과 암몬의 권력층을 견제하고자 하는 것이었으니, 남자와 남자의 관계를 문제시하는 것만이 당국의 관심거리였겠다. 게다가 소녀와의 성관계를 억제하는 것은 자신과 같은 예루살렘 제사장 당파의 사람들에게까지 화살을 날리는 셈이니 그건 금할 수 없는 일이었다.

앞서 말했듯이 이런 범죄에 대한 처벌은 상징적이다. 당국은 견제할 자나 그 세력을 상징하는 누군가를 이 명분으로 처벌하면 될 일이지 실제 모든 지방들의 관행을 처벌하는 데 관심이 없었고 그럴 능력도 없었다. 다만 그런 조치들이 상징하는 이데올로기적 효과만은 분명하게 활용할 수 있었다. 다시 말해, 유다 사회는 그 순결성으로 인해 야훼의 정통성을 획득했다는 것이다. 하여 귀환한 이들은 이 땅을 다시 찾을 권리가 있고, 누구도 그 권리를 두고 다툴 수 없다는 것이다.

V. 나오는 말: 레위기 20장 13절 다시 읽기

이제 우리는 레위기 20장 13절이 동성애 반대의 구문이 아님을 이야기할 수 있다. 성서를 문자 그대로 따라야 하는 이들은 성서를 그 맥락 속에서 깊게 숙고하여야 할 것이다. 성서를 문자 그대로 읽는 것은 성서에 대한 올바른 독서법이 아니다. 가령 이 구절처럼, 문자 그대로 따르려면 유다귀환공동체의 정치적 전략을 숨기고 있는 특정한 이데올로기를 하느님의 뜻이라고 받아들여야 하는 난처한 상황에 봉착하게 된다. 그렇다면 우리는 이 구절을 어떻게 읽으면 좋을까?

그 대답은 모든 이들에게 열려 있다. 모든 이들이 이 텍스트와 대화하면서 그 의미를 해독해야 한다. 본고는 그러한 노력을 하는 이들의 해석을 돕는 보조 자료에 지나지 않다. 그러니 다양한 글들을 참조하고, 우리 사회에서 마주하게 되는 다층적이고 복잡한 사정을 살피며, 나의, 우리의 현장에서 이 구절을 성찰적으로 읽어내야 할 것이다.

이러한 성찰적 독서에 있어 성서를 역사적으로 공부하는 것은 필수적이지 않다. 다만 이 글이 주장하는 것과 같은 역사적 해석은 성서를 읽는 유용한 참고자료가 될 수 있다. 아무튼 성서에 대한 역사적 해석뿐 아니라 다른 방식의 해석들도 참조하며, 그밖에 성서와 무관한 참고자료들과 삶 속에서 일어지는 수많은 지혜들을 활용하면서 성서를 읽을 때 그이는 성찰적 독서를 할 준비를 갖춘 셈이다.

필자는 레위기 20장 13절을 역사적으로 해석하면서, 동성애를 반대하는 것으로 읽는 것은 타당하지 않음을 논증하고자 했다. 거기에는 당대에 이스라엘 지역과 유다 지방 곳곳에서 횡행하던 히에로스 가모스 예배를 우상숭배로 간주하고 예루살렘의 예배만을 성결한 것으로 보려는 순결주의 정치학을 통해서 유다귀환공동체의 정통성을 주장하려는 이데올로기가 들어 있다. 그런 점에서 이 구절이 동성애 반대를 주장하고 있다는 것은 페이크 뉴스fake-news인 셈이다. 이 지점에서 우리는 유다귀환공동체의 순결주의 이데올로기의 관점에서 이 구절을 읽을 수 없다. 그것은 성찰적 읽기가 아니다. 누군가를 이웃이 되지 못하게 하는 미움의 정치학을 담은 것이기 때문이다.

그렇다면 어떻게 읽을 것인가? 그중에 하나의 가능성이 성서 텍스트 속에 함축되어 있다. 이 텍스트 속에는 순결주의적 배타주의 이데올로기의 일환으로 남자끼리 성관계를 하는 예배를 공격하고 있지만, 의도하지 않게 긍정적 효과도 있었다. 당시 곳곳에서 횡행하던 소년을 성적 노리개로 삼는 부유층의 성적 관행들도 제재할 수 있는 근거가 생긴 것이다. 오늘 우리 사회에도 수많은 성폭행이나 성추행은 권력과 밀접한 관계가 있다. 이 텍스트가 본래 의도한 것이 아님에도 그것이 내포한 부가적 효과가 오늘 우리에게는 이 텍스트에 대한 성찰적 읽기의 실마리가 될 수 있다는 것이다.

　필자의 이러한 역사적 해석을 접한 독자3는 다른 참고자료와 일상의 지혜를 참고하면서 이 구절을 다시 읽으면 된다. 아마도 그렇게 성서를 읽는 독자는, 비록 성서가 소년에 대한 성적 착취만을 다루고 있지만, 남자끼리든, 여자끼리든, 이성 간이든 권력을 가진 자가 못 가진 이에 대한 성적 착취를 금하는 것으로 이 구절을 이해할 수 있을 것이다. 남성목사가 여성교인을, 신부가 소년을 농락하는 일이나, 세상에서 숱하게 벌어지는 남자들의 성적 폭력들 그리고 간간이 벌어지는 권력을 가진 여성들이 벌이는 성적 폭력들, 심지어는 동성애 관계에서도 일어날 수 있는 성적 폭력들 등에 대하여 국가는, 사회는, 교회는 그리고 나 자신은 단호히 반대해야 한다. 그것이 바로 성서의 가르침이고, 세상의 모든 지혜들의 가르침이다.

---

3 물론 다른 역사적 해석을 접할 수도 있다.

| 2부 |

혐오에 관한 신학적 제안들

박진경　교회 여성 혐오와 기독교교육적 과제
　　　　 – 여성의 목소리들을 중심으로
최유진　정(情), 혐오에 대한 저항과 환대의 공간
　　　　 – 스피박의 폐제와 전 지구적 사랑을 중심으로
박재형　왜, 민중신학은 여성을 말하지 않았나?
　　　　: 민중신학의 여성 담론을 통한 민중 개념 재고찰

교회 여성 혐오와 기독교교육적 과제
― 여성의 목소리들을 중심으로

박진경

I. 들어가는 말

　본고의 목적은 한국교회 내 여성 혐오를 경험한 여성의 목소리들을 분석하고 이를 극복하기 위한 기독교교육적 과제를 모색하는 것이다. 필자는 본 논문에서 여성 혐오가 발생하는 하나의 원인을 '가부장적 관계성'으로 지적하고, 이를 극복하기 위한 기독교교육적 접근을 시도하고자 한다. 이러한 맥락에서, 한국교회학교에서 기독교교육을 수행하고 있는 여성 7명을 심층 면접하여, 그들이 한국교회 내에서 경험한 여성 혐오를 그들의 목소리를 통해 파악하면서, 여성 혐오를 극복하기 위한 구체적인 기독교교육적 과제들을 제시하고자 한다.
　지난 2016년 5월 17일, 서울 서초구 강남역 인근 주점 건물 공용화장실에서 발생한 여성 살인사건은 한국 사회에 뿌리 깊은 여성 혐오에 대해 직접적으로 논하는 계기가 되었다. 강남역 10번 출구 앞에 여성 혐오를 우려하며 추모하는 많은 포스트잇 쪽지들이 붙여졌고, 온라인에서는 다수의 여성들이 피해여성을 추모하며 여성 혐오를 염려하는 댓글들과 함께, 남성에 대한 혐오 감정을 극단적으로 형태로 드러내어 남성혐오 글이 생겨나며, 이를 반박하는 남성들의 여성 혐오의 댓글들이 넘쳐났다. '강남역 여성 살인사건'이 '여성 혐오' 범죄인지 아닌지에 대한 논란 그 자체가 이미 한국 사회는 여성을 둘러싼 혐오 감정들이 만연하다는 것을 여실히 보여 주고 있다.

강남역 살인사건을 계기로 여성 혐오가 사회문제로 부상하면서, 우리 한국교회 안팎으로 뿌리 깊게 내재된 여성 혐오에 대해 기독교교육적 시각에서 되돌아 볼 필요성을 느낀다. 특히 가해 남성이 목회자의 길을 준비하던 신학생이었고, 신학교 자퇴 이후 교회에 취직하여 일을 했었다는 점 그리고 상당한 시간을 교회에서 보낸 점에 주목해야 한다.[1] 만약에 가해 남성이 예정대로 목회자가 되고, 교회 안에서 목회를 하였다면 어떻게 되었을까? 여성 혐오로 가득한 목회자가 과연 어떠한 기독교교육을 할 수 있을까? 한국 사회와 교회의 긴밀한 상호관계성을 고려하면, 여성 혐오는 또한 한국교회의 문제이기도 하다. 그런 의미에서 한국교회 내 여성 혐오를 극복할 대안들을 기독교교육적으로 접근할 필요가 있다.

기독교는 한국 사회에 처음 도착했을 때, 기독교교육에 의해서 유

---

[1] 뉴스앤조이, "'여성 혐오'는 교회와 무관한가?," 2016. 5. 21, http://www.newsnjoy.or.kr/news/articleView.html?idxno=203551.(홈페이지 접근일 2016.12.1.) 오수경에 따르면, "그 살인남은 목회를 꿈꾸던 신학생이었고, 자퇴 후에는 교회에서 일했다고 한다. 어떤 방식으로든 그가 주로 영향을 받은 곳은 교회였다는 뜻이다."; 이상철, "여혐, 그 중심에 교회가 있다,"「제3시대」86(2016), 4; 김은혜, "한국 교회, 여성혐오를 넘어서다,"「한국여성신학」제83호(2016), 28.

교의 가부장적 관계성을 넘어서고자 했다. 한국교회는 기독교교육을 통해 오랫동안 가부장적 불평등한 위계적인 양성 구조를 무너뜨리고, 여성에 대한 차별을 극복하여, 관계적 공동체를 형성하려고 노력해왔다. 그러나 한편으로 아이러니컬하게도 한국교회는 남성 중심적인 전통 기독교 사상과 만나 가부장적 관계성을 강화하며, 여성 혐오를 은밀하게 교육을 통해 내면화시켜 왔다. 한국교회가 여성 혐오를 인식하고 올바른 기독교 신앙과 신학을 가르치기 위해서는, 기독교에서 가르치는 평등한 관계성을 기초로 적절한 기독교교육이 선행되어야 한다. 강남역 10번 출구가 한국 사회의 여성 혐오를 우려하며 목소리를 내었던 추모의 공간이었다면, 한국교회 역시 여성 혐오를 지양하며 극복할 수 있는 상징적인 공간이 되어야 한다.

본고에서 필자는 여성 혐오를 극복할 하나의 대안으로써 평등한 관계성 회복 및 강화를 위한 기독교교육적 실천과제를 다음과 같은 순서로 논하고자 한다. 첫째, 여성 혐오에 대한 어원적 의미와 더불어, 한국교회 내 은밀하게 작동하고 있는 여성 혐오에 대한 전반적인 이해와 주된 특징을 살펴볼 것이다. 둘째, 한국교회 내 기독교교육을 실천하고 있는 여성들을 7명을 선정하여, 심층면접을 통해 얻어진 그녀들의 여성 혐오 경험들을 분석할 것이다. 셋째, 여성 혐오를 극복하기 위한 기독교교육적 과제 5가지를 교회 커리큘럼 5가지 형태이자 교회 교육사역인 디다케(didache, 가르침), 코이노니아(koinonia, 공동체), 레이투르기아(leiturgia, 예배), 케리그마(kerygma, 말씀선포), 디아코니아(diakonia, 섬김/봉사)로 나누어 제시할 것이다. 마지막으로, 한국교회가 앞으로 여성 혐오에 대해 어떤 실천적, 교육적 방향성을 취해야 하는지에 대해 제안할 것이다.

II. 한국교회 내 여성 혐오 이해

일반적으로 여성 혐오misogyny는 여성에 대한 증오나 미움을 의미한다. 여성 혐오로 번역되는 영어 'misogyny'는 그리스어 misogunia에서 유래된, misos(혐오; hatred)와 gyne(여성; woman)이 합하여 만들어진 단어로, 여성을 '경멸'하거나 '증오'하는 것(the hatred of women)을 의미한다. 비슷한 맥락에서, 여성 혐오女性嫌惡를 한자에서 보면, 혐오嫌惡는 싫어할 혐嫌과 미워할 오惡를 결합하여 만들어진 글자로, '싫어하고 미워하는' 의미를 내포한다. 특히, 혐嫌이라는 한자에는 계집녀女가 포함되어 여성에 부정적인 의미를 나타낸다. 이 외에도, 요사할 요妖, 기생 기妓, 첩 첩妾, 여자 종 비婢, 시기할 질妬, 시샘할 투妬, 간음할 간姦, 간사할 간奸 등 많은 한자에는 계집녀女가 들어가면서 여성에 대한 반여성적인 편견과 성(젠더)차별적 인식을 심어준다.[2] 한국과 같은 한자권에서 계집녀女가 들어가면서 생활 속에서 자주 쓰는 용어들은 은근히 여성에 대한 경멸이나 비하를 가르치고 있다. 이러한 여성에 대한 인식은 남성의 우월성과 여성의 열등성을 정당화시키며, 남존여비男尊女卑라는 가부장적 관계성을 유지 및 강화시키는 기제로 역할을 한다. 여성 혐오 없이 가부장적 관계성은 작동하지 않는다.[3]

가부장제 이분법적 관계구조를 중심으로, 우에노 치즈코는 여성 혐오란 "여성 멸시"이며, 이는 "성별이원제 젠더 질서의 깊고 깊은 곳에 존재하는 핵"으로 보고 있다.[4] 치즈코는, 미국의 퀴어 이론가이자 영문

---

2 정희진, "가장 오래된 문명, 여성 혐오," 경향신문 사회부 사건팀 기획·채록,『강남역 10번 출구, 1004개의 포스트잇: 어떤 애도와 싸움의 기록』(서울: 나무연필, 2016), 182
3 앞의 글, 183.

학자인 이브 세지윅Eve Sedgwick의 '호모소셜homosocial'의 개념에 영향을 받아, '호모소셜'한 남성들끼리 서로 연대하기 위해 여성들에 대해 혐오감을 공유하는 것, 즉 여성을 객체로 보거나 차별하는 것을 여성 혐오의 핵심 메커니즘이라고 지적한다. 치즈코는 여성 혐오는 남성의 주체성을 강화하면서도 여성을 남성과 동등한 주체가 아닌 여성을 객체화, 타자화하는 방법으로 작용한다고 본다. 이러한 메커니즘에서는 여성을 남성과 같은 인간이 아닌 단지 성적 쾌락을 추구하는 열등한 대상으로 여기고, 여성을 지배하고 군림하며, 혐오감과 적대감을 표출한다. 또한 여성 혐오는 '호모소셜'한 남성에 의한 '여성 멸시'로 표현될 뿐만 아니라, 여성 스스로 '자기혐오'를 통해 무/의식적으로 발현된다. 이러한 혐오에 대한 성별이원적 젠더 질서의 이중적 기제 안에서, 가부장적 구조 속에 교육받아 온 남성이나 여성은 이러한 여성 혐오에서 자유로울 수 없다. 여성 혐오는 성별 이원제의 젠더 질서, 즉 가부장적 불평등한 관계질서 아래 살아 온 구성원 모두가 암묵적으로 공모하면서 끊임없이 존속하고 재생산되어왔다.

 이러한 여성 혐오는 오랫동안 가부장적 관계체제 안에서 형성되어 왔다. 여성 혐오는 가부장적 관계성을 강화시키는 원인이자 결과로, 기독교 역사만큼이나 오래된 문화이자 사상이다. '여성 혐오'의 어감이 강해 때로는 한국교회 안에 여성 혐오에 대해 부정하기도 하지만, 현실은 "아주 사소한 부분까지도 여성 혐오는 영향을 미치고 있으며, 의식의 깊은 곳까지 내면화하고 내재화한 탓에 상당한 노력을 기울이지 않으면 인식조차 할 수 없는 정도"이다.[5]

---

4 우에노 치즈코/나일등 옮김, 『여성 혐오를 혐오한다』 (서울: 은행나무, 2016), 14.

한국교회는 공개적으로 여성을 혐오하지는 않는다. 조용히 동조하거나 때로는 은밀하게 재생산한다. 여성 혐오에 대해 적극적으로 대응하지도 않으며, 때로는 더 강력하게 내면적 형태로 여성 혐오를 정당화한다. 여성 혐오의 중심에 한국교회가 있으며, 한국교회는 "여[성]혐[오]의 인큐베이터"로써,[6] "여성 혐오의 모판"으로써, "범죄의 방조자" 역할을 수행해 왔다.[7]

여성 혐오는 한국교회 내 가부장적 관계성을 상징하는 단어이자, 가부장적 관계성을 재생산 및 강화시키는 기제로 작용해 왔다. 위계적인 이분법적 시각에서 남성이 "정신이라면, 여성은 육체고, 남성이 이성이라면 여성은 감정이며, 정신/이성은 몸/감정보다 우월하다고 가르치는 사회가 가부장제다."[8] 가부장적 신학 관점에서 형성된 남성 우월적 기독교 전통 사상에서 보면, 여성은 불완전하고 부족한 존재이거나 성적 유혹을 대표하는 죄악시되는 존재로 인식되었다. 특히 남성을 영으로, 여성을 육으로 상징한 정통적 기독교 이해는 여성의 몸을 비하하고 악의 원천지로 보게 되는 부정적인 결과를 낳으며 가부장적 관계성을 유지시켜 왔다. 이러한 수직적, 위계적인 인식은 한국교회 내 여성 혐오의 의미와 그 원인인 가부장적 관계성을 절실히 보여 준다. 여성 혐오는 여성에 대한 두 가지 견해—여성은 "열등한 존재inferior being"이자, "위험한 존재dangerous being"—로 보는 것이다.[9] 여성은 남성보다 열

---

5 김은혜, "한국 교회, 여성혐오를 넘어서다", 33.
6 이상철, "여혐, 그 중심에 교회가 있다", 3.
7 오수경, "'여성 혐오'는 교회와 무관한가?".
8 정희진, "가장 오래된 문명, 여성 혐오", 182.
9 강남순, "새로운 희망의 신학-제3의 종교개혁을 향하여," 한국기독교학회 엮음,『여성신학과 한국교회』(서울: 한국신학연구소, 1997), 198.

등하고 남성에게 종속된 이차적 존재이자, 남성을 유혹하여 죄를 짓게 만드는 위험한 존재로 이해하며, 이는 여성을 가부장적 관계성 속에서 위계적으로 소외시키고 주변인으로 머물게 한다.

이러한 여성 혐오적인 여성 이해는 종교개혁 이전 신학자들에게서 어렵지 않게 찾을 수 있다. 카르타고의 터툴리안은 여성을 "악마의 문"으로, 알렉산드리아의 교부 클레멘트는 여성을 "남자보다 열등한 존재"로, 히포의 어거스틴은 여성을 "여성의 머리인 남성과 함께할 때 하나님의 완전한 형상인 상대적 존재"로, 토마스 아퀴나스는 여성을 "불완전하고 형편없는 존재"로 규정하면서, 오랜 시간 기독교 전통 신학 사상 안에서 여성 혐오 사상을 유발하는 기제로 작용해 왔다. 그러나 종교개혁자들에게서 은밀하게 내면적인 형태로 바뀌면서, 오히려 그 위험성이 가중되었다.[10] 오랫동안 가부장적 불평등한 수직 관계구조에서 남성은 여성보다 우월한 주체로서, 여성은 남성보다 열등한 객체 그리고 남성을 유혹하거나 죄를 짓게 하는 위험한 존재로서, 여성의 성(젠더)을 죄의 상징으로 대상화하면서 여성을 경멸하며 반여성적 가치를 추구해 왔다. 이러한 가부장적 불평등한 관계적 양상에서 여성에 대한 편견과 증오심은 증폭된다.

아이러니컬하게도 한국교회는 사랑과 평등과 같은 기독교적 가치를 가르치면서도, 한편으로는 가부장적 관계성을 토대로 은밀한 방법으로 여성 혐오를 형성하여 왔다. 한국 사회의 전통적 남성 중심적 유교사상이 기독교의 가부장적 관계사상과 만나 여성 혐오는 더 강화되었다. 즉, 외국 선교사들을 통해서 유입된 기독교는 "전통적 교회론 자

---

10 앞의 글, 198.

체 속에 들어있던 가부장 중심적 이데올로기와 한국 사회를 짙게 물들이고 있던 유교 사상의 협력을 받아 세계의 어느 지역에 있는 교회보다도 심한 가부장제적 교회를 낳았던 것이다."11 이러한 남성 중심주의와 가부장주의 관계성 속에서 여성 혐오는 "하나님의 백성으로서의 여성의 역할을 억눌러 왔고, 죄를 여성성과 동일시한 성서와 교회 역사 속에 은닉되어 왔다."12 그리하여 교회공동체 내 여성의 열등성과 위험성을 증폭시키고, 가부장적 불평등한 관계구조를 강화시키며 여성 혐오를 유지하고 정당화시켜왔다.

요컨대, 한국교회는 여성을 차별하거나 혐오한다고 공개적으로 말하지 않는다. 또한 교회 내 여성 혐오 존재 가능성을 부정하면서 기독교교육적 대안이나 문제해결점 제안을 거절해 왔다. 한국교회 내 여성 혐오는 오랫동안 여성을 열등하고 위험한 존재의 위치로 밀어 넣고, 남성 중심 사회 속에서 남성처럼 주체가 되지 못하고 객체가 되어 불완전한 인간으로, 여성을 성적 대상화, 객체화, 타자화하여 가부장적 관계성을 유지하는 도구가 되어 왔다. 이러한 이유로, 한국교회 내 매우 부드럽고 친절한 모습으로 '감추어진' 형태의 여성 혐오를 여성들의 목소리로 살펴볼 필요가 있다. 그런 의미에서 다음 장에서 우리는 은밀하고 친절한 모습으로 자연스럽게 행해지고 있는 한국교회 내 여성 혐오의 모습들을 살펴볼 것이다. 직접적인 여성의 목소리들은 현재의 한국교회의 모습을 적나라하게 들려 줄 것이다.

---

11 손승희, "여성신학과 한국 교회," 한국기독교학회 엮음, 『여성신학과 한국 교회』 (서울: 한국신학연구소, 1997), 35.
12 강남순, "새로운 희망의 신학-제3의 종교개혁을 향하여", 186.

III. 한국교회 내 여성 혐오: 여성의 목소리들

　본 장에서는 한국교회에서 기독교교육을 수행하는 여성들의 다양한 여성 혐오 경험을 심층면접을 통해 파악한다. 현재 한국교회는 여성 혐오에 대한 인식 결여와 그 심각성을 인지하지 못하고 그에 따른 기독교교육 또한 부족한 현실이다. 이와 같은 문제인식에서 출발한 본 연구는, 한국교회학교에서 기독교교육을 수행하는 7명의 여학생들을 선정하여 그들의 여성 혐오 경험들을 심층면접을 통해 이해하고자 시도한다. 본 연구에 심층면접에 응한 연구 참여자의 일반적인 특성은 다음과 같다.

구분	연령대	면접일	교회 위치	출석 기간	교회 내 역할
연구 참여자 1	30대초	2017.5.25	강원 철원	20년	신학생
연구 참여자 2	20대초	2017.5.26	충남 청양	20년	청년부 학생
연구 참여자 3	20대초	2017.5.26	서울 영등포	21년	간사
연구 참여자 4	20대초	2017.5.26	경기 부천	20년	신학생
연구 참여자 5	20대초	2017.5.26	전북 익산	9년	청소년부 간사
연구 참여자 6	20대초	2017.6.1	인천 청라	2년	유치부 교사
연구 참여자 7	20대초	2017.6.1	충북 제천	10년	신학생

　본고에서 한국교회 여성 혐오 경험의 근거가 되는 주된 자료는 심층면담에서 얻어진 것으로, 각각 2017년 5월 25일과 26일 그리고 6월 1일에 심층면접을 통한 자료수집이 이루어졌으며, 연구 참여자의 인터뷰 소요 시간은 약 20분~1시간 정도로, 각 1회 수행되었다. 심층면접 시, 사전에 연구 참여자에게 본 연구 목적과 심층면접에 대해 충분히 설명하면서 심층면접/녹음 동의서를 작성하게 하였고, 연구 참여자의 연구 참여 및 중단에 관한 권리 보장, 비밀 보장, 익명성 보장에

대해 고지하였다. "한국교회에서 어떠한 여성 혐오 경험을 하였는가?" 라는 연구문제를 중심으로, 비구조화된 질문 형식으로 이루어졌으며, 연구 결과 다음과 같은 5가지 주제들—열등한 존재; 보조적 존재; 대상화되는 존재; 유혹하는 존재; 차별적 존재—로 여성 혐오 경험들이 분석되었다.

1. 여성은 열등한 존재

여성 혐오는 여성의 열등성을 전제한다. 여성을 남성과 같이 평등한 주체로 보지 않고 남성보다 열등한 존재로 규정하며, 남성이 여성보다 우월하다는 것을 강조한다. 여성을 멸시하고 억압하는 것은 사적 영역뿐만 아니라 공적 영역에서도 일어나고 여성을 단지 열등한 객체로 타자화한다. 연구 참여자 1의 이야기는, 남성목회자가 사모에게 가하는 여성 비하를 통해, 여자(사모)는 살림만 해야 하는 열등한 존재로, 소위 '바깥 일'에 대해서는 절대 알려고 해서도, 알아서도 안 되는 존재로 타자화하며, 상대적으로 남성은 모든 일을 결정하고 이끌어가는 우월한 존재로 그려내고 있다.

(담임목사님이) '여자가 무슨…' 이런 게 많이 강하거든요. … 담임목사님 마인드 자체가 여자는 집에서 살림만 해야 한다. 실질적으로 보면, 목사님이 사모님을 아무것도 인정하지 해 주지 않으시거든요. … 사모님이 '무슨 일 있어요?' 하고 물어보면 (담임목사님이) '여자가 뭘 알려고 해. 집안일이나 하지.' 청년들 있는 데에서도 이렇게 하시거든요. 되게 젊으신 데도 불구하고.

1972년생 비교적 젊은 남성목회자의 여성멸시 언행은 사모를 통해 그대로 노출된다. 여성 혐오라는 말을 직접적으로 하지 않았을 뿐, 사모를 남성에 비해 부족하고 열등하게 여기며 하대하고, 사모의 존재를 무시하는 행동은 사모의 주체적인 존재성을 간과한다. 때로는 여성혐오는 여성에게 침묵을 강요하는 것으로도 나타난다.13 연구 참여자 1은 이에 대해,

목사님이 봐도 여자가 할 일이 (따로) 있어요. 조금만 성도들 입에서 사모님 목소리만 나와도 '왜 당신 이름이 오르락내리락 하지?' 이렇게 하면 사모님이 깨갱하시거든요. 사모님은 진짜 집에서 살림만 하세요. … 목사님이 (사모님이) 뭐만 하려면 '여편네가 뭘 알려고 해'를 아무렇지 않게 하시거든요.

담임목회자는 이러한 여성비하 구조를 통해, 목회에 필요한 조용하고 순종적인 사모와 집안에 필요한 살림 잘하고 애 잘 키우는 아내를 동시에 획득한다. 자신보다 부족하다고 생각되는 사모를 침묵시키고 '말할 수 없는' 열등한 존재로 전락시킨다. 담임목회자의 혐오의 대상이 사모에게 편중되었지만, 이는 교회 내에서 연구 참여자 1을 포함하여 또 다른 여성들에게 똑같이 행해지고 있다고 한다. 또한 연구 참여자 1에 따르면, "사실 목사님이 사모님을 인정해 주지 않으니깐 성도님들도 사모님을 인정해 주지 않으시거든요…. 청년들 앞에서 아무렇지 않게 쓰시니깐 그 영향을 청년들도 받거든요." 이러한 담임목회자의

---

13 유민석, 『메갈리안의 반란』 (서울: 봄알람, 2016), 21.

은밀하게 내재된 여성 혐오는 그대로 교회성도들에게 전달된다.

열등한 존재로 호명된 여성은 사모이든 목회자이든 상관없이 일어난다. 연구 참여자 5의 이야기는 여성 목회자에 대한 남성장로들의 여성멸시를 절실히 보여준다.

저희 교회에 처음으로 여자 목사님이 오셨어요. 저도 (중 3때) 여자 목사님을 처음 봤어요. … 그런데 여자라는 이유로 장로님이 안 좋게 보시고, 되게 하등[하대]시 하시는 것이었어요. 저는 단 한 번도 여자 목사님께서 강단에 서서 설교하는 것이 본 적이 없었고. … 주로 교육부 일만 하셨어요. … 그 여자 목사님이 결혼을 못 하셨는데, '네가 그러니깐 결혼을 못하는 거야. 어디서 여자가 그렇게 얘기해!' 소리를 하셨대요. … 여자라는 이유 하나로 박사학위가 있는데, 그런 것은 필요하지 않고. 하등[하대]시 하시고. 담임목사님이 불러 놓으시고 존칭도 안 하시고, 저는 상처를 많이 받았어요.

여성 목회자도 여성 혐오에서 자유로울 수 없다. 목회자이든, 평신도이든 상관없이, 여성이라는 이유로 남성과 동등하게 대우받지 못하고 교회공동체 집단에서 배제 당한다. 5년 임기를 약속하고 사역을 시작한 그 여성 목회자는 결국 3년 만에 남성 장로님들에 의해 쫓기듯 사임하게 된다. 연구 참여자 5의 교회 내에서 여성 혐오는, 목회자가 여성이라는 이유로 열등한 존재로 간주되고 남성 장로들끼리 우월감을 확인하며 교회의 가부장적 관계 구조를 유지하는 기제로 작용한다. 여성 목회자에 대한 혐오는, 여성 목회자를 설교 강단에서 배제하고, 남성 목회자들과 남성 장로들끼리 연대감을 맺는 관계성 속에서 구체적으로 표현된다.

이러한 남존여비의 가부장적 관계구조 속에서 여성은 주체가 되지 못한다. 특히 교회의 중요한 일들을 결정하는 과정에서 여성의 존재는 주변으로 밀려나, 객체로서 결정된 사항에 수동적으로 따르게 강요된다. 다음 연구 참여자 7의 이야기에서는, 남성은 교회 주요 의사결정을 합리적으로 적절하게 내릴 수 있는 우월한 주체로, 여성은 그 결정에 조용히 따라야 하는 무능하고 수동적인 객체로 그려진다.

(담임목사님은) 대체적으로 일을 할 때도 청년부 뭐 할 때도 (남자)청년회장애한테만 얘기하고 선택하고 우리에게 말씀해 주세요. … 청년회장이 남자이거든요. 둘만 할 일이 아니라. 통보하는 식의 그런 게 많으시죠. … (결정하는 위원회 구성원들이) 여선교회 빼고 다 남자세요. … 예산, 나들이 결정할 때. … 여선회분들은 그냥 대부분 말씀 안 하시고 그냥 가만히 계시고, 남자 분들 위주로 얘기하시고. 여자 분들은 거의 얘기를 안 하세요. 거의 발언을 안 하세요. … 남자 성도 분들이 얘기하시거나 주장하시는 것이 있으면 그냥 그렇게 하시라고, 여선교회 분들 그냥 그러시거든요. 대게 안타까워요. 자기주장을 얘기해야 하는데. … 아무래도 가장 큰 게 가부장인 것 같아요.

2. 여성은 보조적 존재

여성 혐오는 남성과 동일하게 여성의 주체성을 인정받지 못하고 단순히 여성을 남성을 돕는 보조적 존재로만 여길 때도 행해진다. 즉, 여성 혐오는 여성에 대한 멸시 또는 비하와 함께, "여성을 남성의 소유,

이용이나 착취, 혹은 학대의 대상으로 환원하는 것"14이다. 여성을 남성의 우월감을 높이는 이용 대상으로, 남성의 목적달성을 위한 착취 대상으로 그리고 소유의 대상으로 여기며, 단순히 남성의 보조적 역할을 강조하는 것 또한 교회에서 은연중에 자주 일어나는 일이다. 다음 연구 참여자 1의 이야기가 이러한 유형의 여성 혐오를 노골적으로 적나라하게 말해준다.

> (남자 전도사님이 새로 왔을 때 담임목사님이) '네가 보조자 역할을 해줘야 한다' … 저를 불러가지고, '(네가) 교회 차원에서 인지도 높고, 신뢰도가 높고 일을 많이 하고 했으니깐.' 근데 (남자)전도사님이 본인이 생각했던 것보다 일을 못 미쳐주고 자꾸 사람들 입에서 '전도사님 별로다' 이런 얘기가 나오니깐, (담임)목사님이 저를 불러다가 모든 걸 다 (남자)전도사님 이름으로 올리게 하는 거예요. 예를 들면 … (교회 큰 행사를) 저보고 다 기획하라고 하고 기획서도 다 제가 작성을 해요. 그리고 그 앞에다가 기안자 (남자)전도사님 이름만 붙여서 올리는 거예요. '그런 식으로 너는 입 다물고 뒤에서 일을 해야 한다. 너가 걔를 도와 줘야 한다' 이런 식으로 많이, 저를 따로 불러가지고.

연구 참여자 1과 동갑인 남자 전도사가 2016년 6월에 교회에 오자마자, 담임목사는 교회신학생인 연구 참여자 1에게 그 남자 전도사를 돕는 역할을 강요한다. 담임목회자와 남자 전도사, 남성들끼리 서로 연대하여, 연구 참여자 1을 차별하고 배제하면서 새로 온 남자 전도사

---

14 김수아, "온라인상의 여성 혐오 표현," 「페미니즘 연구」 15/2(2015), 283.

의 목회사역을 돕는 보조적 존재로 치부하면서, 그녀의 능력과 이름을 착취한다. 남자들끼리 공모하여 남자 전도사의 역할을 그녀에게 대행시키지만, 남성들의 주도권과 주체성은 전가하지 않는다. 이러한 방식으로 담임목회자와 남자 전도사는 우월한 존재성을 유지하고 강화시켜 나간다. 또한 여성 혐오에는 "'공포, 불안'이라는 감정과 '배제, 격리, 차별'이라는 행위가 착종되어 있다. 즉, 여성들이 어떤 위협적인 존재로서 부상할 때 그들을 배제하고 차별하며 격리하고자 하는 의식이 생겨난다."15 목회적, 교육적 능력이 뛰어난 연구 참여자 1을 남자 전도사를 위협하는 존재로 인식하면서도 그 능력이 대외적으로 알려질까 그 이름을 숨기고 오직 남자 전도사의 이름으로 교회의 주된 업무를 하게 하되, 보이는 곳에서는 배제하고, 보이지 않는 곳에서는 차별을 강행한다. 연구 참여자 1은 다음과 같이 전한다.

(담임목사님이) '너만 잠잠히 맡은 것만 해라. 얘(남자전도사)가 자리를 잡을 때까지, 얘가 잘 자리를 잡아야 너를 전도사격으로 올려줄 수 있다' 이런 식으로. 근데 목사님이 저를 전도사로 올려 주지 않을 거라는 것을 알고 있었거든요. … 이 (남자) 전도사님 가고 누가 오든 그분에 맞춰서 밑에서 해 줘야 하는 입장, 이 사람이 자리를 잘 잡게 쓰이는 도구식으로 부르셔 가지고.

여성을 독립적인 주체라기보다 남성의 필요를 채우는 보조적 '도

---

15 이영아, "'여성혐오'의 문학문화사-젠더적 관점의 한국 근대문학문화사 서술을 위하여,"「인문과학연구논총」 37/4(2016), 34.

구'로 전락시킨다. 여성의 보조적 존재로서의 도구화는 여성을 남성에게 종속시키고 위계적 관계에서 가장 아래 단계에 머물게 하며, 남성의 필요성에 따라 여성을 손쉬운 도구의 대상으로, 남성을 통해 인정을 받는 존재로, 남성과의 관계를 통해서만 존재성을 부여받는 존재로 만들었다. 또한 남자전도사도 그것을 당연하게 받아들이면서 여성의 보조적 존재성을 더욱 강화시키며, 이러한 여성의 이차적 존재성을 각인시키는 여성 혐오가 지속적으로 재생산된다. 연구 참여자 1에 따르면, "근데 그게 참 희한한 게 담임 목사님이 그러시니깐, 전도사님 똑같이 저에게 그러세요. 이렇게 하대(해요)… (남자 전도사님이) '나는 전도사다'…" 즉, 가부장적인 수직적 관계 분리를 통해, 남성 간 호모소셜 homosocial을 강화하면서 여성 혐오는 지속적으로 재생산되어진다.

3. 여성은 대상화되는 존재: 나이, 복장, 외모로 가치 평가

여성 혐오는 여성의 나이, 복장, 외모를 대상화로 표현되기도 한다. 여기에서 '대상화'란 "상대를 목적을 위한 도구로 취급하여, 상대의 감정이나 자율성을 침해할 수 있는 것으로 간주하는 것," 즉 "대상을 특정 개념으로 환원하는 것, 대상의 자율성을 부인하는 것, 대상의 활력을 부인하는 것, 대상을 대체할 수 있는 것으로 간주하는 것, 대상을 언제든지 무너뜨리거나 침해할 수 있는 것으로 간주하는 것, 사고팔 수 있는 것처럼 간주하는 것과 대상의 감정이나 주체성을 거부하는 것 등으로 나타난다."16 즉, 대상화는 일반적으로 상대방을 사물과 동일시하

---

16 김수아, "온라인상의 여성 혐오 표현", 284.

면서 여성을 남성과 같은 동등한 인격체로 인정하지 않는 것으로, 한국교회에서는 온라인상에서 주로 행해지는 여성의 성에 대한 직접적인 대상화는 행해지지 않지만, 간접적으로 은밀하고 친절한 모습으로 나이, 복장, 외모 소재로 여성의 가치를 평가절하하면서 여성을 대상화한다.

먼저, 한국교회 내 여성의 대상화는 여성의 연령을 비난하면서 차별하는 방식으로 나타난다. 여성의 외모나 나이로 여성의 가치를 저평가하고 폄하한다. 연구 참여자 1에 따르면 다음과 같다.

> 남자 청년들한테는 늦게 결혼해도 괜찮다고 그렇게 얘기하는데… '너는 시집 안 가고 여태까지 뭐하고 있냐? 너는 지금 가서 애를 낳아도 노산이다.' 그렇게 얘기하고, '옛날 같았으면 너 나이이면 애가 몇이고' 이런 얘기들을 많이 하시고….

연구 참여자 1은 교회에서 청년부들 중에 2번째로 나이가 많다고 빨리 결혼을 해서 출산을 해야 한다고 재촉을 받는다. 그녀는 목회를 하고 싶지만, 결혼을 먼저 하라고 재촉당하고, 신학대학원을 가고 싶지만, 출산이 우선이라는 소리를 수없이 듣는다. 여기에서 연구 참여자 1의 '나이'는 멸시와 비하의 요소가 된다. 다른 남성 청년부와 같이 하나의 평등한 인격체로 여겨지지 않고, 연구 참여자 1은 단순히 출산의 도구로, 결혼의 도구로 여기며, '어리지' 않은 그녀에 대한 비난으로 이어진다.

연구 참여자 2의 경우, 교회 사모님과 어른들에게 "여자들은 시집 잘 가서 남자들을 잘 만나면 되니까… 오빠들을 먼저 챙겨줘야 한다,

남자들을 먼저 챙겨줘야 한다"라는 말을 들으며, 여성의 주체성과 정체성 부정을 경험하게 된다. 여성을, 마치 자신보다 위치가 높은 남성과 결혼을 통해 그 지위가 결정되는 듯한 객체로, 남성을 꼭 챙겨줘야 하는 종속적인 타자로, 치부하며, 한편으로는 남성이 온전한 가정을 이루게 하는 도구로 전락시키며 여성의 비인격화를 초래한다.

여성 혐오는 복장규제를 통해서도 일어난다. 교회 내 복장은 단순히 옷만을 의미하지 않는다. 여성적이면서 단정하고 정숙한 옷에 걸맞은 머리와 화장 그리고 손톱까지, 옷이 닿는 여성의 모든 신체부분들을 포함한다. 연구 참여자 4와 연구 참여자 7은 다음과 같이 전한다.

연구 참여자 4: 여자 전도사님들이 치마를 입어야 하는 것에 의구심이 들어요. (남자) 목사님이 시켰대요. 심지어 치마는 늘 검정색이여야 하고, 스타킹을 신어야 하고, 단화를 신어야 하고, 가디건을 입어야 하고… 치마를 입으면 불편하잖아요. 머리 스타일까지… 심지어 손톱까지 칠하면 안돼요… (여자 부장님이) '교회 오는 데 이렇게 새빨간 색깔 발라도 돼?'라고 (하시면서) '손톱도 안 칠했으면 좋겠고, 화장도 안 진했으면 좋겠고…' (말했어요) 여성 혐오, 사실 자신이 심판자로 보는 것이라고 생각하거든요….

연구 참여자 7: 교회 오면 단정해야 하고, 치마를 입을 거면 무릎 위로 올라가면 안 되고, 비치는 거 입으면 안 되고, 화장 진하게 하면 안 된다고 하세요… (자신의 염색한 머리를 보고) 아버지(담임목사님)는 머리 볼 때마다 밀어 버리겠다고 하시죠. 저는 아빠(담임목사님)의 물건이 아니잖아요… 처음에 되게 뭐라 하셨어요… 여자이니깐 '교회 안에서 조신하게 다녀야 해,' 이런 거 안 좋게 보거든요. 개인으로서 존중해 주지 않는 것 같아요.

'여자다운' 검정색 치마에 단화를 신고, '단정한' 머리와 '정숙한' 화장을 해야 소위 '간사룩'과 '전도사룩'을 입어야 완성이 된다고 한다. 유사한 경험을 한 연구 참여자 6은 조금 더 직접적인 지시와 구체적인 규제를 요구받는다.

여자는 밝은 색으로 염색할 수 없고 그냥 단정하게 검정색으로만 염색하기를 원했고. 무조건 단정해야 한다는 것을 강조하셨어요. 제가 머리가 길었는데 '짧게 잘라라, 단정하게 잘라라, 밝은 색으로 염색하지 마라' 이런 말들 많이 하셨고. 옷 같은 경우도, '샌들을 신었으면, 양말을 신었으면 좋겠다'라고 하신다든가, 옷의 색깔이 너무 밝거나 화려하다고 해야 하나, (담임)목사님이 생각하시기에 그렇게 생각하시면 그렇게 제재를 하셨어요. '옷이 그게 뭐냐'라고 하셨고.

여성성을 강조하면서 여성의 정숙함과 단정함을 요구하는 교회의 복장규제는 여성에 대한 왜곡된 시선을 내면화하면서 여성의 복장을 통해 여성의 몸을 대상화한다. 치마의 길이를 규제하여 여성에게 가리는 정숙함을 강조하여, 여성이 스스로 자신의 몸을 부끄럽고 수치스러워 가려야 하는 대상으로 여기게 한다. 여기서 여성의 신체는 한낱 성적인 대상으로만 치부된다. 여성의 몸을 육체와 동일시하고 죄의 상징으로 바라보게 하면서 여성을 육체적이고 사악한 존재로 내면화시킨다. 이러한 시각은 남성이든 여성이든 여성의 몸에 대한 그릇된 편견이나 성적 대상으로만 보는 과오를 남길 수 있다.

여성 혐오는 또한 여성의 외모를 비하하며 수치심을 주면서 발생한다. 한국교회의 경우 반드시 성형이나 비만, 외모를 직접적으로 공격하지는 않지만, 여성성이 결부된 여성스럽지 않은 외모나 체격이 듬직한 여성에게 특정한 역할을 강조하면서 상대 여성에게 은연중에 부끄러움을 안기는 행위로 일어난다. 연구 참여자 6의 경우,

> 사모님도 계셨고, 다른 (여자) 집사님, 권사님도 계셨는데… '너는 생긴 것도 그렇고 약간 덩치도 그렇고 뭔가 잘 받아 준다고 해야 하나?! 살림도 잘 할 거고, 힘도 잘 쓸 거고.' … 칭찬으로 받아들일 수도 있지만, 저는 그냥 (어두운 표정)… '사모님감이다. 너 같은 애들이 사모를 해야 한다'라고.

연구 참여자 6은 '사모'라는 특정한 자리에 친절하게 본인을 올려 두었지만, 근본적으로 자신의 통통한 외모를 비하하며 '사모'라는 여성역할에 끼어 맞추며 완곡하게 자신을 조롱한 듯한 느낌이 들었다고 한다. 남성과 동등한 주체로, 하나의 인격체로 연구 참여자 6이 가진 능력을 제대로 존중받지 못하고, '사모'라는 그럴듯한 틀에 빗대어 은밀하고 부드럽게 혐오가 이루어진다.

4. 여성은 유혹하는 존재

여성 혐오는 여성을 육체적이고, 남성을 유혹하여 남성으로 하여금 죄를 짓게 하는 '악의 화신'이나 '죄 유발자,' 또는 '성적 유혹자'로 간주

하면서도 표출된다. 영과 육의 이원론적 인간관은 남성은 우월한 영적 존재로, 여성은 열등한 육의 존재로 표현함으로써, 여성을 육체적이고 성적으로 위험한 존재로 여긴다. 연구 참여자 2는 "'이렇게 입고 다니면 그렇지 않냐?', '그래도 나이가 들면 들수록 몸을 챙겨야 하지 않겠냐' 말씀하시더라고요. '건강도 그렇고 교회인데 (그러면) 안 되지'…"라는 말에, 마치 자신이 남성에게 죄를 짓게 하는 육체를 소유한 느낌이었다고 한다. 연구 참여자 2의 건강을 염려하는 척하면서, 간접적으로 연구 참여자 2의 몸이 보이는 것이 죄스러운 것이며, 여성의 육체를 부정적으로 판단하는 편견을 갖는다. 교회 안에서의 여성 혐오는 나이 드신 어르신들이나 남성들을 통해서만 이루어지는 것이 아니다. 여성이 또 다른 여성을 향해 행해질 수 있다. 연구 참여자 7에 따르면,

> 이건 제 친구의 얘기인데요. 걔는 아무래도 여자다 보니 좀 꾸미고 그런 거를 하잖아요. 사역하는 교회에서 꾸미면 오히려 교회 일에 대해서도 더 집중도가 떨어지고 막말로는 '누구를 꼬시려고(꾀려고) 꾸미고 왔느냐' 폭언 같은 식의 여성 혐오도 (있었어요). (그렇게 말한 사람이) 전도사님도 여자 분이신데, 여성이 여성을 혐오하는 거 그런 거죠.

이는 여성을 위험한 존재로 간주하고, 남성은 성욕을 조절하지 못하니 여성이 조심해서 남성으로 하여금 범죄를 저지르지 않도록 여성이 알아서 조심하라는 은연중에 행해진 여성 혐오적 발현이다. 이는 단순히 여성을 성적 유혹자로, 남성을 꾈 수 있기 때문에 여성은 예쁘게 꾸며서도 안 되는 대상이다.

또한 연구 참여자 7의 경우, 단순히 여성을 성적인 위험한 존재로

만 언급한 것이 아니라, 내재적으로는 정식 신학교 교육을 받지 않은 여자 전도사가, 정식 신학교 교육을 받고 있는 연구 참여자 7의 친구를 멸시하고 차별함으로써, 자기의 열등감을 숨기고 자신을 '나는 저런 여자와 다르다'라는 '예외적 여자'가 되어, 자신 이외의 여성을 타자화하면서 여성 혐오를 전가하기도 한다. 연구 참여자 7은 "그분이 아예 신학교를 순차적으로 하신 게 아니라 학원에서 자격을 따신 분이라서 어느 정도 그럴 수 있겠다 생각을 하려고 하지만 어쨌든 목회자가 되려는 사람이고 이해가 되지 않았어요"라고 말하면서, 진정한 목회자라면 자신을 제외한 교회 내 다른 여성을 비난하는 여성 혐오에서 벗어나야 한다고 강조한다.

5. 여성은 차별적 존재

여성 혐오는 여성에 근거하여 여성이 열등하거나 부정적인 대상으로 동일시하는 '차별'을 통해서도 수행된다. 아이러니컬하게도 여성이 대다수를 차지하는 한국교회 내에서 차별을 조장하거나 방조하는 모습을 어렵지 않게 찾을 수 있다. 차별이라는 단어가 포괄적인만큼 여성 혐오를 유발하거나 강화시키는 차별은 다양한 방식으로 작동된다. 여성을 여성이라는 성(젠더)별을 근거로 차별하고 멸시하는 태도는 교회의 핵심 기능인 예배 중에 일어나기도 한다. 연구 참여자 1의 이야기에 의하면, 다음과 같다.

(담임목사님 설교 중에) '(신학교) 가 봤자 이상한 여성신학이나 배우고' … (제가) 휴학해 있었거든요. … 철야할 때, 맨 앞자리 맨 가운데 앉는데

그때마다 '신학교 가 가지고 그런 이상한 여성운동이나 배워가지고. 물러가라, 물러가라, 종탑이나 올라가고. 그러면 되냐.' 저한테 그렇게 하시니깐, 설교 중간에. 신학교에 대한 차별도 많이 받고 여성적인 차별도 너무 많이 받아서, 내가 이렇게 하면서 이 교회를 다녀야 하나 고민을 많이 했거든요.

남성 목회자의 기독교의 성(젠더)차별적 인식과 유교적 남존여비 사상은 여성을 차별하고 여성 혐오적 공격의 주체가 된다. 이러한 설교자의 설교가 하나님과 교회 회중 사이의 관계성을 온전하게 만들지 못하고, 차별로 인해 하나님/회중 관계성과 여남/남녀 관계성 또한 왜곡시키고 있다. 대부분 한국교회의 예배 의식 주체가 남성목회자 중심으로 진행되어 "강단에서 들리는 말은 대부분 남성들의 말이어서 예배의 형식과 내용도 자동적으로 남성 중심적"이 된다.17 여성을 신앙공동체의 하나의 일원으로 받아들일 수 있으나 가부장적 위계질서의 최하위에 위치하며 차별받아도 마땅한 비하의 대상이 된다. 이러한 현상은 남성 목회자뿐만 아니라 남성 장로에게도 나타난다.

남성 목회자의 남성 중심적 성서 해석은 남성 장로에게도 그대로 내면화된다. 연구 참여자 5는 "아담과 하와 얘기를 들으면서 여자는 갈비뼈를 빼서 만든 사람이라는 것과, '여성은 잠잠하라'라는 말씀을 가지고, 한 부분만 가지고 얘기하는 (남성) 장로님이 너무 웃긴 거예요." 가부장적 시각에서의 성서해석은 여성을 남성과의 관계 속에서만

---

17 선순화, "몸과 관련하여 본 여성 해방적 예배 의식과 성례전," 한국여성신학회 엮음, 『교회와 여성신학』(서울: 대한기독교서회, 1997), 202.

존재하는 열등한 객체로, 순종적이고 침묵을 지켜야 하는 타자로 그려내고 있다. 여성이라는 이유로 행해지는 차별적 발언은 '여성'에 대한 그릇된 편견과 남성우월주의에 기인하여 여성 혐오적으로 표현된다.

또한 기독교 예배에서 남성을 예배의 주체로, 여성을 예배의 객체로 타자화하면서, 가부장적 예배형식주의 속에서 남성 목회자와 남성 장로가 중심이 되어 여성인 간사나 평신도들은 차별적으로 소외시키고 있다. 연구 참여자 3은 전한다.

교회에서 간사로 사역을 하는데 남자 전도사님 분들도 있고 여자 사역자가 두 명이예요. 저랑 유치부 전도사님 이렇게 두 명인데, 예배를 마치고 내려올 때는 담임목사님하고 악수를 하고 내려와요. 거기 서 계신 장로님들이 남자 사역자분들과는 이렇게 다 악수를 하고 격려도 토닥토닥 해주시는데 저희는 (악수도 하지 않고) 무시하세요.

여성이라는 이유로 남성과 평등하게 취급되지 않고 예배팀 안에서 배제된 것이다. 표면적으로 모든 예배와 예전에는 모든 사람들이 함께 참여할 수 있지만, 지도력을 요구하는 예배 및 예전 순서에는 남성이 주도적인 역할을 수행하고, 여성은 활동이 암묵적으로 제한되거나 침묵을 강요당한다.[18] 남성 주도적 예배와 예전은 여성들을 주변화하며 소외시키며, 자연스럽게 하나님—남성—여성 위계적 관계성을 추구한다. 이러한 성(젠더)차별적 조직과 행동에 침묵하면서, 퇴적된 결과가 여성 혐오를 유발한다.

---

18 앞의 글, 200.

여성을 차별적 존재로 폄하하며 수행되는 여성 혐오는 여성에 대한 그릇된 고정적인 역할이라는 편견에서도 발생한다. 여성 혐오는 "특정한 역겨운 행위를 지칭하는 것을 넘어 여성의 제한된 성역할과 성차별 관행을 묵인하고 재생산하는 사회 문화적 시스템의 일부로 이해"할 수 있다.19 남성과 여성이 해야 할 일을 위계적으로 분업화하여, 여성은 소위 '여성스러운' 일들을(예, 청소, 데코레이션, 설거지, 커피 준비 등) 강요당한다. 여성의 역할에 대한 그릇된 편견은 여성 혐오를 부추기게 된다. 다수의 심층면접자들이 공통적으로 이 부분에 대해 다음과 같이 표현한다.

연구 참여자 1: … 담임목사님 마인드 자체가 여자는 집에서 살림만 해야 한다… 목사님이 봐도 여자가 할 일이 (따로) 있어요.

연구 참여자 2: 주변에서 계속 남자는 목회자, 여자는 사모 계속 이러니깐, 마치 사모는 뒷받침해 줘야 하는 사람, 이렇게만 알고 있어서 '그렇게 살아야지' 하는 게 박혀 있는 것 같아요. … 평등한 사회가 되었음 좋겠어요.

연구 참여자 4: 여자 청년부에게 커피나 차를 타게 하고 율동을 시키면서 남자 청년부들이 어떻게 율동을 하냐고… 교회에서는 평등하다고 하는데… 여자 어르신들도 남학생들에게는 이거, 여학생들에게는 이거.

---

19 홍지아, "젠더화된 폭력에 대한 뉴스 보도: 4개 언론사(조선일보, 동아일보, 한겨레, 경향신문)의 강남역 여성 살인사건 보도를 중심으로,"「한국언론정보학보」83(2017), 194.

연구 참여자 5: 꾸미는 것, 데코레이션을 다 같이 할 수 있는데, 여자라는 이유로 저 혼자만 시키고, 주보나 예배당 청소 혼자 다 했었어요. … (남자 전도사님들은 강단에) 여자 전도사님들은 뒤에 (보이지 않는) 방송실에 가 있어요.

연구 참여자 7: '여자는 사무적인 일을 못한다, 계산을 못한다'라고… 사소한 것이지만 그런 것들이 있는 것 같아요. 여자는 기계를 못하고, 수학에 약하고, 감성적이고 이성적이지 못하고, 순간에 정신 팔리고. 그런 고정적인 역할을 없었으면 좋겠어요. 크리스마스 되면 교회를 꾸미잖아요. 저는 나가서 (남자들처럼) 교회 전구 달고 싶은데 아버지(담임목사님)는 '(안에) 들어가 트리 (장식을) 꽂아라.' 이렇게 얘기를 하시거든요.

한국교회 여성을 차별적 존재로 비하하며 제한된 역할에만 고형화시키며 발생하는 여성 혐오는 유교의 남존여비와 기독교의 남성 중심적 사상이 만나 가부장적 관계성을 유지하고 강화시키는 기제로 작용한다. 여성을 여성이라는 근거로 무시하고 비하하는 태도는 여성을 제한되고 수동적인 고정된 역할의 틀에 맞추어서 가부장적 관계성을 유지하고 강화시키는 수단으로 활용하고 있다. 가부장적 분업화된 역할은 여성은 더 열등하고, 남성은 더 우월한 존재로 불평등한 관계 위계화를 각인시키는 데 일조하고 있다. 이로 인해 여성은 수동적인 역할에 갇혀 억압 받아도 되는 '차별적 존재' 정체성을 견고해 왔다.

IV. 여성 혐오와 기독교교육적 과제

한국교회는 은밀하게 감추어진 형태로 행해지고 있는 여성 혐오를 지양하고 방지하기 위해 어떻게 교육해야 하는가? 본 장에서는 교회 커리큘럼 5가지 형태이자 교회 교육사역인 디다케(didache, 가르침), 코이노니아(koinonia, 공동체), 레이투르기아(leiturgia, 예배), 케리그마(kerygma, 말씀선포), 디아코니아(diakonia, 섬김/봉사)[20]를 중심으로, 여성 혐오를 극복하기 위한 다섯 가지 기독교교육적 과제들을 제시한다.

여성 혐오를 극복하기 위한 첫 번째 교회의 디다케didache적 과제는 평등한 관계적 역량을 형성하도록 다양한 명시적explicit, 내재적implicit, 영null 교육과정을 지원해야 한다. 평등한 관계적 역량은 여성 혐오를 비판적으로 인식하고 의도적으로 반anti여성 혐오적 행동을 실천할 수 있는 역량을 의미하는 것으로, 사람 간, 제도 간, 교회 안에 은밀하게 존재하는 불평등한 관계성을 극복하는 방법을 학습한다. 여기에서 평등적 관계성이란, 삼위일체 하나님이 평등한 "관계성-속에-존재하는-것TO-BE in relationship"처럼, 우리의 존재방식도 평등한 "관계성-안에-존

---

[20] 여성기독교교육학자 마리아 해리스(Maria Harris)는 성경의 기독교 공동체의 삶의 형태(행 2:42-47) 안에 교회를 위한 커리큘럼의 원형이 있다고 보고, 교회 생활의 다섯 가지 형태이자, 교회 커리큘럼 5가지 유형으로 코이노니아, 레이투르기아, 디다케, 케리그마, 디아코니아를 제시한다. 기독교교육학적 관점에서 해리스는 교회사역을 "공동체를 형성하고(코이노니아), 하나님을 찬양하고(레이투르기아), 가르치고(디다케), 말씀을 선포하고(케리그마), 사회에 영향을 주는(디아코니아) 것"으로 보고 있다. Maria Harris, *Fashion Me a People: Curriculum in the Church* (1989). 역서로는 고용수 옮김, 『교육목회 커리큘럼』(서울: 한국장로교출판사, 1997), 191.

재하는-것to-exist-in-relationship"을 뜻한다.21 이러한 학습의 신학적 기초와 모형을 제시하는 하나님은 "가부장적 아버지-하[나]님도 아니고 남자보다 '못하게' 여자들을 창조하신 하[나]님"도 아니다.22 삼위일체 세 위격들 상호 간에 평등적 관계성은 본질essence이며, 삼위일체 하나님께서 이루시는 평등하고 관계적인 공동체가 우리 인간 존재 방식의 원형이자 공동체의 모형이라고 본다. 그러므로 한국교회는 오직 남성만이 '하나님의 형상'으로 만들어진 것이 아니라, 여성도 또한 귀한 '하나님의 형상'으로 만들어진 존재임을 재인식하면서 여남/남녀 인간 사이의 평등한 관계성을 위한 교육을 강조해야 한다.

이러한 평등한 관계성 개념을 중심으로, 한국교회는 명시적, 내재적, 영 교육과정을 의식적으로 활용해야 한다. 이러한 교육과정들은 여성이 교회교육의 평등한 주체가 되고, 여성의 경험과 이야기가 교육 내용에 의도적으로 포함되며, 여성과 남성이 함께 반여성 혐오를 향한 관계적 교수법이 적용되는 페다고지이다. 먼저, 명시적 교육과정으로는 여성 혐오에 대한 정확한 이해와 다양한 교회 내 여성 혐오 종류를 가르치면서, 평등한 관계적 신앙관과 실천적 행동을 할 수 있도록 교육내용을 재구축해야 한다. 내재적 교육과정을 통해서는 은밀하고 내재적인 방식으로 작동되는 한국교회 여성 혐오를 비판적으로 인식하고 의식화하여, 여성의 주체성과 평등성 그리고 관계성을 내면화할 수 있는 가르침을 적용한다. 영 교육과정에서는 의도적으로 배제되고 가

---

21 캐서린 라쿠나/이세형 옮김, 『우리를 위한 하나님』 (서울: 대한기독교서회, 2008), 354, 343.
22 캐서린 라쿠나/"우리와 친교를 맺으시는 하느님," 강영옥, 유정원 옮김, 『신학, 그 막힘과 트임: 여성신학 개론』 (칠곡: 분도출판사, 2004), 150.

르치지 않은 생략된 여성의 이야기를 적극적으로 교회 전 교육과정에 포함시켜야 한다. 각각의 교육과정의 내용을 간략하게 제시하면 다음과 같다.

명시적 교육과정
— 삼위일체론적 자아 및 신앙정체성 확립과 평등한 관계성 재형성 교육
— 교회 안팎 여성 혐오의 종류와 반여성 혐오적 사회 참여 교육
— 개인적-공동체적 차원에서 평등한 관계성 역량 강화를 위한 다양한 관계적 교육방법 활용 및 개발

내재적 교육과정
— 여성에 대한 평등한 가치관 및 여성의 관계적 주체성 존중
— '하나님 형상'을 따라 만들어진 동등한 여성의 존재성 포용
— 반여성 혐오적 태도와 감수성 강화

영 교육과정
— 여성주의적 관점에서 여성 혐오의 성서적 재해석
— 여성에 대한 성서이야기-삶이야기의 재발견 및 비판적 성찰
— 여남/남녀 평등한 관계성 형태 의식화(대화, 협의, 의사결정 등)

교회공동체 내에서 신앙성장과 기독교교육적 총체성을 생각한다면, 위의 명시적, 내재적, 영 교육과정들은 상호보완적으로 가르쳐야 할 것이다. 또한 다른 코이노니아, 레이투르기아, 케리그마, 디아코니아의 상호작용을 통해서도 수행되어야 할 것이다.

두 번째, 교회의 코이노니아koinonia적 과제는 여성 혐오로 무너진 신앙공동체가 진정한 평등한 관계적 공동체가 될 수 있도록 교육적 지원을 제공해야 한다. 가부장적 체제에 반해, 하나님에게 상응하는 체제는 차별과 종속, 혐오가 없는 평등한 관계적 공동체이다. 즉, 삼위일체 "위격들로 구성된 하나님의 공동체는 공동체 안에서 평등하고도 상호적으로 관계하며, 이어서 피조물과 평등하고도 상호적으로 관계한다."23 하나님의 본질처럼, 교회는 관계적이어야 하며, 구성원 모두가 평등하고 관계적으로 상호 내주하는 신앙공동체가 되어야 한다. 그러므로 교회는 "하[나]님에 관한 비가부장적 개념뿐 아니라 [기독교] 공동체 안에 존재한 관계의 틀을 바꿔야 한다."24

이를 위해, 한국교회는 먼저, 교회와 유기적으로 연계된 가정 내에서 교회구성원들이 가부장적인 권위와 힘의 원리를 평등한 관계성 원리로 대치함으로, 가족개개인들이 하나님 형상을 따라 창조된 평등한 존재임을 실천할 수 있도록 가르친다. 가정은 유년기의 교회25로, 또 다른 작은 신앙공동체로 볼 수 있다. 그런 의미에서 평등한 관계 구조 안에서 정기적인 부부교육과 부모교육을 통해, 한국교회가 "부모들에게, 혹은 부모가 될 사람들에게 올바른 기독교인상과 부모상을 수립하고, 기독교 부모 역할을 바로 수행하게 함으로써, 자녀에 대한 교육적 사명을 잘 감당하고, 가정을 하나님 나라로 세워갈 수 있도록 교육적"으로 도와주어야 한다.26 이러한 부부교육 또는 부모교육을 기초로,

---

23 캐서리 라쿠나, 『우리를 위한 하나님』, 394.
24 캐서린 라쿠나, "우리와 친교를 맺으시는 하느님," 146.
25 호레이스 부쉬넬/김도일 옮김, 『기독교적 양육』 (서울: 장로회신학대학교 출판부, 2004), 44.

한국교회는 가정교육과 부모-자녀교육에서도 수직적 구조보다 수평한 관계성을 의식적으로 강조하면서 가정공동체에서 동등한 여성의 주체성과 존엄성에 대해 가르쳐야 한다.

이러한 가정공동체의 파트너십과 함께, 또한 한국교회는 하나의 신앙공동체로써 싱(젠더) 역할 구분 없이, 여남/남녀 리더십 편견 없이, '하나님의 형상'을 한 평등한 존재로서 모든 이들이 자발적으로 참여하고 적극적으로 활동할 수 있는 평등한 상호소통 방식, 세대 간에 관계적 교류, 다양한 신앙적 사귐 문화 교육을 실천해야 한다. 또한 교회 내 다양한 소그룹공동체에서는 기존에 배제되고 소외되는 여성의 리더십 보장 및 강조, 반여성적이고 차별적 서열로 이루어진 소그룹 재구조화, 여남/남녀가 함께 연대하여 소속감과 정체성을 공유할 수 있는 다양한 교육적 프로그램 개발하여 가부장적 구조를 해체하고 평등한 관계적 공동체가 형성되도록 가르쳐야 한다.

세 번째, 교회의 레이투르기아leiturgia적 과제는 가부장적 예배를 타파하고 여성주의 예배를 교육적으로 지원해야 한다. 예배를 의미하는 'worship'이라는 영어 단어는 "'가치 있음worthy'을 축하하는 일로서 예배의 대상인 하나님, 여성과 남성의 예배, 예배자인 여성과 남성의 '가치 있음'을 축하하는 일이다."27 그런 의미에서, 여성주의 예배는 남성주도적 예배 형태에서 벗어나, 남성과 함께 여성이 주체적으로 예전적 리더십에 참여하고, 여성의 삶의 경험과 성서 이야기를 중심으로 재해석된 종교적 상징과 의미를 적극적으로 구성하는 예배이다.

---

26 양금희, "교회의 본질적 사명, 부모교육," 「교육교회」 379(2009), 22.
27 선순화, "몸과 관련하여 본 여성 해방적 예배 의식과 성례전," 207.

이런 여성주의 예배는 크게 3가지 측면—예배의 주체, 내용, 형식—에서 교육적 과제를 제시한다. 첫째(주체), 한국교회는 남성 목회자와 남성 교회임원에 의해 행해졌던 기존 예배 형식에서, 남성과 더불어 여성을 예배의 주체로 동등하게 참여하도록 교육해야 한다. 지금까지 여성이라는 이름으로 소외된 여성들에게, 남성-여성 또는 장로-권사-집사의 위계적 질서가 아닌, 여남/남녀 동수로 적절하게 참여할 수 있는 열린 예배, 여성이 수동적인 방관자가 아닌 적극적인 리더가 되는 참여적 예배를 위한 교육적 지원을 제공해야 한다. 이를 위해, 여성도 직분과 나이와 상관없이 예배위원회 및 예배팀의 구성원이 되어 함께 예배를 준비하며 역할을 분담할 수 있게 균등한 참여적 기회를 제공해야 한다. 둘째(내용), 한국교회는 성서적 텍스트text와 여성의 삶의 컨텍스트context를 유기적으로 연결하여 예배의 중요한 텍스트와 컨텍스트로 공유해야 한다. 여남/남녀가 함께 주체적으로, 공동체적으로 재구성하여, 예배로 '하나님_인간' 관계와 '여성-남성(남성-여성)' 관계가 온전하게 형성될 수 있도록, 여성주의 관점에서 기독교 예배의 텍스트와 여성의 삶의 컨텍스트를 변증법적으로 재해석하여 예배의 내용에 포함시켜 재구조화해야 한다. 셋째(형식), 한국교회는, 여성들을 배제했던 가부장적 예배 형식을 타파하고, 예배의 기본구조인 '예배로의 부름-설교-성찬-파송'을 기초로, 여성의 삶의 이야기와 성서 이야기를 공유하며 여성주의 예전feminist liturgy을 의도적으로, 주기적으로 가르쳐야한다. 예를 들면, 월경, 임신, 출산, 폐경 등에 관한 여성의 '삶의 주기'를 기초로 하는 예전이나 유산, 이혼, 상처, 폭력 등에 대한 여성의 '삶의 위기'를 위한 예전, 또는 지역적으로 세계적으로 여성들이 직면한 공동체적 위기(가난, 인신매매, 폭력 등)를 기초로 하는 예전을 개발하며 교육시켜야 한다.28 여성주의 예전은 "여성들로 하여금 주체적으로 자신의 삶을 해석하고 경험의 의미를 형성하도록 하고 새로운 종교적 상징과 이미지들을 창조하도록 하며 그들의 신앙의 삶을 양육하고 치유한다는 점에서 교육적 의미와 중요성을 지니고 있다."29

네 번째, 교회의 케리그마kerygma적 과제는 반anti여성 혐오적 설교를 위한 교육적 지원이 있어야 한다. 하나님-남성-여성이라는 위계적 체제를 강조하는 가부장적 관계 구조에서 선포되는 하나님 말씀인 설교는, 여성과 남성의 역할을 피지배와 지배의 불평등한 관계를 견고하게 만들었고, 그 '말씀'은 절대적 권위로 둔갑되어 교회 구성원들에게 여성 혐오의 향한 기초를 마련해 왔다. 그러나 교육적 차원에서 설교는 하나님 형상으로 만들어진 우리로 평등한 관계적 커리큘럼을 지향하도록 고무시키는 반여성 혐오적 말씀이다. 이러한 케리그마적 과제를 위해, 한국교회는 여성 혐오를 유지 및 강화시키는 기제를 하는 설교의 요소들을 배제시키는 반여성 혐오적 설교를 수행해야 한다.

우선적으로, 설교의 주체, 내용, 언어에 있어서 반여성 혐오적인 설교가 실천되어야 한다. 첫째(주체), 설교의 주체에 있어서, 남성 설교자의 주된 무대가 되었던 남성 중심의 강단 패러다임에서 벗어나, 여성 목회자와 여성 평신도가 하나님 말씀을 선포할 수 있는 설교의 장을 공적 영역에서 기회를 보장함으로써, 기존의 유교적 남존여비 사상과 기독교적 여성 혐오 사상이 만나는 설교 강단이 직접적으로 해체되는 재구조화가 시급하다. 둘째(내용), 설교의 내용에서는, 남성 중심

---

28 백은미, 『여성과 기독교교육』(서울: 이화여자대학교출판부, 2014), 330-338.
29 앞의 책, 316.

의 성서 해석에서 벗어나 의식적으로 여성주의 관점에서 성서를 재해석하면서, 숨겨진 여성의 목소리와 이야기를 재발견하도록 교육이 필요하다. 즉, 평등한 관계성을 지양하게 만드는 반여성적 가치관, 부정적인 여성상, 여성비하와 관련된 성서 이야기를 기독교적 시각에서 재해석하여, 여성의 삶의 이야기와 연계하여, 교회 모든 구성원들이 올바른 신앙정체성과 평등한 관계적 삶을 살아가도록 가르쳐야 한다. 특히, 가부장적 기독교 사상에서 보여준 여성의 육체나 몸에 대한 부정적인 이해에서 벗어나, 하나님의 형상으로 귀하게 창조된 여성의 육체의 신성함과 상징성을 강조하면서, 여성의 긍정적인 육체성과 주체성을 재확립할 수 있도록 교육해야 한다. 셋째(언어), 설교의 언어 사용에 있어서, 오랫동안 가부장적 기독교 전통에서 사용되어 온 남성 중심의 언어에서 벗어나, 여성을 존중하며 하나의 주체로 포함시키는 다양한 포괄적 언어를 의도적으로 사용하도록 한다. 기존의 남성 중심적 가부장제 언어로 가득 찬 설교에는 하나님을 남성적 이미지로, 여성은 열등하고 차별받아 마땅한 이미지로 표현하면서 오랜 시간 교회공동체 내에서 은밀하게 불평등한 관계성을 내면화하는데 일조해 왔다. 이러한 남성 중심적이고 차별적인 언어 사용보다, 포괄적인 언어 활용을 통해, 하나님에 대한 새로운 이미지와 하나님의 형상인 여성에 대한 긍정적인 존재성을 포용하는 대안적인 기독교적 상징들을 재발견하고 재창조해야 한다. 이러한 반여성 혐오적 설교의 주체, 내용, 언어는 한국교회의 여성 혐오를 극복하고 평등한 관계성을 재형성하는 데 중요한 교육적 매개체가 될 것이다.

다섯 번째, 교회의 디아코니아$_{diakonia}$적 과제는 여성 혐오 방지 및 타파를 위한 봉사/섬김 사역을 교육시키는 데에 있다. 한국교회가 섬기는 "하나님은 사실상 세계와 관계하면서 존재한다."30 하나님은 세상과의 지속적인 관계성 안에 계시며, 한국교회는 평등적 관계성을 지향하는 신앙공동체로, 이상적인 관계성의 원형을 보여주는 하나님을 따라, 개인적/공동체적 또는 지역적/세계적 변화를 추구해야 한다. 이를 기초로, 디아코니아는 "교회에 대한 봉사"와 개인적/공동체적 또는 지역적/세계적으로 "세상에 대한 섬김에 관심을 갖는 활동"으로, 사회적 돌봄, 사회적 의식, 사회적 능력 부여, 사회적 입법의 형태로 나타난다.31

이를 위해, 1) 한국교회는 신앙공동체 내 여성 혐오를 경험한 다양한 피해 여성들을 목회적으로 상담하며 신앙으로 치유될 수 있도록 양육하는 사회적 돌봄social care을 수행하면서, 동시에 잠재적 가해자 양산을 막기 위해 가시적/비가시적 여성 혐오를 철저히 가르치는 비판적 의식화 교육을 지원해야 한다. 2) 한국교회는 교회 구성원들이 여성 혐오로 인해 발생하는 언어적/비언어적 폭력과 차별에 항거하며 교회 공동체 내 여성 혐오 문화에 저항하고 개선할 수 있는 사회적 의식social ritual을 고취시켜야 한다(예, 반여성 혐오를 위한 걷기 대회, 철야기도, 퍼레이드 등). 3) 한국교회는 여성이 남성과 동등한 주체로서 스스로 여성 혐오를 비판적으로 인식하고 저항하며, 남성과 연대하여 여성 혐오를 극복하기 위한 사회적 능력부여social empowerment 교육을 실천해야 한다. 4) 한국교회는 여성 혐오에 대한 교회 전반적 문제인식 개선 및 교육뿐만 아니라 이를 지양하고 평등한 관계적 사회체제와 구조를 위한 다

---

30 캐서린 라쿠나, 『우리를 위한 하나님』, 339.
31 마리아 해리스, 『교육목회 커리큘럼』, 52-53; 180-189.

양한 시민교육 참여, 관련법 제도의 개정 및 제정, 반여성 혐오적 공공 정책 수행 등에 함께 참여하고 교회와 사회에 영향을 줄 수 있는 사회적 입법social legislation 활동을 지원해야 한다.

V. 나오는 말

본고는 한국교회 내 기독교교육을 가르치는 7명의 여성들을 선정하여 어떠한 여성 혐오를 경험하였는지 심층면접을 통해 탐색하였다. 여성을 1) 열등한 존재; 2) 보조적 존재; 3) 대상화되는 존재; 4) 유혹하는 존재; 5) 차별적 존재로 여기는 여성 혐오를 여성의 목소리로 직접 분석하고, 그러한 여성의 경험을 근거로 한국교회 내 여성 혐오를 방지하고 극복하기 위한 5가지 기독교교육적 과제들—평등한 관계적 역량 강화(디다케), 평등한 관계적 공동체 형성(코이노니아), 여성주의 예배(레이투르기아), 반여성 혐오적 설교(케리그마), 섬김/봉사 사역(디아코니아)—을 제시하였다. 다섯 가지 기독교교육 과제는 교회 커리큘럼 형태이자 교회 교육사역으로, 기독교교육에 반드시 필요하고 상호 관련된 파트너들이며, "이런 형태들 중에 어느 하나라도 생략되거나 평가절하되고 또는 다른 형태의 가치를 손상시키면서까지 한 형태의 가치를 높인다면 우리는 온전하게 교육시킬 수 없다."[32] 그러므로 한국교회는, 여성 혐오가 발생하게 되는 하나의 원인은 가부장적 관계성이고, 이러한 기제는 여성에 대한 비하와 멸시를 공고히 하며 재생산

---

32 앞의 책, 53.

되어 왔음을 재인식하면서, 의도적으로, 비판적으로 위의 기독교교육적 과제들 실천해야 한다.

    본고는 실질적인 여성의 목소리를 중심으로 한국교회 여성 혐오의 실태를 파악하고 연구함으로써 교회여성들이 경험하는 여성에 대한 편견, 모멸, 차별 등이 어떻게 행해지고 있는지 분석하였다는 점에 중요한 의의를 갖고 있다. 또한 이러한 한국교회 여성 혐오가 재생산되는 것을 방지하고 조금 더 평등한 관계적 신앙공동체를 이루기 위한 실천적 방법들을 제시한 연구라는 점에서 의의가 있다. 그러나 본 연구는 일부 7명의 여성들의 이야기를 연구 참여자로 선정하여, 한국교회 여성들의 전체적인 여성 혐오 경험으로 일반화하기에, 또는 다수의 여성들에게 적용시키기에 한계점이 있다. 따라서 후속 연구에서는 앞서 언급한 한계점을 인지하고, 한국교회 내 많은 여성들의 다양한 목소리를 담으면서 세부적인 기준(나이, 교회 다닌 시기, 직분, 결혼 유무, 직업 등)을 준거로 상호보완적인 질적, 양적 연구로 이루어지기를 기대한다. 또한 앞으로 '여성' 혐오뿐만 아니라, 한국교회 안팎 온라인/오프라인에서 행해지고 있는 혐오 현상을 다양한 대상(이주민, 성소수자, 남자 등)들을 중심으로 심도 있는 경험적 연구가 이루어져야 할 것이다.

    한국교회 내 여성 혐오는 우리 일상생활에 숨어 있거나 무의식적으로 내면화되어 교묘하게 우리를 교육하고 있다. 철저히 여성 혐오라는 가면을 가린 채, "노골적이고 야만적인 얼굴만이 아니라, 매우 친절하고 부드러운 은밀한 방식"으로 이루어진다.33 이러한 여성 혐오는 특

---

33 뉴스앤조이, "여성 혐오인가, 아닌가… 이분법 벗어나야 하는 이유", 2016. 5. 23, http://www.ohmynews.com/NWS_Web/View/at_pg.aspx?CNTN_CD=A0002211732. (홈페이지 접근일 2016.12.24.)

정한 여성의 문제가 아니라, 바로 우리의 문제이다. 또한 여성 혐오는 여성뿐만 아니라 남성도 함께 저항해야 하는 한국 사회의 문제이자 한국교회의 문제이다. 이를 위해, 한국교회는 신앙공동체의 가르침(디다케), 공동체(코이노니아), 예배(레이투르기아), 말씀선포(케리그마), 섬김/봉사(디아코니아)의 행위에서, 교회의 평등한 관계성 속에서, 여성 또한 남성과 동등하게 하나님의 귀한 형상임을 가르쳐야 한다. 한국교회를 세우고 변화시켰던 기독교교육을 통해, 한국교회 내 모든 구성원들이 '여성'이 아닌, '여성 혐오'를 혐오하며, 온전히 평등한 관계적, 교육적 공동체가 되도록 다양한 실천적 노력이 지속적으로 필요하다.

정(情), 혐오에 대한 저항과 환대의 공간
— 스피박의 폐제와 전 지구적 사랑을 중심으로

최유진

I. 들어가는 말

요사이 한국 사회는 '혐오'란 단어에 혐오가 생길 정도로 혐오 현상이 넘쳐난다. 더구나 모든 혐오를 극복하고, 무화無化시키신 예수 그리스도의 사랑을 실천해야 하는 교회에서도, 혐오를 조장하고, 혐오 행위에 공모하는 것이 목격된다. 남성 중심적인 가부장 문화 속에서 형성-유통-해석된 서구기독교 전통이 한국 사회의 유교가부장 문화와 부정적인 화학적 결합을 하여 한국교회 안의 성차별은 더 공고해졌고, 그 결과 강력한 여성 혐오의 효과를 내고 있다. 한국교회 안에서 구체적으로 벌어지고 있는 여혐 현상을 극복하고, 혐오당하는 여성들에게 복음이 진정한 기쁜 소식이 될 수는 없는가? 교회가 혐오 발화자의 공간이 아니라 혐오 수취인들의 저항과 환대의 공간으로 기능할 수 있는가?

이에 본고는 맑시즘과 해체론을 사용하여 문학비평을 하는 페미니스트 가야트리 스피박Gayatri C. Spivak의 "전 지구적 사랑planetary love"이라는 개념을 한국인의 정(情) 개념으로 전유하여 교회가 혐오에 대한 저항과 환대의 공간이 될 수 있다고 제안할 것이다.

II. 혐오와 폐제(廢除, foreclosure, forclusion, Verwerfung) 그리고 전(全)지구적 사랑

2015년 메르스 사태 이후 한국 사회에 여성 혐오 현상이 본격화 되었다. 물론 이전에도 여남의 비대칭적 이분법에 근거한 여성 비하 태도와 행위들은 많았다. 그러나 학자들이 '혐오'라는 말에 주목하는 것은 이 말이 지닌 '정동(情動)'적인 성질 때문이다. 법철학자인 마사 너스바움Martha Nussbaum은 감정이란 그 대상과 대상에 대한 믿음에 의해 발생한다고 보았다. 그런데 여기서 대상에 대한 믿음은 객관적인 면과 주관적인 면이 함께 얽혀있는 가치평가의 영역이고, 따라서 감정에 의거해서 법적인 처벌 등의 공적 실행을 감행할 때는 이 감정이 근거 없는 믿음에 근거한 것인지, 합리적인 근거에서 나온 것인지, 타당성 여부를 잘 따져 보아야 한다고 주장한다.

그녀는 혐오는 그것과 비슷한 효과를 내는 감정인 분노와는 매우 다르다고 보았다. 법학자가 보기에 분노란 감정은 손상에 대한 반응이기 때문에 합리적으로 받아들일 수 있지만, 혐오는 "전염이라는 신비적 생각과 순수성, 불멸성, 비동물성—우리가 아는 인간 삶의 선상에 놓여 있지 않은—에 대한 불가능한 열망을 담고 있기 때문에 전형적으로 비합리적"이라는 것이다.[1] 따라서 그녀는 혐오가 법의 기반이 되는 것에 반대한다. 그녀의 혐오에 대한 이러한 부정적인 반응은 혐오가 역사 속에서 지배계급의 이익을 위해 사용되었다는 사실 때문에 더 굳어지게 된다. 그녀는 "지배 집단은 자신이 지닌 동물성과 유한성에 대한 두려움과 역겨움을 느끼게 하는 집단이나 사람에게 혐오를 드러냄으로써 이들을 배제하고 주변화"해 왔다고 주장한다.2 또한 혐오는 전염이라는 핵심 관념을 통해 공고해지는데 사회는 성원 모두를 전염시키지 않기 위해 사회 구성원을 "서열화해서 특정 계층을 오염되어 있고 혐오스러운 집단으로 단정"한다는 것이다.3

이상에서 본 것처럼 너스바움은 혐오라는 기제가 갖는 비합리성, 무논리성을 반박한 반면, 버틀러Judith Butler는 '미러링mirroring' 전략을 소개하며 혐오 대상이 혐오를 발화하는 주체에게 저항할 수 있음을 역설한다. 그녀는 언어의 수행적 특성에 주목한 오스틴John Langshaw Austin의 언어이론을 사용하여 혐오 발언에 대한 연구를 수행한다. 버틀러는 혐오 발언을 오스틴의 언어행위 분류 중 '발언내행위'로 분류한 랭턴Rae Helen Langton과는 달리, '발언효과행위'로 분류한다. 발언내행위란 그것이 말해질 때 즉각적으로 선동하고, 폭력으로 작용한다고 간주되기 때문에 혐오 발언의 대상인 수취인이 저항할 수 있는 여지가 없다. 그러나 버틀러처럼 혐오 발언을 발언효과행위로 분류하면 처음 발언된 맥락에서 그 발언을 재맥락화시킬 수 있는 가능성이 열리고 저항할 수 있게 된다.4 발화자의 의도를 넘어서게 된다. "언어 행위와 그 효과 사이의

---

1 마사 너스바움/조계원 옮김, 『혐오와 수치심: 인간다움을 파괴하는 감정들』(서울: 민음사, 2015), 36.
2 앞의 책, 37.
3 앞의 책, 159.

간격을 인정하는 것은 저항 발언counter-speech, 즉 일종의 되받아쳐 말하기talking back의 가능성을 열 수 있다"는 것이다.5 혐오를 상대화시키고 혐오 발화자의 의도를 무화시켜 그 말에서 자유로워질 수 있다는 뜻이다.

버틀러가 제안한 미러링 전략으로 우리는 혐오에 완전히 포획되지 않는 해방공간을 상상할 수 있게 되었다. 그렇다면 우리는 어떻게 하면 이런 저항 발언이 허용되는 저항의 공간을 열어젖힐 수 있을까? 스피박은 라캉Jacques Lacan의 용어를 전유해서 소개한 '폐제'란 개념에 주목하여 저항 공간의 가능성을 타진하려고 한다. '폐제'란 본래 "저당물의 반환권 상실"을 의미하는 법률 용어였다.6 라캉은 이 '폐제'란 용어로 신경증과 정신병을 구분하는데, 신경증은 '어떤 것을 억압한 후 나타난 징후'인데 반해, 정신병은 '존재하는 것을 마치 없던 것처럼 취급하는 것'이다. 다시 말하면, 정신병은 억압이 아닌 폐제로 인한 병이다. 폐제된 것은 "사건이 발생할 가능성"이 아니라, "불가능의 표현 자체를 가능하게 하는 기표 혹은 기표들"이다.7 이는 화자가 '무언가가 불가능하

---

4 유민석은 발언내행위는 무언가를 말하면서(in saying so) 수행되는 행위이며, 말하는 순간에 그것을 행하는 것이라고 전한다. 예를 들어, 판사가 재판장에서 피고에게 "유죄를 선고한다"라고 하는 말이 여기에 속한다. 발화내행위는 사회적 관습의 맥락에서 그 효력을 발한다. 이에 반해 발언효과행위는 무언가를 말함으로써(by something) 어떤 효과를 생산한다는 것이다. "누군가에게 무언가를 믿게 하거나 그에게 어떤 행동을 수행하도록 하는 효과와 같이 특정한 결과들을 야기시키는 것이다." 유민석, "혐오 발언에 관한 담화행위론적 연구: 랭턴과 버틀러의 이론을 중심으로," (동국대학교 석사학위 논문, 2015), 10, 20.
5 주디스 버틀러/유민석 옮김, 『혐오발언』 (서울: 알렙, 2016), 38.
6 딜런 에번스/김종주 외 옮김, 『라깡 정신분석 사전』 (서울: 인간사랑, 1988), 409; 대니 노부스 편, 문심정연 역, 『라캉 정신분석의 핵심 개념들』 (서울: 문학과 지성사, 2013), 71에서 재인용.
7 대니 노부스 편, 『라캉 정신분석의 핵심 개념들』, 72.

다'라고 진술하는 것이 아니라, 이런 진술을 발화하기 위한 언어적 수단이 화자에게 결여되어 있는 사실을 가리킨다.8 이와 같이 폐제라는 개념은 기존 담론체계에서 포착할 수 없는 존재를 발견해 내어서 이 존재가 말을 할 수 있는 지점을 상상할 수 있도록 돕는다.

스피박은 '언어적 수단이 결여된 존재'인 '폐제된 존재'가 저항공간을 형성하는 것에 관심을 기울인다. 스피박은 '폐제된 존재'라는 개념으로 정치적·군사적 식민 기간이 끝났으나 경제적·문화적으로는 여전히 식민주의 영향을 받고 있는 포스트식민주의 시대의 약자들을 설명하고자 했다. 이들은 '서구적 주체'라는 개념으로는 포착할 수 없는 존재이다. 이들은 과거 식민주체국들과 구미의 경제 강국을 중심으로 형성된 신新식민체제에서 재현되지 못하거나, 재현되어도 서구의 관점으로만 재현되는 남반구(제 3세계)의 여성들이다. 그녀는 이런 폐제된 여성들에게 '서발턴(subaltern, 하위주체) 여성'이란 이름을 붙이기도 한다.9 스피박은 전 지구적 자본주의의 바탕 위에 그려진 신식민체제 속에 생존해야 하는 이들의 폐제된 목소리를 들어야 할 윤리적 과제가 우리에게 있다고 밝힌다.

---

8 앞의 책.
9 '서발턴'은 그람시(Antonio Gramci)가 '시골 농민의 비조직적 집단'을 부를 때 쓴 말이다. 스피박은 이 말이 사회적 억압을 경제적인 문제로만 환원한 마르크스의 '프롤레타리아'가 보지 못한, '억압의 중층의 결'인 젠더, 인종, 섹슈얼리티를 함께 고려할 수 있게 해준다고 보았다. 그녀는 이 개념으로 계급, 가부장적 담론과 가족, 식민주의 국가에도 종속되어 있는 제3세계 여성들의 곤궁에 주목한다. 스피박처럼 본다면 서발턴 개념의 범위가 확장되어 전임 인도 수상 역시 계급적으로는 하위주체에 속하지 않지만, 그녀도 역시 하위주체였다고 주장할 수 있게 된다. 그 근거는 간디가 일반 유권자들은 물론이고 국민의회의 나이든 남성 당원들의 정치적 지지를 얻어내기 위해 자신의 지위를 여성으로, 어머니로, 과부로 조작했다는 것이다. 스티븐 모튼/이운경 옮김, 『스피박 넘기』(서울: 앨피, 2003), 95, 119, 117.

폐제된 여성들, 즉 서발턴 여성들은 국제노동분업의 가장 밑바닥의 하도급 노동자들로서, 자신의 노동으로 전 지구적 자본주의를 떠받치고 있으나 정작 자신들의 노동의 대가를 정당하게 받지 못하는 사람들이다. 이들은 남성중심의 생산노동이론에서 말하는 마르크스의 '프롤레타리아'라는 말로 포착할 수 없는 사람들이다. "이들 여성 노동자들은 유능한 노조대표나, 경제적 착취를 막아줄 어떠한 보호막도 갖지 못했을 뿐만 아니라, 그들의 젠더화된 몸은 가족, 종교 혹은 국가관계를 포함하는 가부장적 사회관계 속에 놓인 동시에 이 사회관계를 통해 규율됐기 때문이다."10 그녀는 레먼 부르더스Lehman Borthers사가 컴퓨터로 15분을 일하고 2백만 달러를 벌 때, 티셔츠 한 장을 구입하기 위해 2,287분 일하는 스리랑카 여성들을 주목한다.11 이렇듯 남반구 여성의 독특한 존재형태를 기술하는 폐제는 억압과는 다르다. 억압은 적어도 존재 자체는 인정받을 수 있으나 폐제는 존재 자체를 기입할 기표 자체가 없는 것이고, 그렇기 때문에 저항할 언어적 수단이 없다. 스피박은 이런 폐제된 여성들은 경제적 착취를 당하는 것과 동시에 구미 중심의 지식생산 구조 속에서도 소외되어 있다고 본다. 그녀는 영어로 소통되는 구미 중심의 기존의 비교문학으로는 이들의 문학과 언어 및 목소리를 듣고, 재현해낼 수 없다고 주장한다. 그녀는 그들의 언어에 근거해서, 또는 그들의 관점으로 제대로 된 번역에 근거한 새로운 비교문학의 필요성을 역설한다.

그녀는 새로운 비교문학의 관점에서 히말라야 산악지대에 존재했

---

10 앞의 책, 186.
11 가야트리 스피박/태혜숙 옮김, 『다른 세상에서: 문화정치학 에세이』 (서울: 여이연, 2003), 350.

던 '시르므르' 왕국의 왕비 '라니'의 순장을 분석해낸다.12 라니의 남편은 영국식민주의자들에 의해 폐위되었고, 어린 왕자를 섭정하던 그녀도 결국 순장된(한)다. 그녀의 죽음은 영국 식민주의자들의 언어로 보자면, 인도가부장제에 의한 희생인 반면, 인도 민족주의자들의 편에서 보면 그 당시 종교적인 순례에 참여할 자격이 없는 여성이 남편을 따라 죽어야만 가능한 순례자의 반열에 오르는 자유로운 종교행위이다.13 그러나 또 다른 의미의 층위는 남편의 모든 재산이 부인에게 상속되기 때문에 가부장적 부의 대물림을 위해서는 부인이 반드시 순장되어야 한다는 사실이다.14 스피박은 라니의 죽음을 둘러싼 이 모든 중층의 언어 속에서도 그녀의 목소리를 들을 수 없다고 평한다. 그녀의 몸과 언어는 삭제되고 폐제된다.

스피박은 이런 폐제된 이들을 주체로 환대하려는 의도를 가지고, 그들의 목소리에 대한 (불)가능한 재현을 만들어내고자 한다. 그녀는 이들의 목소리가 들려지게 하기 위해 전 지구적으로 안전한 공간을 만들어내는 것에 힘을 쏟는다. 지배자들은 끊임없이 사랑, 이성, 박애, 문명화, 기독교화 사명을 연관시켜 제국주의와 식민주의의 폭력을 위장하고 정당화하는 데 이용한다.15 그러나 그녀는 주체와 타자의 이분

---

12 가야트리 스피박/태혜숙 외 옮김, 『포스트식민이성비판』 3장 '역사'를 보라. 이 장은 *History and Theory*라는 책에 수록된 「시르무르의 라니: 문서보관소 읽기에 관한 에세이」(1985)와 *Maxism and the Interpretation of Culture*란 책에 수록된 「서발턴이 말할 수 있는가?」(1988)를 1990년대 중-후반 맥락에서 다시 쓴 것이다.
13 스티븐 모튼, 『스피박 넘기』, 120
14 임옥희, 『타자로서의 서구: 가야트리 스피박의 『포스트식민이성 비판』 읽기와 쓰기』(서울: 현암사, 2012), 160
15 Anne Joh, "Loves' Multiplicity: Jeong and Spivak's Notes Toward Planetary Love," *Planetary Loves: Gayatri Spivak, Postcoloniality, and Theology*, ed. Stephen Moore

법에 기초한 보편적인 사랑, 박애주의적 사랑, 시혜적인 사랑이 아니라 전 지구적 사랑planetary love을 상상하자고 제안하며, 우리의 완고한 공간을 가로지르기를 제안한다.16 한국계 재미在美 신학자 앤 조Wonhee Anne Joh는 스피박의 "전 지구적 사랑"이 한국의 정과 공명할 수 있다고 주장한다. 스피박을 가로질러 앤 조의 주장에 기대어 본고는 정을 저항과 환대의 공간으로 제시하려고 한다.

III. 정(情): 저항과 환대의 공간을 열어젖힘

정이란 무엇인가? 정情은 어원적으로 마음 '심心' 자와 푸를 '청靑' 자가 합쳐진 말로, "인간의 때 묻지 않고 조작되지 않은 순수한 본심"을 뜻한다.17 푸를 '청' 자에는 본디 '맑고 순수하다'는 뜻이 있다. 이런 한자어 情은 한국문화에 토착화되어 다음과 같은 의미로 사용된다. "정이란 주어진 대상에 대한 직접 또는 간접적 접촉과 공동 경험을 통하여 무의식적으로 형성된 일종의 정신적 유대감"이다.18 '정'이란, 관계 속에서 발현되는 정서임을 알 수 있는 대목이다. 정에 대한 여러 정의가

---

and Mayra Rivera. (Bronx, NY: Fordham University Press, 2010), 292, 300.
16 가야트리 스피박/문화이론연구회 옮김, 『경계선 넘기: 새로운 문화연구의 모색』(서울: 인간사랑, 2008), 142-3
17 이규태, 『한국인의 정서구조 2』(서울: 신원문화사, 1994), 65. 정에 대한 정의는 필자의 졸고, "앤 조(Anne Joh)의 정(情)기독론과 삼위일체론적 고찰,"「한국조직신학논총」32 (2012, 06)을 보라.
18 김영룡, "잔잔한 정의 나라, 한국," 임태섭 편, 『정, 체념, 연줄 그리고 한국적인 인간관계』(서울: 한나래, 1995), 17.

있으나 정을 구체적으로 기술하면서도 정이 가진 긍정적인 면모를 잘 드러내주는 강영안의 설명을 살펴보겠다.

> 정을 통해 우리는 사시사철 변화하는 자연과 관계를 맺고 있고 정을 통해 사물과 사건의 변화와 흐름을 감지하고 정을 통해 우리는 사람과 관계한다는 뜻이다. 그러므로 세계와 인간을 객관적으로, 초연하게, 감정을 전혀 개입시키지 않고, 마치 저 세상 사람이 쳐다보듯이 그렇게 하지 않는다. 주관과 객관의 분리가 여기에는 없다. 언제나 가까이 서서, 감정을 개입시켜, 온몸으로 사람과 일을 하는 것이 우리들이 가진 일반적인 정서라고 하겠다. 정겹게, 정답게 세상을 본다고 말할 수 있다.[19]

위와 같이 세계와 인간을 정으로 얽힌 눈으로 보는 사람들은 혐오하는 자와 혐오 대상, 주체와 타자라는 강고한 이분법에 균열을 낼 수 있는 가능성이 있어 보인다. 앤 조가 정을 말하고자 하는 맥락은 스피박이 문제시한 자본의 그리드로 모든 존재를 추상화하고, 구미 중심의 지식생산구조를 비판 없이 유통하는 세계화$_{globalization}$이다. 스피박은 자본과 강국의 힘이 나머지 지역의 존재와 경험을 식민화시키는 '세계$_{globe}$'에 기반한 세계화시대의 대안을 찾아 나선다. 그녀는 '세계$_{globe}$'에 대한 대안적인 개념으로 '지구$_{planet}$'를 제안하며, 전 지구를 위한 정의롭고 평등한 세계시민사회를 모색하려고 애쓴다. 행성으로서의 지구는 자본과 구미 중심의 세계가 아니라 구체적인 지역에 구체적인 사람들이 살고 있는 곳이다. 우리가 자본과 구미 강국의 지식 체계를 넘어서

---

19 강영안, "정(情)의 현상학," 「서강인문논총」 13(2000, 12), 33.

서 세계의 한 사람, 한 사람, 한 생명, 한 생명을 귀중히 여기는 관점으로 전 지구를 상상한다면 약자들을 탈취하여 이익을 취하고, 약자들을 대상화하여 지식체계를 형성하는 약육강식의 삶의 형태를 버릴 수 있게 될 것이다. 이렇듯 행성으로서의 지구는 시공간을 가로질러 타자가 서 있는 구체적인 지점을 상상하는 타자를 향한 사랑에 열려있는 공간이다. 바로 이런 이유로, 행성지구에서 주체로 살아가며 실천해야 하는 덕목이 전 지구적 사랑이다. 우리가 전 지구적 주체로 살아갈 때 "타자성은 우리의 변증법적 부정이 아니고 우리를 내던지는 만큼 우리를 그 안에 담고 있기도 하다."[20]

앤 조는 스피박의 견해에 나쁜 의미의 세계화의 악영향에 대처하기 위해 전 지구적 사랑의 필요하다고 보며, 이러한 전 지구적 사랑을 '정'으로 볼 수 있다고 주장한다. 앤 조는 우리가 정으로 이 세계를 보고, 정을 실천할 때 전 지구적 주체로 살아갈 수 있다고 보았다. 정은 헤겔의 변증법으로 지양될 수 없는 우리 안의 타자의 그림자를 인정할 수 있다. 그것과의 공모로 우리의 자아가 마모되고 훼손되기도 하지만 우리는 이 타자를 떨쳐버릴 수 없고, 떨쳐서도 안 된다. 다만 협상할 뿐이다. 정은 자아와 타자의 강고한 이분의 틈새에서 자라난다.[21] 정은 자아와 타자가 함께 공유할 수 있는 공간을 열어젖히고, 이 둘의 이항대립에 저항할 수 있게 돕는다.[22] 앤 조는 어린 시절 미국 이주 경험을 바탕으로, 자아·타자 사이의 완고한 이분법으로는 풀리지 않는 정체성과 관계성의 암연을 정에 있는 정서적 '끈끈함'에서 발견한다. 그녀

---

20 스피박, 『경계선 넘기』, 144.
21 Anne Joh, "Loves' Multiplicity," 289.
22 앞의 글.

는 정이 자아와 타자 사이의 선명한 분리 속에서 나온 서구적 사랑love 보다는 급진적인 사랑이라고 제안하기에 이른다.

물론 이러한 정은 한국인들, 특히 한국 여성들에게 부정적인 기능을 해 온 것은 사실이다. 첫째, 영-몸, 인간-자연, 이성-감정, 남성-여성 등과 같은 그리스 사상의 위계적 이분법을 통해 우리는 대체로 감정적인 차원인 정을 여성과 연결한다. 이로 인해 남성은 이성적이고, 여성은 감정적이라는 이분법을 강화시키고, 정이 파생하고 있는 용서, 인내, 수용 등의 가치와 덕목들을 여성과 연결시켜 여성해방적 실천을 불가능하게 할 수 있다. 둘째, 한국과 정을 연결시키는 것은 변화하는 한국을 낭만적 과거에 고착시키는 우를 범할 수 있다. 강남순은 많은 아시아 학자들이 서구에 대한 의존을 극복하기 위해서 아시아의 정체성과 가치를 고정시켜 놓고, 자신들의 옛 전통들을 과대평가하는 본질화와 낭만화 경향이 있다고 비판한다.[23] 또한 김나미는 서구와 아시아라는 이항대립 속에서 아시아를 "정태적이고, 고정된 몰역사적인 실체"로서 획일적으로 규정하면 안 된다고 경고한다.[24] 우리 사회는 이미 많은 부분 서구화되었고, 한국의 모든 지역과 모든 세대가 균질화되어 정으로 넘치지도 않는다. 한국에도 다양한 지역과 다양한 세대가 공존한다는 말이다.

앤 조가 사용하는 정 개념을 비판적으로 바라볼 필요는 있으나 그녀

---

[23] Nam-soon Kang, "Confucian familism and its social/religious embodiment in Christianity: reconsidering the family discourse from a feminist perspective," *Asia Journal of Theology* 18, no.1 (April/2004), 170.

[24] Nami Kim, "'My/Our' Comfort not at the Expense of 'Somebody Else's': Toward a Critical Global Feminist Theology," *Journal of Feminist Studies in Religion* 21 (Fall/2005), 81.

가 '정'을 사용하는 맥락은 이미 우리의 손을 벗어나 있다는 것을 우리가 인정할 필요는 있다. 식민·전쟁·독재의 역사 속에서 부정의한 정치경제구조가 청산되지 않은 채 약자로서의 압제를 경험한 한국인들에게 해방이란, 억압을 해체하는 것이고, 정은 우리를 수동적이고 무력하게 만드는 것으로 우리의 억압을 강화시키는 것일 수 있다. 그러나 상대적으로 여유 있는 승리자의 입장에 서있고, 상대적으로(적어도 자국민들에게 또는 자국민들에게도 차별적으로) 정의로운 구조를 갖고 있는 제1세계 미국에서 약자들을 위한 신학을 하는 그녀는 이러한 가슴 아픈 분열을 가로질러 용서와 화해로 나가고 싶은 열망이 있는 것이다. 그녀에게 중요한 질문은 '억압받는 사람들이 (강요로 이루어진 것이 아닌) 자발적인 용서와 화해 없이 자신을 훼손하지 않고 살 수 있는가'이다. '해방과 투쟁의 선봉에 서서 남을 미워하는 것으로 자신의 구원을 이룰 수 있는가'이다. 정의를 위해 적에 대항해 투쟁을 지속적으로 한 사람은, 메마르고 지치는 자신을 발견할 것이다. 니체의 표현대로라면 우리는 괴물과 싸우기 위해 괴물이 되어 버릴 수 있는 위험을 인지해야 하는 것이다.

이런 맥락에서 앤 조에게 정은 수동적이거나 행위 주체성을 상실하는 행위가 아니다.25 오히려 정은 행위 주체성을 발휘할 수 없는 상황에 처해진 사람들이 행위 주체성을 실천할 수 있게 돕는다. 그녀는 폐제된 사람들이 정을 실천하는 것이 어렵다고 생각하겠지만 아이러니하게도 정은 폐제의 한복판에서 생겨난다고 주장한다. 주변화에 처해진 사람들은 타자를 완전히 점령하지 않고, 오히려 타자에게 정을 베

---

25 Anne Joh, "Loves' Multiplicity," 305.

풀며 그들의 환심을 사는 전략으로 생존한다. 약자들은 매일 정을 실천함으로써 강자를 이기고 자신들의 행위 주체성을 확보한다. 정은 자신과 타자의 존엄과 가치를 모두 고려하고, 모든 불의에 대한 근절보다는 오히려 끊임없는 불의와 고통 속에 사는 사람들 사이의 네트워크를 형성하는데 도움을 준다. 좋은 번역이란 문자역이 아니라 새로운 공간의 창조에 있다고 말한 트린 민하Trinh T. Minh-ha의 말을 경청한다면 우리는 앤 조의 노력, 즉 정을 한국인의 특별한 정서나 에토스가 아니라 개인주의적 경향이 상대적으로 약한 곳에서 발견할 수 있는 보편적인 정서로 자리매김하려는 노력을 긍정적으로 평가할 수 있다.[26]

우리는 한국교회사에서 폐제된 사람들을 위한 저항과 환대의 공간이 실제로 열려 있었던 사실을 기억한다. 이숙진은 한국 기독교 초기 대부흥운동이 여성 주체를 형성하는 공간으로 기능했다고 본다.[27] 유교 문화에 기반을 둔 독특하고 강력한 가부장제 속에서 여성들은 늘 폐제되어 왔다. 그러나 기독교의 전래로 이름 없는 여성들이 이름을 얻고, 글을 읽게 되었고, 발화하게 되었고, 교회 공동체의 리더들, 이웃을 섬기는 주체로 자라갔다. 선교사들과 조선의 남성 성도들은 점점 이런 여성들의 진격을 달가워하지 않았으나 여성들에게 작용하는 성령의 역사가 그런 성역할 고정관념 등을 전복시켰다. 그녀에 의하면, 물론 한국교회의 처음 여성들 모두가 항상 순도 높은 투쟁으로 가부장주의에 저항했던 것은 결코 아니었다. 오히려 그들은 "가부장주의의 포획장치에 걸려들어 그것에 적극적으로 공모"하기도 했다. 그러나 이

---

[26] 앞의 글, 290.
[27] 이숙진, "대부흥운동기 여성공간 창출과 여성주체 탄생," 「한국기독교와 역사」, Vol.31(2009).

숙진은 그들이 하위주체라는 지배담론의 헤게모니 안에 머물 수밖에 없는 태생적 한계를 지니고 있지만 때로는 내부를 파열시킬 수 있는 근거지 역할"을 했다는 의미에서 높이 평가했다.28

초기 한국교회가 여성들이 주체가 되는 저항과 환대의 공간이었다는 기억은 여성 혐오 현상으로 얼룩진 현 한국 사회와 한국교회에 그러한 공간을 만들어 낼 수 있다는 용기를 준다. 그리고 우리에겐 그런 기억이 또 하나 있다. 한국계 재미 종교사회학자 캘리 정Kelly Chong은 1996에서 1999년 사이 16개월 동안 남한의 복음주의 두 교회(강남에 위치한 장로교회와 강북에 위치한 감리교회)의 96명의 교인들과 리더들을 심층 인터뷰한다.29 이 두 교회는 주로 중산층이 다니는 복음주의권 교회이고, 인터뷰이들도 중산층 기혼여성과 그 여성의 남편이었다. 그녀의 연구결과는 이렇다. 서구의 진보적인 여성들의 눈에는 한국의 복음주의 교회가 여성을 억압하는 것처럼 보이지만, 교회 안의 여성들은 자신들의 자아실현을 돕는 장치로 오히려 교회를 이용하고 있다는 것이다. 복음주의 교회에 여성 신도들이 모이는 이유는 (이것이 한국교회 부흥의 원인이라고 할 수 있는데) 우선, 교회에서 그들은 자신의 전 존재를 받아주시는 하나님의 압도적인 사랑을 맛보고 심리적인 치유를 경험한다(주로 가정문제). 또한 교회는 남편의 외벌이만으로도 살 수 있는 중산층 기혼여성들인 그들이 가정을 벗어나 자신의 존재를 인정받을 수 있게 해주는 곳이다. 교회 생활을 통해 공적인 영역에서 리더십을 발휘할 수 있게 된다. 마지막으로 교회는 폐쇄적인 핵가정 중심의 도

---

28 앞의 논문, 65.

29 Kelly Chong, *Deliverance and Submission: Evangelical Women and the Negotiation of Patriarchy in South Korea* (Harvard University Press, 2008), 32-33.

시생활 속에 이웃과 소외되어 사는 그들에게 친밀한 공동체적 지원을 해주었다.

캘리 정은 이같이 교회가 제공하는 자원들은 여성 성도들의 힘 기르기를 위한 모판이 되어 주었고, 나아가 성별 저항의 수단을 제공했다고 평한다. 실제로 많은 인터뷰이들은 가정생활에서 위기를 겪고 있었는데 교회 생활을 통해서 가부장적 가정 구조에서 생존할 수 있는 힘을 제공받았다고 진술한다. 예를 들어 고부간의 갈등이나 권위적인 남편과의 갈등 관계 속에서 결혼생활의 위기를 겪지만 이 체계 안에 살아남기 위해 자신의 저항성을 잠시 내려놓고 '순종'의 길을 전략적으로 선택한다는 것이다. 또한 이런 전략적인 방법은 예수 그리스도께서 죄인인 나를 받아주시는 전폭적인 용인과 허용 속에서 주어지는 심리적 공간 때문에 취할 수 있다. 따라서 캘리 정은 교회 여성들에게 교회 출석은 자신의 사회적 심리적 공간을 만들어가는 전복적인 수단이고, 이런 과정에서 남성 중심의 가족 구조의 요구에 대항할 수 있었다고 평하고 있다.[30] 그러나 필자는 성별 관계, 가족관계의 구조적인 개혁의 기반 없이 개인적인 접근만으로 부여되는 여성들의 힘 기르기는 결국 가부장적 가정과 교회 구조에 길들여져서 가부장제의 부역자로 남게 되는 한계가 있다고 생각한다. 실제로 캘리 정의 분석은 교회가 여성 성도들에게 주는 여러 가지 혜택을 논했으나 가부장제적 교회에 대한 비판적인 분석은 하지 않았다.

이 같은 캘리 정의 분석에서 앞서 언급한 '폐제'와 '정'과 연결해볼 때 흥미로운 접촉지점이 발견된다. 스피박의 말처럼 폐제된 사람들을

---

[30] 앞의 책, 133.

재현하는 과정 속에서 그들을 재현하는 서구 지식인들은 그들을 투명하게 대표할 수 있다는 착각을 할 수 있다.31 캘리 정이 한국 복음주의 교회 여성들을 재현하는 과정에서 미국 교회에서는 보지 못한 부흥과 역동성을 목도하고 (그녀가 인터뷰를 한 기간이 90년대 중후반이고, 대형교회를 분석했다는 사실을 볼 때) 오리엔탈리즘(orientalism)적 경외감을 갖고 외부자의 눈으로 한국교회와 한국여성을 긍정적으로 미화한 것은 아닐까? 한국계 재미 지식인의 눈으로 재현된 한국교회 여성들은 그들의 구체적인 모습을 삭제당한 채 하버드대에서 보조를 받아 연구를 수행한 캘리 정이라는 토착 정보원의 데이터로 기능한 것은 아닐까?

그럼에도 불구하고 캘리 정이 재현해낸 한국교회 여성들에 대한 연구는 리얼리티를 반영하지 못하는 쓸모없는 연구였을까? 캘리 정의 연구가 완벽하게 한국교회 여성들의 중층의 억압을 설명하지는 못했지만 그녀는 남성중심적 교회 구조 속에서 공모하는 동시에 그들의 생존을 위해 유연하게 협상하고 있는 중산층 여성들을 담으려고 노력했다. 필자는 캘리 정이 재현해낸 한국교회 여성들은 가족과 교회를 위해 전략적으로 정의 실천을 선택한 여성들이라고 말하고 싶다. 이들은 매우 유약하고, 체제 내에서 굴종적으로 살고 있는 것 같지만 적어도 삶을 포기하거나 관계를 포기하지 않는다. 우리는 이들의 매일의 구체적이고 실제적인 실천을 삭제하지 말아야 한다는 것이다. "핵심은 여

---

31 스피박은 재현이라는 말에는 이중의 의미가 있다고 보았다. 독일어로 'darstellen'(미학적 초상으로서의 재현)과 'vertreten'(정치적 대리인으로서의 대표)이라는 뜻 두 가지이다. 우리가 "힘을 박탈당한 집단을 일관된 정치적 주체들로 구성할 때"(미학적 재현), 그 재현을 하는 정치적 대리인들이 주체로 구성하는 대상들의 목소리를 투명하게 대변할 수 있다는 착각을 한다는 것이다. 그러나 사실은 우리가 듣는 목소리는 대상들의 목소리가 아니라 대리인들의 목소리이다." 스티븐 모튼, 『스피박 넘기』. 112.

성들이 타자 배제적인 주체가 되지 않고서도 타자화(대상화)를 극복할 수 있는 방법을 고안하는 데 있다."32 그리고 이들을 기억하는 것은 혐오와 배제의 언어로 위기를 맞고 있는 한국교회 여성들에게 또 하나의 좋은 자원으로 기능할 수 있다고 본다.

IV. 정의 공간, 어떻게 환대의 대상에서 환대의 주체가 될 것인가?

이숙진과 캘리 정이 수행한 연구는 폐제되어 있는 한국교회 여성들의 행위 주체성에 대한 유의미한 연구였음에도 불구하고, 2015년 여성 혐오에 대한 대안 담론을 고심하고 있는 현 상황에 그대로 적용하기에는 시공간적 갭이 크다. 이런 의미에서 페미니스트 철학자 이현재의 제안은 혐오에 대한 저항과 환대의 공간을 만들기 위해 좋은 징검다리가 될 수 있다고 생각한다. 그녀는 현재 여성 혐오에 강하게 저항하고, 미러링하는 여성들은 기존의 이론에서 포착할 수 없는 주체도 아니고, 대상도 아닌 비체들로 규정한다. 그녀가 빌려온 크리스테바Julia Kristeva의 개념 '비체'는 "무엇이 아니다(~A)라고 말하는 방식"을 취함으로써, "그 존재를 어떤 경계에 가두기보다 그 여분의 공간, 경계의 열림에 위치시킬 수 있기 때문"에 창조적인 공간을 열기에 매우 유용하다.33 크리스테바의 비체와 스피박의 폐제는 기존 담론에서 그 언어를

---

32 이현재, 『여성혐오 그 후, 우리가 만난 비체들』(들녘, 2016), 31
33 앞의 책, 12-13. 전 지구적 자본주의 상황 속에서 제1세계의 부를 위해 희생되고 폐제되는 서발턴 여성의 몸은 줄리아 크리스테바가 주체(subject)도 아니고, 대상

발견하지 못하는 존재라는 점에서 비슷한 면을 가진다. 이현재는 이런 비체들끼리의 소통과 연대가 저항의 가능성을 열어준다고 주장한다. 그녀는 이러한 소통과 연대는 동정심이나 동감에 기반하는 것이 아니라, 공감에 기반한다고 전한다.34 동정심은 대상에 대한 우월성을 전제로 한 개념이고, 동감은 자아 수준에서 타자를 상상적으로 재구성하게 하여 자아와 타자의 차이를 보지 못하게 하는 개념인 반면, 공감은 결합과 상호의존성을 기반으로 하여 자아와 타자 사이의 건강한 소통과 연대의 가능성을 갖게 해 줄 수 있다는 것이다. 가장 중요한 것은 소통하는 존재들끼리의 상호성이다.

필자는 앤 조가 '전 지구적 사랑'으로 '정'을 설명했을 때, 이것은 '공감'이라는 말과 맞닿아 있다는 생각이 든다. 서구의 '사랑love'이라는 말은 대상이 꼭 동반되어야 한다. "'내가(주체가)' '너를(대상을)' 사랑한다"라는 문장 형식을 지니는 것이다. 이런 문장 형식은 주체와 대상을 명확하게 구분하고, 주체의 의도를 강조한다. 경우에 따라서는 대상이 나를 어떻게 사랑하든지 간에 '나'는 '너'를 사랑할 수 있다는 뜻을 함의할 수 있다. 이런 의미에서 서구의 '사랑'은 주체와 타자를 이분하고,

---

(object)도 아닌 주체의 정체성을 위해 배제되는 '비체(abject)'라는 말과 그 결이 같다. 크리스테바는 부정 접두어 'a'를 붙여 subject도 아니고, object도 아닌 abject(아브젝트, 비체)라는 말을 만들었다. 그러나 비체에 비해 폐제라는 말은 계급적 층위('가난한 여성', '하위주체의 여성')의 의미를 가지는 것 같다. Julia Kristeva, *Powers of Horror: An Essay on Abjection* (New York, NY: Columbia University Press, 1982), 1; "[아브젝트]는 대상과는 다르게, 우리와 분리될 수도 없고, 우리 자신을 보호할 수도 없는, 거절된 어떤 것이다. 상상적인 이질성과 실제의 위협은 우리를 부르고, 우리를 에워싼다. [아브젝트]는 동일성이나 체계와 질서를 방해하는 것이다. 경계들, 규칙들을 존중하지 않는 것. 사이에 끼어있는 것, 애매모호한 것, 혼합적인 것." Kristeva, *Powers of Horror*, 4.

34 앞의 책; 126-133.

타자를 대상화하는 시혜적인 사랑의 뉘앙스를 띨 수 있는 것이다. 앞서도 언급했지만, 앤 조는 서구의 사랑이라는 말은 식민주의자들의 문명화 사명과 박애주의적 사랑을 의미할 수 있다고 보았다. 이에 반해 우리는 정이라는 말을 사용할 때, "'나는' '너와' '정'을 나눈다"는 식으로 쓴다. 매우 상호적이고 수평적이다. 이런 의미에서 정은 결합과 상호의존성에 기반한 공감적 사랑의 면모를 지닌다. 정을 통해 진정한 환대를 만들 수 있다. 여기서 타자란 자아의 정체성을 뒷받침하기 위해 폐제된 타자가 아니라 타자의 고유한 정체성이 공감되고 지지받는 주체로 선 타자이다. 이현재는 여성 혐오가 본격화된 최근 일련의 사건들 속에서 SNS 활동 등을 통해 기존 질서에서 대상화되지 않는 존재들, 우리가 기표 자체가 없는 사람들처럼 배제시키는 사람들을 통해 획일적인 일치가 아닌 느슨한 연대의 가능성을 본다.35 앞서 언급했듯이 이들은 유연하게 네트워크를 형성하면서 살아남는다. 기존체계로는 전혀 상상할 수 없는 대안들을 만들어 나간다.

    이런 맥락에서 현재 교회 안의 모임은 아니지만 주로 이십대 비혼여성들이 SNS를 중심으로 성차별적 이론과 실천에 대한 의제를 선정하고, 논의하며, 오프라인 모임을 갖고 있는 크리스찬 영페미니스트들을 소개하는 것은 유의미하겠다. 이들은 지금까지 혐오의 대상이 되거나, 혐오 현상을 목도했으나 그 언어가 없어 침묵할 수밖에 없었던 여성들이다. 이들은 메르스 사태에서 발화한 메갈리아 사건을 통해 재점화된 페미니즘의 불꽃에서 영향을 받았고, 직접적으로는 2016년 5월

---

35 그녀는 남성연대 대표였던 고 성재기 씨의 여성가족부 비판, 일간베스트를 중심으로 한 여성비하의 확산, 반(反)페미니스트를 선언하며 IS를 떠난 김 군 사건, 소라넷 사건, 강남역 여성 살인사건 등으로 여성 혐오가 본격적으로 가시화되었다고 본다. 앞의 글, 9.

17일 강남역 살인사건에 충격을 받아 발화하게 되었다. 이들은 여성관련 집회, 강좌, 독서모임 참여를 독려하고, 실제로 이런 강좌와 독서모임을 꾸리기도 한다.

현재 크리스천 여성주의자를 자처하며 활발하게 활동하는 두 커뮤니티가 있는데 하나는 캠퍼스 선교단체 IVF 한국기독학생회에서 자발적으로 나온 '갓페미'(갓+페미니즘)와 또 하나는 감리교여성신자들을 중심으로 한 온라인 커뮤니티 '믿는페미'이다. '갓페미'는 오프라인 모임부터 시작했다. IVF 서서울지방회가 3월 8일 세계 여성의 날을 맞아 여성들만의 연합 행사인 "갓페미: 잠잠할 수 없는 자매들의 이야기"를 기획했고, 거기에 졸업생들과 타 지방회 학생들도 참가한 것이다.36 이 행사에 참여한 학생들은 그동안 교회 안에서 행해진 성차별적 가르침과 실천을 서로 이야기했다. 이때 현장에서 나온 이야기는 『갓페미』라는 책자로 제작되어 지난 9월과 10월 전국 IVF 간사단에 배부되었다.

또 하나의 크리스천 여성주의 커뮤니티 '믿는페미'는 가부장적인 교회이지만 교회를 좋아하기 때문에 교회를 버릴 수 없는 세 명의 여성이 모여 2016년 12월 교회 안의 여성주의운동을 시작하면서 생겨났다.37 올해 3월 페이스북에 '믿는페미' 페이지를 만들어 SNS 활동을 시작(현재 팔로워 1820명)으로, 독서모임, 웹진발행, 영화상영, 강남역 여

---

36 최유리, "'참자매'라는 코르셋 벗어 버리자: 20대 여성 기독교인이 느낀 교회 속 여성 혐오" 뉴스앤조이, 2017. 3. 9.
http://www.newsnjoy.or.kr/news/articleView.html?idxno=209428.

37 진선민, "예수는 페미니스트인데, 목사는 가정폭력 참으란다: 교회 다니는 페미니스트 '믿는페미'", 오마이뉴스, 2017. 9. 30,
http://www.ohmynews.com/NWS_Web/View/at_pg.aspx?CNTN_CD=A0002363911&PAGE_CD=ET001&BLCK_NO=1&CMPT_CD=T0016.

성 살해 사건 1주기 때 여성주의 예배 기획, 문대식 목사 면직 및 교회 내 성폭력 OUT 시위에 참여하고, 독려했다.

신문기사와 페이스북 페이지, 팟캐스트, 웹진, 소책자 등을 분석해 보면, '여남 평등한 파트너십 강조', '여성을 성적 대상이나 상품이 아닌 성적 주체로 간주하는 성적 자기결정권에 대한 강조', '여성 혐오적 설교에 대한 저항', '성폭력 피해자의 발화를 주의 깊게 들어주는 것' 등을 공유하고 있다.

이들은 오프라인 모임이나 팟캐스트를 통해 차별과 혐오의 경험들을 나누고 서로를 위로하며 연대한다. "정육점의 고기처럼 외모와 나이로 여성들의 몸에 등급을 매기는 것"에 대한 강한 불쾌감을 표현하며 거기에 대한 대응 매뉴얼을 작성하기도 한다.38 그 대응 매뉴얼이란 1) 불편함이 감지된 그 순간에 바로 대응하기 2) 악녀, 뻔뻔한 사람, 프로불편러가 될 필요가 있다. 3) 내 몸 인정하기 4) 남성의 시각으로 나를 보지 않기 5) 수련회에서 복장규정하지 않기 6) 페미니즘 공부하기 7) 나를 무조건적으로 지지할 아군 만들기39 대응 매뉴얼 중 일곱 번째 것이 눈에 띄는데 차별적 시선과 발언 속에서 판단하지 않고 자신을 공감해줄 사람들을 필요로 한다는 것이다.

믿는페미에서 활발하게 활동하는 '더께더께'라는 가명을 쓰는 크리스챤 페미니스트는 다음과 같은 자기 이야기를 웹진에 게재한다. 페미니스트가 되면서 다니던 교회에서 적응할 수 없어 교회를 도망쳐 나왔

---

38 "믿는페미 교회를 부탁해 팟케스트", '몸' 2화, 2017. 12. 18,
http://www.podbbang.com/ch/14291?e=22303283.
39 『갓페미: 잠잠할 수 없는 자매들의 이야기』, 12-13. IVF 모임 이후 모임의 요약과 후기를 편집한 책인데, 비매품이고, 출판사도 편집자도 표시되어 있지 않다.

고, "안전하다고 느낄 수 있는 공간"인 다른 교회에 정착했다고 고백한다.40 더 이상 페미니스트임을 숨기지 않아도 되는 곳, 상대적으로 어린 여성이기 때문에 더 많은 감정노동을 할 필요가 없는 곳, 나 자신을 있는 그대로 환대해줘서 나 자신을 긍정할 수 있게 해주는 공동체 말이다. 이런 안전한 공동체에 대한 열망은 갓페미 오프라인 모임에서도 참가자들의 후기로 표현되었다. "이야기를 나누면서 안전한 공간이 있다는 생각이 들었다. 서로 공감하는 장이 될 수 있어서 좋았다."41 "교회에서 금기시 되어왔던 것들에 대해 솔직히 터놓을 수 있어서 좋았다."42

이상의 크리스찬 영페미니스트의 증언처럼 자신을 긍정하고, 혐오의 대상에서 행위 주체로 서기 위해서는 대상들끼리의 연대가 필요하고, 이 연대를 위해서는 타자를 향해 판단중지를 하고, 그들에게 발화할 기회를 주고, 그들이 한 발화로 자신의 공동체를 비추어 보는 안전한 공간이 필요하다. 이것은 스피박의 전 지구적 사랑이 실천되는 곳이며, 자아와 타자 사이의 대립이 허물어진 정의 공간이다. 정의 실천 속에서 우리는 저항과 환대의 주체가 될 수 있다. 정의 공간이 폐쇄적일 수 있다는 비판이 있을 수 있으나 기존담론의 경계 속에서 늘 배제된 사람들에게는 '끼리끼리'의 안전한 공간이 절실하고, 이 공간을 토대로 자신들이 주체가 되는 환대의 경험을 할 수 있다.

스피박은 외부에 있는 우리가 불완전하게나마 타자를 이해하기 위

---

40 더께더께, "내가 믿는페미인 이유", 「믿는페미의 웹진, 날 것」, 2017. 3. 23.
   http://midneunfemi.tistory.com/5. (홈페이지 접근일 2018. 1. 7)
41 『갓페미: 잠잠할 수 없는 자매들의 이야기』, 36.
42 앞의 책, 35.

해서는 상상력이 풍부한 독자로서 타자의 삶을 읽어내야 한다고 제안한다.[43] 따라서 문학교육의 목표는 타자를 이해하는 힘인 상상력을 키우는 것에 두어야하고, 번역이란 언어에서 언어로 이행하는 것이 아니라 삶에서 삶으로 끊임없이 왕복하는 것이라고 한다.[44] "인간이 된다는 것은 타자를 향하는 것이다."[45] 인간이 된다는 것은 정겹게, 정답게 세상을 바라보는 것이다.

V. 정다운 교회: 저항과 환대의 공동체

믿는페미와 갓페미의 발화 활동이 지역교회에 시사하는 바는 크다. 이들은 교회에서 폐제된 여성들이 그동안 얼마나 불편했는지, 언어가 없어서 얼마나 답답했는지, 환대받을 곳이 얼마나 없었는지를 알게 해주었다. 이들이 온오프라인을 넘나들며 형성한 네트워킹은 그 동안 적절한 언어가 없어 교회에서 소외되어 있는 사람들을 연대하게 만들었다. 스피박은 지성인들(객관적 관찰자들)이 폐제된 여성들의 목소리가 들릴 수 있도록 해야 하는 과제를 안고 있다고 했다. 그러나 지성인이 이들을 투명하게 재현시키고, 대표할 수 없다. 오히려 그렇게 하면서부터 이들은 타자가 되는 것이다. 이들 스스로 언어를 발견하고, 행위의 주체로 나서는 것이 중요하다. 폐제된 사람들의 발화는 다른 사람들을 타자화하지 않고도, 주체로 행위할 수 있는 방법이고, 이를

---

43 스피박, 『경계선 넘기』, 48.
44 앞의 책.
45 앞의 책, 143.

위해 이들의 연대가 중요하다.46

그렇다면 폐제된 이들의 연대가 가부장적 교회를 개혁시킬 수 있을까? 만약 우리가 이들을 지역교회의 사역을 비판하고 보완할 수 있을 파라처치para church라고 간주한다면, 교회와 좋은 관계를 맺으며 상생할 수 있지 않을까? 만약 이들이 교회와 연계된다면 한국교회의 가부장성이 완화되고, 젠더에 대한 관점을 개혁할 수 있는 플랫폼으로 기능할 수 있지 않을까? 필자는 가능성이 높다고 본다. 한국교회사는 지역교회local church와 파라처치의 연계 모형을 이미 알고 있다. 90년대 한국교회 청년부는 파라처치인 캠퍼스 선교단체 간사들을 교회 청년부 간사나 교역자로 청빙해서 그들의 인적자원을 공유했고, 대학생들 맞춤 선교전략을 배워온 이력이 있다. 예를 들어, 외대와 경희대에 인접해 있었던 동안교회는 90년대 캠퍼스 선교단체 간사를 교회 리더로 영입하기 시작하면서 청년목회의 새로운 패러다임을 보여주었다. 높은뜻숭의교회는 예수전도단의 문희곤 목사를 청년부 사역자로 영입했다. 높은뜻숭의교회는 청년중심의 목회를 표방하는 높은뜻푸른교회를 분립개척해서, 문희곤 목사를 담임목사로 파송했다. 또한 높은뜻숭의교회에서 분립한 높은뜻씨앗교회는 예수전도단 사무실을 청년부 주일예배처소로 사용하고 있다. 파라처치가 지역교회와 갈등관계에 있기도 했지만 이런 협력관계를 맺으며 상생한 예가 꽤 있다. 80년대 민주화의 열기를 포함해서 정치·경제·사회·문화의 격변기에 대응하지 못한 교회 청년부는 그 성장세가 둔화되었고, 청년들, 특히 대학생들은 새로운 시대의 요구에 부응한 캠퍼스 선교단체를 찾기 시작했다.

---

46 이현재, 『여성혐오 그 후, 우리가 만난 비체들』, 37.

그들에게 새로운 언어가 필요했고, 그 언어를 선교단체에서 발견했던 것이다. 물론 캠퍼스 선교단체 중 CCC와 같이 기독교 우파右派의 지원을 받는 정치적으로 강한 보수성을 띤 단체도 있었지만, 시대의 아픔과 사회개혁에 아픔을 통감하고 정치적 참여를 독려하는 IVF와 같은 단체도 있었다. 믿는페미와 갓페미의 목소리를 적극적으로 수용해서 교회로 들여온다면 교회여성들이 찾지 못했던 언어를 찾을 수 있지 않을까? 둘 다 상생하는 시너지 효과를 기대해 본다. 이들은 교회를 여전히 사랑하고 있고, 교회는 성평등적 개혁이 절실히 요구되기 때문이다.

실제로 목회 현장이나 학교에서 이십대와 삼십대 여성들을 만나서 교회에 대한 불만이나 교회에 대해 바라는 점을 들어보면 거의 비슷한 반응을 보인다. 『82년생 김지영』이란 소설이 잘 묘사하고 있듯이, 어린 시절부터 가정과 학교에서 차별 없는 동등한 교육과 대우를 받고 자란 여성들이 교회에서 유통되는 성차별 담론에 문제제기를 하게 된 것이다. 오랜 시간 켜켜이 쌓여있는 남성적 관점을 객관화하지 못한 '교회'라는 위계로 매개된 성서와 하나님에 대한 해석으로 복음을 기쁜 소식으로 듣지 못한 이들의 영혼은 메말라가고 있다. 이런 상황에서 믿는페미와 갓페미의 활동을 적극 홍보하고, 그들을 교회에 초청해서 토크 콘서트를 마련해 보는 것도 좋을 듯하다. 혹은 지역교회의 젠더 감수성 진단 등을 의뢰하는 방법도 있을 수 있겠다. 또는 교회 안에 발화하지 못하는 여성들이 모여, 믿는페미와 갓페미가 만든 작업들(웹진, 팟캐스트, 페이스북 포스팅 등)을 공유하고, 스터디 모임이나 기도회, 성경공부 모임을 꾸리는 것도 좋겠다.

사실 혐오 논쟁이 가시화된 2015년 이전에도 교회 안에 여성주의 논의가 전무했던 것은 아니다. 1960년대 3세계의 해방과 미국 인권운동과 서구 여성해방운동 등을 기점으로 봇물처럼 쏟아진 해방 담론들의 영향은 한국의 민주화 운동과 맞물려 80-90년대에 한국 여성신학을 발현시켰다. 그러나 이 운동은 안타깝게도 교인들에게까지 대중화되지는 못했다. 믿는페미와 갓페미는 교역자와 신학자, 신학생들 같은 신학전문집단의 위로부터의 이론적인 운동이 아니라 사회와 소통하며 자발적으로 발화한 평신도들이 문화적인 형식으로 출발한 아래로부터의 움직임이라는 점에서 교회 안의 대중성을 확보할 수 있는 가능성을 보여준다. 또한 이 운동은 교회 안에서만 긍정적인 효과를 내는 것이 아니라, 수구적이고 성차별적 이미지를 갖고 있는 한국 개신교에도 다른 흐름이 있다는 것을 알릴 수 있는 대사회적인 효과를 낼 수 있다. 이 흐름들이 교회 안팎으로 선순환하여 그동안 폐제되어온 더 많은 여성들이 언어를 발견하고, 연대할 수 있는 여지가 생기길 기대한다.

그러나 이것과 동시에 이들의 고민에 대해 교회와 신학계는 철저한 성찰과 이론적 답변을 내놓아야 하는 과제가 있다. 갓페미 오프라인모임에서 나온 여러 이야기들 중에 일반 페미니스트들과 크리스천 페미니스트들의 차이를 고민하는 지점이 눈길을 끌었다. 한 여성은 "그리스도인으로서 여성 혐오에 대처해야 하는 태도들 또한 분별해야 할 필요성"을 언급했다.47 그녀는 미러링 전략의 과격성과 자신의 몸과 인생이 자신의 것이라는 페미니스트적 관점이 미칠 위험성, 크리스천으로서, 페미니스트로서 낙태금지법을 어떻게 바라봐야 할지 등을 말씀 안에서 끊임없이 고민해야 한다고 기록하고 있다. 크리스천 페미니스트가 어떤 점에서 일반 페미니스트들과 같고, 다른가? 기독교 정

---

47 김지영, "페미의 길, 그리스도의 길," 『갓페미』, 21-22.

체성에 핵심적인 교리인 십자가와 기독교의 핵심적인 가치인 희생, 섬김, 인내 등은 자기결정권을 주장하는 페미니스트 관점에서 어떻게 재해석되어야 하는가? 우리는 어떤 희망의 지점을 그들에게 보여줄 수 있는가? 어떤 대안적인 공동체를 보여줄 수 있는가?

이런 의미에서 성서와 기독교 전통을 여성주의적으로 재해석한 교회론을 소개하는 것도 유의미한 일이라고 본다. 앞서 언급한 더께더께의 고백처럼, 불의에 저항하고, 약자들에게 안전한 공간이 되어야 하는 환대의 공동체는 사실 교회의 본질에 속한다. 레티 러셀Letty M. Russell은 폐제된 자의 구체적인 경험에서부터 출발해 평등한 공동체를 만들기 위해 애쓰지만, 타자를 배제하지 않는 좋은 교회 모델을 제공해준다. 그녀는 교회를 둥그런 테이블에 비유하면서 교회는 '정의와 환대의 공동체'라고 명명한다. 정의와 환대의 공동체가 성서와 전통을 이해하는 방법은 '식탁의 원리'이다.[48] 이 원리는 사회와 교회의 아웃사이더들을 포함한 모든 사람들을 불러주시는 하나님의 환대의 식탁에서 유래한다. 우리 모두는 그 상에 둥그렇게 앉아서 풍성한 잔치를 즐길 것이다. 이 원리는 교회의 중심이 교회 안의 사람들끼리의 예배나 친교에 있는 것이 아니라 교회 경계 밖에 있는 사람들과 연결되는 것에 있다는 것을 시사한다. 교회는 지속적으로 "지극히 작은 자"(마 25:40)의 안위를 물어야 한다.[49] 이런 식탁의 원리는 또한 교회의 본질이 그리스도의 현존에 있다는 것을 상기시켜 준다. 그리스도는 지극히 작은 자들에게 하나님의 나라를 선포하기 위해 오셨다. 그분은 동정녀 마리아

---

[48] Letty M. Russell, *Church in the Round: Feminist Interpretation of the Church* (Louisville, KY: Westeminster/ John Knox Press, 1993), 25.
[49] 앞의 책, 25.

에게 수태되어 바로 십자가로 직행한 교리적 압축물이 아니라, 살과 피를 입고 로마의 식민지에서 수탈당하던 이스라엘 백성들과 구체적으로 조우하셨던 분이고, 그 물질적 효과를 이천년 넘게 우리에게 제공하신 분이다. 따라서 교회가 그리스도의 현존의 징표가 되기 위해서는 그리스도가 찾아다닌 지극히 작은 자들에게 주목해야 한다.[50]

이런 의미에서 러셀은 3세기 키프리안Cyprianus의 '구원의 방주'로서의 교회 개념을 넘어서야 한다고 평한다. 키프리안이 교회에 대해 저술할 당시 교회의 시대적 과업은 박해의 한복판에서 믿음을 지켜내는 것이었다. "교회 밖에는 구원이 없다." 러셀은 이 말을 다음과 같이 변형시켜 교회의 경계를 확장한다. "가난한 사람들 밖에는 구원이 없다."[51] 러셀에게 가난한 사람들은 그들의 의로움 때문이 아니라 교회가 지극히 작은 자들의 관점을 견지해 주는 매개자가 되기 때문에 중요하다. 이런 의미에서 가난한 사람들은 구원의 장소이다. 왜냐하면 그리스도가 거기에 계시겠다고 약속하기 때문이다. 가난한 사람들에 대한 하나님의 우선적 선택은 정의를 향한 선택이다. 러셀은 여기서 더 나아가 교회의 경계를 종말론적 전피조물로 확장하여 "세계 밖에는 구원이 없다"를 덧붙이고 있다.[52] 우리의 맥락에서 가난한 사람들과 지극히 작은 자를 혐오의 세계에서 폐제된 사람들, 서발턴 여성, 비체들이라고 명명한다면, 이들은 교회의 경계를 전 지구적 관점에서의 세계로 확장시키는 그리스도의 전 지구적 사랑의 품에 안겨있다. 그분의 공감적 사

---

50 앞의 책, 127.
51 앞의 책, 120.
52 로마 가톨릭 신학자 에드워드 스힐레베익스(Edward Schillebeeckx)의 말이다. 앞의 책, 122.

랑과 정다운 실천 속에 구체적으로 재현되어 그 목소리가 들릴 수 있다.

러셀은 교회가 스스로의 선명한 경계에 천착한 신학적 원인을 '선택교리' 때문으로 진단하고 선택교리가 시대마다 얼마나 가변적으로 해석되어왔는지를 추적한다. 선택교리의 요지는 '우리는 우리의 자질과 조건 때문에 선택받은 것이 아니라, 하나님의 선행적 은총에 의해 택함 받았다'는 것이다. 이것은 교회의 기본 원리인 '식탁의 원리'와 그 맥을 같이 한다. 예수 자신이 하나님께 선택받았고, 그 선택으로 모든 사람들을 환영해야 한다는 가르침이 선택교리의 출발지점인 것이다. 이런 이유로 선택교리는 기독교인들이 박해시대에 흩어지지 않고, 기독교적 정체성을 형성하는데 많은 공헌을 했다. 그러나 기독교가 국교가 되고 이 세계의 지배세력이 된 기독교 왕국 시대를 거치면서 다른 사람들을 배제하는 수단이 되고 만다. 이런 의미에서 러셀은 선택교리가 '하나님의 은혜의 선물'인 동시에 '배제의 기제'라고 평한다. 러셀은 성서 안에서는 선택받은 자가 선택받지 않은 사람들의 지배자가 되는 왜곡의 사이클이 반복적으로 나타난다고 보았다. 예를 들어 베드로전서와 야고보서는 지지와 후원이 필요한 추방된 외국인들이나 디아스포라 공동체에게 보낸 편지이다. "하나님에 의해 선택받은 사람들"인 공동체가 다시 생존하기 위해 강력한 정체성을 정립해야 하는 환경에 처해진 것이다.53 에베소서는 다시 개방된 공동체를 강조하며 보편적인 선택을 말한다. 땅의 기초를 놓기 전에 이미 그리스도 안에 있도록 선택된 존재는 하나님이 전 세계를 돌보신다는 사실을 알게 하기 위함이라는 것이다. 그녀는 이러한 선택교리를 현교회의 구체적인 상황 속

---

53 앞의 책, 168.

에서 예민하게 해석해야 한다고 경고한다.

VI. 나오는 말

지금까지 필자는 한국교회가 배제했지만, 오히려 대상화에 포획되지 않는 사람들을 위한 그리고 그 사람들에 의한 저항공간을 만들어낼 수 있다고 보고, 이 공간을 저항과 환대의 공간으로 만들어내기 위해서는 어떤 노력이 필요할까를 연구해 보았다. 앞에서도 기술했지만 저항과 환대는 공감적 사랑에 기초해서 만들어진다. 이런 공감적 사랑을 '정'이라는 한국적 정서로 다시 써보았는데 한국 여성들에게 정이 가진 부정적인 효과 때문에 앤 조를 통한 스피박의 '전 지구적 사랑'을 우회해서 기술했다. 정은 '우리끼리'라는 내부적 경계를 확고하게 하는 부정적 효과가 있지만 자신들이 배제된 담론 속에서 하루하루를 살아야 하는 약자들에게는 '저항'과 '환대'를 실천할 수 있는 따뜻한 공간으로 기능할 수 있다고 보았다. 바라기는 한국교회가 폐제된 사람들을 위한 정의 공간이 되어 저항과 환대의 플랫폼이 되길 소망한다.

왜, 민중신학은 여성을 말하지 않았나?
: 민중신학의 여성 담론을 통한 민중 개념 재고찰

박재형

I. 들어가는 말: "왜, 민중신학은 여성을 말하지 않았나?"

민중신학은 지난 시대를 관통하며 끊임없이 민중에 관하여 말해왔다. 강자와 지배자 중심의 역사 가운데 입 막힘을 당하고 감추어져 왔지만, 그 고통과 차별 그리고 억압의 과정 속에서도 역사의 고고한 맥으로 끊임없이 분출되어 왔던 민중의 목소리를 증언하고자 그 역할을 감당하기 위해 노력을 기울여 왔다. 그리고 이러한 노력을 통해 대외적으로 나름의 성과와 의미를 인정받아 왔다.

하지만 2017년 현재, 민중신학은 그 역할을 충실히 수행하고 있는가? 과거, 독재 체제에 대항하여 정치적 민주화를 열망하고 급격한 경제 개발과 성장의 과정에서 드러났던 노동자와 농민 그리고 도시빈민으로 대표되는 사회 계층의 문제를 해결하기 위해 노력하던 시기와 달리, 다양한 방식으로 은폐되고 왜곡된 사회적 갈등과 그 가운데 겪는 민중의 고통에 대해 적절한 대응과 대안을 모색하고 있는가? 이러한 질문에 직면하여 과연 우리는 '그렇다'라고 쉽게 답할 수 있을까?

사실, 이러한 질문에 답하기에 앞서 우리는 '민중신학은 지금 민중을 어떻게 이해하는가?'를 다시 물어야 할지도 모른다. 그리고 이러한 물음의 출발점으로 본고는 '왜, 민중신학은 여성을 말하지 않았나?'를 물으려 한다. 일찍이 민중신학은 '지배자와 피지배자' 그리고 '착취자와 피착취자', '억압자와 피억압자' 사이의 대결적 구도를 통해 '피지배자', '피착취자' 그리고 '피억압자'인 '민중해방'에 대한 당파적 지향을 담론의 동력으로 사용하여 왔다. 하지만 민중신학은 민중을 말할 때, 그 안에 존재하는 여성과 남성 사이의 지배와 착취 그리고 억압의 구조는 명시하지 않았다. 의도적이든 의도적이지 않든 간에 이러한 경향은 민중신학으로 하여금 남성의 관점을 통해, 남성 민중의 해방만을 담론으로 하는 남성 중심적 신학이라는 이미지를 덧입도록 했다.

민중신학은 그 출발부터 다양한 비난과 비판을 받아왔다. 그중, 소위 국내의 근본주의 기독교 진영과 일부 보수 어용/관변 단체들로부터의 일방적인 비난은 차치하더라도[1], 독일 신학자들의 '민중 메시아론'에 대한 신학적 비판[2] 그리고 국내 개혁적 성향의 신학자들과 민중신

---

[1] 정강길,『화이트헤드와 새로운 민중신학』(고양: 한국기독교연구소, 2004), 33, 각주1. 정강길은 이러한 근본주의 기독교 진영의 비판을 자기소급적이며 소모적이라고 평한다.
[2] 독일 신학자들에 의해서 제기된 민중신학에 대한 비판은 크게 급진적 종말론, 특별히 하느님 나라의 역사적, 정치적 실현에 관한 의문과 메시아적 사건에 대한 민중의 주체적 역할에 관한 의문, 마지막으로 '민중'(Volk) 개념이 갖는 위험성에 대한 의문으로 요약될 수 있다. 이러한 의문점들은 결국 민중신학이 주장하고 있는 '민중 메시아' 담론에 대한 비판으로 소급된다고 볼 수 있다. 헤르빅 바그너, "한국의 민중신학자들에게 보내는

학 내부로부터의 비판3은 지금까지 민중신학의 담론을 발전, 수정하는데 적지 않은 공헌을 해온 것이 사실이다. 그럼에도 이러한 비판들은 사실, 민중신학의 민중 개념을 흔들 만큼의 파급력을 갖지 못했다고 볼 수 있다. 그 이유는 이러한 비판들이 민중신학이 드러내는 신학적 구상에 대한 전통 신학적 시각의 외적 비판이며, 혹은 민중신학의 전개 방식 혹은 학문적 방법론에 대한 내적 문제제기였기에 그러하다. 다시 말해, 외적 비판은 민중신학 자체에 대한 몰이해 혹은 문화적, 공간적 혹은 사상적 차이에 기인한 것으로 볼 수 있고, 내적 비판은 변화되는 사회적 상황에 적절하게 대응할 수 있는 역량을 담보하기 위한 전략적 비판으로 볼 수 있는 것이다. 따라서 이러한 비판들은 민중신학의 민중담론 자체를 뒤흔드는 것이 아니다. 오히려 민중신학은 비판에 대한 변론과 방어의 과정을 통해, 자신의 민중담론을 더 강화해 나갈 수 있었으며, 다양한 관점으로 재해석할 수 있는 역량을 키워나갈 수 있었다. 왜냐하면 이러한 비판들은 '왜, 민중이어야만 하느냐?'를 물을 뿐, '다시 민중은 어떻게 이해되어야 하느냐?'를 묻지 않기 때문이다.

그간 민중신학은 '왜, 민중이어야만 하는가?'에 대해서는 사회 지배 구조에 대한 거시적 담론 무장으로 답할 수 있었다. 전 지구적 자본주의 독점 권력에 대한 변혁과 전복의 주체로서 민중을 말할 수 있었다. 민족 담론에서 외면 받았던 민중을 다시금 '민족과 역사의 주체'로 소환함으로써, 민족 내 피지배 계층들의 목소리를 대변할 힘을 가질 수 있었다. 이러한 민중 담론에는 계급과 계급 간의 차이와 갈등이 명시

편지", 이정용 편저, 연규홍 옮김, 『민중신학, 세계신학과 대화하다』(서울: 동연, 2010), 269; "민중신학자들과 독일 신학자들의 대화," 「신학사상」 제69집(1990), 398-438.
3 정강길, 『화이트헤드와 새로운 민중신학』, 33.

적이고 구체적이기 때문에 민중 해방운동을 말함에 있어서 별로 거리낄 것이 없었다. 신적 구원 사건의 주체로서 민중을 말하며 이에 대해 의문을 제기하는 입장에 대해서는 서구 신학의 이원론적 인식의 한계와 지배자의 이데올로기로 전락한 한 도그마 주의에 대항해 반기를 들면 그만이었다.4 하지만 2017년 현재, '왜, 민중신학은 여성을 말하지 않았나?'라는 물음을 통해 우리는 이전에 경험하지 못한, 아니 부지불식간에 애써 외면했던 불편한 진실에 직면하게 된다. 그 불편함은 결국 차별과 배제 그리고 억압의 최전선에 놓여 있는 '여성'을 통해 '민중'을 말하지 않음에 있다고 여겨진다. 민중신학은 민중을 말함에 있어서, 민중이 처한 고통의 체제 가운데서도 이중의 고통을 겪고 있는 '여성'을 배제해 왔다. 사실, 여성은 계급적 관점에서 다양하게 이해될 수 있다. 쉽게 말해 '여성'은 사회 계급적 관점에서 '민중'에 속할 수도 그렇지 않을 수도 있다는 것이다. 하지만 '여성'은 그 계급적 지위와 관계없이 '남성'에 대해 차별받는 위치에 처할 수밖에 없다. 이처럼 중첩된 이중적 고통의 구조 안에 위치한 모든 '여성'에 대해 과연 우리는 '민중'이라 말할 수 없는 것일까?5

　이러한 문제의식을 바탕으로 왜, 민중신학이 민중을 말할 때, 여성을 말하지 않았으며, 그것이 어떠한 의미를 갖는지 추적해 보고자 한다. 뿐만 아니라, 80년대 후반부터 시작된 '운동의 신학'으로서의 민중신학적 구상이 갖는 민중이해에 대한 한계점을 '증언과 사건의 신학'으

---

4 안병무, "개신교 세계선교협의회 신학위원회의 편지에 대한 회답," 『민중신학, 세계신학과 대화하다』, 278-295; 전철, "초기 안병무가 바라본 서구신학의 빛과 그림자," 「신학사상」 제152집(2011), 79-108.
5 손승희, "여성신학에서 본 민중신학," 「신학사상」 제66집(1989), 620.

로서의 민중신학적 구상을 통해 재고찰하려고 한다. 이는 결코 여성신학 혹은 페미니즘적 관점에서 민중신학을 비판하려는 것이 아니다. 오히려 '왜, 여성을 말하지 않았는가?'에 대한 물음을 통해 '민중신학은 민중을 다시 어떻게 말해야 하는가?'에 대한 해답을 찾아보려고 하는 것이다.

II. 민중신학의 여성담론과 그 한계

본론으로 들어가기에 앞서, 먼저 필자를 소개하고자한다. 현재 필자는 두 딸의 '아빠'이자, 전문직을 갖고 활발히 활동하고 있는 한 여성의 '남편'이다. 또한 9년여의 유학을 마치고 귀국하여 에큐메니칼 운동단체의 실무자, 대학의 시간강사 및 연구자, 교회의 부교역자 그리고 한때 입시논술 학원의 강사로도 활동해왔다. 이렇듯 귀국 후 4년여의 시간 동안 다양하다면 다양한 경험을 토대로 2017년 6월 현재 나 자신을 대표할 만한 정체성을 떠올려 볼 때, 과연 무엇이 현재의 나를 표현할 수 있을까? 아마도 공식적인 직함을 말한다면 소장(민중)신학자, 목사 정도가 될 것이다.

하지만 현재의 삶의 실질적 비중으로 따져볼 때, 특별히 필자 스스로가 일상을 통해 쏟아내고 있는 에너지의 총량으로 볼 때, 신학자 혹은 목사라는 직함만을 사용하기에는 어딘가 모르게 어색하다. 직업의 특성 상 많은 시간과 열정을 일과 연습에 몰두해야 하는 음악가의 남편/파트너로서 그리고 한참 부모의 손길이 절실히 필요한 에너지 넘치는 두 딸의 아빠로서 필자에 대한 정체성이 이미 가까운 지인들 사이에서 공공연히 통용되고 있으니 말이다. 물론 필자 자신에 대한 이러한 자기 정체성에 있어서 자발적 측면과 동시에 비자발적 측면이 모두 존재한다. 한편으로는 결혼 전 호기롭게 '너의 일을 지지하겠노라'고 약속한 것을 지키기 위한 노력의 결과이며, 다른 한편으로는 각자의 직업을 통해 산출되는 경제적 가계 기여도에 의해 밀려난 결과이기도하기 때문이다. 사실, 필자가 살아가고 있는 '남편'과 '아빠'로서의 삶은 현재 대부분의 맞벌이 가정이 겪는 경험과 크게 다르지 않다.6 그럼에도 불구하고 하나의 특이점이 존재하는데 그것은 바로 여성으로서 '아내'와 '엄마'의 역할과 남성으로서 '남편'과 '아빠'의 역할이 필자의 상황에서는 뒤바뀌어 있다는 사실이다.7 즉, 필자는 소위 가장이라는 일반적(으로 여겨지는) 역할보다는 육아와 살림이라는 소위 '여성의 역할'(이라 여겨지는)에 더 많은 비중으로 참여하고 있음으로써, 어느 정도 '중간자'의 위치에 있다고 할 수 있다.

이처럼 필자가 자신의 이야기를 장황하게 늘어놓는 이유는 자신의 개인적 경험들(육아와 살림노동)을 토대로 스스로를 여성화함으로써, 여성에 대한 즉자적 입장을 대변하기 위함이 결코 아니다. 왜냐하면, 이는 자칫 자신의 사회적 혹은 실존적 경험과 특성 일부를 근거로 인식하고자 하는 대상의 존재와 삶 전체를 공유하고 그들과 동일한 정체성을 획득할 수 있다고 하는 인식론적 착각에 빠지게 하며, 결국 그 대상

---

6 통계청 자료에 따르면 2015년 기준 한국 사회 내 맞벌이 부부는 43.9%이며, 2014년과 동일한 수준으로 증가세가 주춤하고 있다.
7 2016년 보건복지부의 '저출산-고령화에 대한 국민인식 조사'에 따르면, 20~40대 맞벌이 부부의 경우 평균 자녀 양육시간에 있어서 아내가 남편의 2.6배를 소요하는 것으로 드러난다. 비맞벌이 부부의 경우는 4.6배로 약 두 배 가까운 차이를 보인다.

에 대한 객관적 "재현representation"을 시도함으로써, 인식론적 폭력을 자행하는 우를 범하게 될 위험성이 다분하기 때문이다.8 탈식민주의 페미니스트 가야트리 스피박Gayatri Chakravorty Spivak은 일반적 학문 담론 영역에서뿐만 아니라 민중/하위주체의 해방을 지향하는 학문 담론 영역에서도 이러한 인식론적 왜곡현상이 드물지 않게 나타나고 있음을 지적하고 있다.9

전통적으로 한국 사회 안에서 '남편'과 '아버지'는 지배와 권위의 상징이었다. 그리고 2017년 현재도 여전히 남성은 수많은 '아버지들의 이름으로' 자신의 우위적 지위를 유지, 강화하기 위해 다양한 방식으로 여성에 대한 억압과 차별 그리고 혐오를 조장하고 있다. 그리고 여성의 사회적 지위는 아직도 보이지 않는 '유리 천장'에 막혀, '딸과 누이, 아내와 어머니의 이름'으로 그 사회적 역할을 강제적으로 규정당하고 있다. 이러한 현실적 상황 가운데 단지, 가정 내에서의 역할 혹은 사회적 제반 관계 속에서 여성의 일부 경험들을 공유한다고 해서 과연 여성을 재현하고 그 목소리를 대변한다고 주장할 수 있을까? 사실, 본 졸고의 문제의식은 여기서부터 출발하고 있다. 가정 내적으로 기존 여성의 역할이라고 암암리에 규정되었던 육아와 살림을 주로 감당하고 있다고 해서10, 대외적으로 자신의 가부장적 위치를 의식적으로 후퇴시키

---

8 최순양, "아시아 여성신학과 민중신학의 담론에 대한 문제 제기,"「신학논단」Vol.72 (2013), 237, 240.
9 앞의 논문, 229.
10 물론 가정 내 역할에 대한 필자 자신이 인식하는 비중은 실로 주관적이라고 볼 수 있다. 실제 경험을 토대로 볼 때, 남성 스스로가 50%의 비중으로 가사 분담을 한다고 느낄 경우, 실제 분담 비중은 대략 20% 내외로 생각하면 큰 무리가 없어 보인다. 따라서 필자 스스로가 80% 이상의 가사 분담을 감당한다고 주장할 때, 실제 비중은 대략 60%

고 '아내'의 위치를 격상시켜 공공연하게 알린다고 해서, 남성으로서의 정체성과 사회적 지위가 결코 여성화될 수는 없기 때문이다. 만약 그럼에도 스스로의 제한적 경험을 토대로 여성의 삶과 정체성을 '재현'할 수 있다고 주장 한다면, 그것은 말 그대로 '일방적 폭력'이 될 수밖에 없다. 따라서 한국 사회 내 여전히―적어도 여성에 비해― 지배적 위치를 점유하고 있는 한 남성의 입을 통해 여성을 말한다고 하는 것은, 그 자체로 이미 그 안에 여성을 "배반"할 위험성을 내포하고 있는 것이다.11

이제, '왜, 민중신학은 여성을 말하지 않았나'를 물으려 한다. 사실, 민중신학자들은 종종 여성을 말해왔다. 왜냐하면, '고난의 담지자'인 민중을 말할 때, 여성을 말하지 않는다는 것이 어찌 보면 불가능하다고 볼 수 있기 때문이다. 먼저, 현영학은 '민중'과 '프롤레타리아'를 비교하면서, 소위 "'의식화'되고 '조직화'되지 않은 농민이나 소상인 그리고 접대부 같은 여성 등은 제외 또는 소외시키고 업신여기"는 프롤레타리아 개념은 구분되어야 한다고 강조하고 있다.12 또한, 그는 자신의 민중 경험의 주요 전거로 자주 언급하는 '꼬방동네 사람들'을 묘사하면서, "창녀", "여직공", "정신대" 등의 모습으로 민중으로서 여성의 삶을 묘사하기도 한다.13 한편, 서남동은 자신의 논문 "민담에 관한 탈

정도라고 보면 될 것 이다. 이 또한 한국 남성의 전형적인 허세가 아닐까 한다.
11 최순양, "아시아 여성신학과 민중신학의 담론에 대한 문제 제기," 241.
12 현영학, "민중 – 고난의 종 – 희망," 『1980년대 한국 민중신학의 전개』 (서울: 한국신학연구소, 1990), 12.
13 현영학, 앞의 글, 15. 현영학은 고난의 종으로서 민중을 설명하면서 그 유명한 "청계천 창녀들의 싸움 이야기"를 통해 그 고난의 전형(한)을 묘사하고 있다. 그리고 이를 통해 민중의 고난을 양산해 내는 역사적, 사회적 모순에 대한 인식과 고난의 의미에 대한 신학적 해석을 이끌어 낸다.

신학적 고찰"에서 한국 민담과 문학작품 그리고 성서 이야기에 대한 민중신학적 해석을 시도하면서, 여성에 대해 언급하고 있다.14

하지만, 그들의 이러한 여성 담론은 대부분 민중 → 여성보다는 여성 → 민중의 해석 구도를 보이고 있다. 보다 자세히 설명하면, 이야기에 등장하는 각각의 여성 인물들에 대한 해석이 "힘없고 가난한" 민중의 집단적 특징("삶의 정황")에 소급되며, 그 집단적 민중의 '잠재력과 지혜'를 통한 고난의 극복과 불의에 대한 저항에 집중되어 있다는 것이다.15 사실상, 이러한 해석의 지평에서 '여성'이라는 사회적 정체성과 그 구체적 현실은 '힘없고 가난하여 고난 받는' 민중의 "사회전기"16에 편입되어 사라져 버린다.17 결국, 이러한 민중신학자들의 여성에 대한 이해는 동시에 그들의 민중에 대한 이해가 얼마나 일방적인 것인지를 드러내주고 있으며, 또한 그것이 얼마나 일면 추상적인지를 여실히 보여주고 있다.

한편, 안병무는 현영학, 서남동과는 조금 다른 방식으로 여성에 관해 언급한다. 그는 여성이 처한 다양한 실존적, 사회적 문제와 관련된 보다 구체적인 글들을 적지 않게 남기고 있다.18 따라서 위에서 언급한

---

14 서남동, "민담에 관한 탈신학적 고찰," 『1980년대 한국 민중신학의 전개』, 179-204. 이 중, 여성이 주요 인물로 등장하는 이야기는 "쇠똥에 미끄러진 범"(산골 할머니), "은진미륵과 쥐"(쥐 아가씨), "에밀레종"(가난한 어미와 제물로 바쳐진 딸), "판관 입다와 이름 없는 그의 딸"(판관 입다의 무명 딸), "춘향전"(춘향), "몽실언니"(몽실)이다.
15 앞의 글, 180; 181; 183; 185; 193; 200 참조.
16 앞의 글, 200.
17 물론 서남동은 "예수 이야기" 속 '육체의 부활'에 관한 민중신학/탈신학적 해석에서 "남성에 대한 여성의 부활"을 말하면서, 여성해방에 대한 당위성을 드러내주기도 한다. 앞의 글, 203.
18 여성에 관련된 안병무의 주요 글들은 다음과 같다. "공관복음서 연구(15): 가정윤리,"

동료 민중신학자들에 비해 그는 여성문제에 대해 비교적 많은 관심을 기울인 것으로 보인다.[19] 안병무가 자신의 글을 통해 드러내고 있는 여성에 관한 문제의식들을 간략하게 저작의 시간 순대로 정리해 보면 다음과 같다:[20]

① 결혼 및 가정에서의 남성과 여성의 관계(예수의 결혼관 및 이혼관)
② 역사와 해방의 주인공으로서의 여성성에 대한 의구심(애인, 아내로서의 여성의 한계성)
③ 정조 관념에 대한 부정과 가부장적 성(性)체제에 대한 비판
④ 국가적 (성)폭력에 대응한 여성으로서의 용기와 영웅성

「현존」제20호(1971), 11-18; "대화: 루이제 린저에게,"「현존」제79호(1977), 48-51; "한국이 낳은 해방자 권양,"『우리들의 딸 권양: 고문-성고문 자료집I』(서울: 민중사, 1987), 101-105; "우리 어머니!,"「살림」제11호(1989), 5-18; "정조관념에서 해방은 복권행위다,"「살림」제40호(1992), 5-15; "사랑은 공포에서 해방한다,"「살림」제44호(1992), 2-13; "품,"「살림」제48호(1992), 2-13;『선천댁: 늘 살아 있는 나의 어머니』(서울: 범우사, 1996).

19 여성에 대한 안병무의 이러한 관심은 1980년 5월 1일 한국 최초 개신교 수녀회 한국 디아코니아자매회 설립을 통해 드러난다고 볼 수 있다. 그는 한국전쟁 후, 폐허가 된 서울 한복판에서 대안적 평신도 공동체를 꿈꾸며 현재 향린교회의 전신이라 할 수 있는 공동체를 조직한다. 하지만 3년이 채 지나기도 전에 실패하고 마는데, 그는 그 원인을 여성에게 돌린다. 그는 여성이 갖는 무지와 이기심으로 인해 자신의 공동체 실험이 실패했다고 보고, 비난하기까지 했다. 하지만 훗날 그는 자신의 가부장적 사고에 대한 반성과 성찰을 통해 여성에 대한 선입견을 버리고 여성의 존엄성과 잠재력을 인정하기 시작한다. 그리고 결국 독신 여성으로 구성된 개신교 수녀회를 조직, 설립하기에 이른다. 김남일,『민중신학자 안병무 평전: 성문 밖에서 예수를 말하다』(서울: 사계절, 2007), 96; 313; 안병무,『선천댁』, 162.

20 안병무의 여성에 대한 주제의식은 위의 각주 19에서 제시된 글의 시간적 흐름에 따라 요약, 정리한 것이다. 따라서 이는 안병무 자신의 시간적 의식의 흐름에 따라 여성에 대한 관점이 어떻게 변화해 왔는지를 단적으로 보여준다.

⑤ 양성평등을 넘어서는 여권운동의 강조
⑥ 한의 담지자인 어머니로서 여성
⑦ 살림/생명의 주체로서 어머니
⑧ 민중의 전형으로서 어머니(선천댁)

사실, 안병무는 민중신학을 본격적으로 전개하기 이전부터 여성문제에 대한 적지 않은 관심을 보이고 있다. 그리고 우리는 그 내용과 주제의식의 변화과정을 살펴볼 때, 그가 어떠한 관점을 바탕으로 여성의 문제에 접근해왔는지 분명히 알 수 있다. 70년대 초반까지 안병무는 여성에 대한 양가적 관점을 드러낸다. 먼저, 그는 자신의 평신도 공동체의 실패 경험을 통해 여성에 대한, 특별히 '아내'로서의 여성의 역할에 대한 부정적인 감정을 서슴없이 드러낸다. 그는 자신이 시도한 대안 평신도 공동체 실험이 동료 '아내'들의 "베갯머리송사"로 인해 언제나 실패로 돌아갔다고 보고, 여성을 '마귀'처럼 여겼다고 회고한다.[21] 뿐만 아니라 여성숙의 증언에 따르면, 이 시기 그는 '여성' 자체에 대한 혐오 감정마저 분명히 드러내고 있음을 알 수 있다.[22] 하지만 동시에, 안병무는 예수의 이혼관에 관한 글을 통해 여성을 소유물로 여기는 유대인들의 여성관을 비판하면서 예수의 이혼 반대에 관한 입장을 소개

---

21 안병무, 『선천댁』, 161.
22 "연애에 빠져 범죄 해도 괜찮아. 창기도 좋아. 연애도 한 생활 중에 중요한 일이기는 하지만 연애 이상의 무엇이 있어야지. 진리만이 살아야 해. 그까짓 연애가 진리 앞에 무엇이라고. 여자는 왜 거의가 다 거기서 넘어지를 못할까. 어느 여자나 마찬가지야. 내가 어느 여자에게서나 실망 안 해 본적이 없어. 예외 없지. 사상이구 쥐뿔이구 없어. 비었어. 맹랑하게 비었지. 결국 여자는 연애의 대상 밖에는 안 되어. 무어 기대할 수가 없는 걸." (1952. 9. 10. 여성숙의 일기) 김남일, 『민중신학자 안병무 평전』, 97, 재인용.

하기도 하였다.23 그럼에도 또 다시 그는 "루이제 린저에게"라는 글을 통해, "여성을 해방의 주인공으로 승화시킨" 루이제 린저의 관점에 대해 '여성으로서의 여성에 대한 주관적, 종교적 표상'이라며 남성의 입장에서 불만을 표하기도 했다.24

그러던 중, 1986년 "부천경찰서 성고문 사건"을 접하며 여성에 대한 관점의 변화를 드러낸다. 안병무는 군사독재 정권의 야만적인 성고문에 대해 자신을 드러내고 자신의 피해를 공개함으로써 "권력구조에 몸으로 도전"한 고문 피해자 권인숙을 "한국이 낳은 해방자"로 표현하고 있다.25 이를 통해 우리는 그가 루이제 린저의 "해방자 여성" 표상에 대해 비판을 제기했던 것과는 정반대의 관점을 갖기 시작했다는 사실을 알 수 있다. 이를 계기로 그는 한국 사회에 만연해 있는 남성중심의 가부장적 도덕관념에 대한 비판과 그 가운데 폭력과 차별의 피해자로 전락되어 버린 여성의 존엄성과 권리를 대변하는 글을 쓰기 시작한다. 동시에 여성을 성적 대상화하고 자신들의 정조관념을 통해 여성을 억압, 정죄하는 남성들의 과오를 폭로하며, 여성의 자기주권 획득을 위한 주체적 결단을 촉구하기도 한다.26

하지만, 안병무의 여성에 관한 이러한 의식의 변화와 흐름은 결국 '어머니'로 귀결되고 만다. 다시 말해, 전인간적 해방의 성취를 향한 과정에 있어서, 여성해방의 궁극적 지향점은 결국 '어머니'로 표상되는 모성애의 회복이라 본 것이다. 이런 맥락에서 그는 당대의 여성해방적

---

23 안병무, "공관복음서 연구(15): 가정윤리", 13.
24 안병무, "대화: 루이제 린저에게", 49.
25 안병무, "한국이 낳은 해방자 권양".
26 안병무, "정조관념에서 해방은 복권행위다", 15; "한국이 낳은 해방자 권양", 104.

사유와 담론에 대해 다음과 같은 아쉬움을 토로하고 있다 :

> 가부장적 남성위주의 가족제도에 대한 도전, 여성의 희생을 전제로 한 가정이라는 쇠사슬에서 해방시켜야 한다는 주장, 여자가 남자와 법적조항을 위시한 모든 면에 있어서 동등한 권리를 가져야 된다는 것, 그러기 위해서는 아이를 낳되 남자를 낳아야 한다는 남성위주의 혈족계승의 의무를 여자의 등에서 벗겨주어야 한다는 것, 현실적으로 일방통행밖에 안 되는 정조관념에서의 해방, 모성애를 이데올로기로 삼아 현실적으로 여자를 가정에 비끄러매려는 음모에 대한 거부 등을 모두 그대로 옳은 주장으로 받아들였는데 나도 모르게 독백과 같은 한마디 말이 입에서 새어나왔습니다. '아! 품이 없어지는 구나'.[27]

이러한 그의 한탄어린 고백에서 볼 수 있듯이, 안병무는 '남녀평등', '여권회복' 그리고 이를 통한 '여성해방'이라는 기조가 담고 있는 페미니즘 운동 지향 이면에 여성의 본연적 역할, 즉 가정의 '품'을 지켜내야 하는 모성애적 역할에 대한 여성 자신의 포기 선언이 부지불식간에 자리 잡고 있음을 아쉬워하고 있다. 그는 여성이 그동안 박탈당했던 사회적 권리와 존엄성을 쟁취하기 위해 지나치게 몰입한 나머지, 자신의 본연적natural 성性 역할마저도 거부함으로써, 인류가 지켜내야 할 중요한 가치를 상실해 나가고 있다고 주장한다. 안병무는 이러한 주장을 뒷받침하며, 스스로가 "여권을 주장하는 여러 견해들에 대해서 거의 비판 없이 공명했으며 한걸음 나가서 남성의 입장에서 나름대로의 적

---

27 안병무, "품", 3.

극적인 분석과 견해를 밝히는데 주저하지 않아왔"다고 강조하면서도, 그 결과 "삶에 대한 삭막함"과 "'품'에 대한 상실감"을 갖게 되었다고 밝히고 있다.28 그는 자신의 이러한 상실감을 구체적으로 설명하기 위해 한 여성과의 일화를 다음과 같이 소개한다:

> 한 여자가 나를 찾아왔습니다. 그는 직장을 소개받기 위해서 왔었습니다. 그는 어쩌다 만날 수 있는 강인한 의지의 여자였습니다. 대학을 나온 후 결혼을 했는데 한 아이를 낳고도 결국 실패했습니다. 그러나 그는 좌절하지 않고 자기의 새로운 세계를 구축하기 위해 외국 땅에서 어린 아이를 기르면서 10여 년간 악전고투 끝에 학위를 따가지고 귀국했답니다. 그런데 여러 달 애를 써도 직장은 주어지지 않은 상태에서 나와 마주앉은 것입니다. 나는 그의 하소연을 들었거나 속마음을 물은 일이 없었는데도 그가 흘리는 단편적인 이야기와 표정에서, 무엇인가 중요한 것을 잃어버리고 있다는 것을 어렴풋이 감지했습니다. … 나는 그가 잃어버린 것이 무엇인지를 확인하게 됐습니다. 그는 악착같이 홀로 서려고 하는 몸부림을 계속하는 동안 품을 포기했고, 품이 되기를 거부했고, 마침내는 품이라는 것 자체를 잊어버렸던 것 같습니다.29

우리는 여기서 안병무가 갖고 있는 여성에 대한 인식의 한계를 엿볼 수 있다. 그는 여성이라고 하는 성을 언제나 '아내' 혹은 '어머니'와 연결하여 상징화함으로써 타자화하고 있었다. 그는 상담을 자처한 한 여

---

28 앞의 논문.
29 앞의 논문, 3-4.

성의 사회적 위치와 상황을 고려하지 못하고 그녀가 자신의 '직장'과 '생존'을 위해 "고군분투"하고 있는 현실을 그녀가 실패(?)한 결혼생활과 남겨진 그녀의 아이에 투영하여 판단하는 모습을 보이고 있는 것이다. 그럼으로써 그녀에게 "품을 잃어버렸다"는 처방을 내리고 돌려보낸 것이다. 사실, 이 여성이 생존의 어려움에 맞닥뜨리게 된 원인은 그 여인이 자신의 욕망을 실현하기 위해 '아내' 혹은 '어머니'로서의 '품'을 상실했기 때문이 아니다. 오히려 당대 지식인 여성의 사회적 진출에 대해 못마땅하게 여긴 남성들과 그 남성들이 만들어 낸 가부장적 사회의 구조적 모순에 그 원인이 있는 것이다. 하지만 안병무는 이 여성이 처한 상황과 현실에 대해 남성의 관점으로 섣불리 '재현'해 버린 것이다. 그는 여성을 여성 그 자체로 보지 못하고, 남성으로서의 자기 경험과 그 경험을 통해 형성시킨 남성중심적 관점을 매개로 그 여성을 한 남자의 '아내' 혹은 한 아이의 '어머니'로 정의해 버림으로써, 그녀를 배반하고 있는 것이다.

이러한 안병무의 여성에 대한 시각은 그의 마지막 저서 『선천댁』에서도 고스란히 노출된다. 그는 자신의 경험을 통해 인식한 "민중의 산 실체"를 자신의 어머니 "선천댁"의 삶을 통해 재현하고자 한다.[30] 물론, "민중이 누구이냐?"라는 질문에 대한 응답으로서 안병무의 선천댁 이야기는 결코 폄하할 수 없는 중요한 의미를 갖는다.[31] 그럼에도 불구

---

30 안병무, 『선천댁』, 7.
31 황용연, "선천댁, 장일담, 양정명: 민중/민중메시아. 그가 '산 자'로 존재할 때," 김진호 외, 『죽은 민중의 시대 안병무를 다시 본다』 (서울: 삼인, 2006). 이 글에서 황용연은 안병무의 선천댁 이야기를 통해 민중이해에 있어서 민중신학의 딜레마, 즉 민중이 드러내는 이중성에 대한 해결의 실마리를 제공했다고 평가한다. 반면, 서남동의 장일담을 통한 민중 재현은 문학적 상상력을 근거로 하기에 민중에 대한 지나친 이상화의 위

하고, 안병무는 선천댁을 통해 여성 그 자체의 민중성을 보지 못하고 있다. 그는 선천댁에 대해 한 아비의 '여식', 두 남동생의 '누이', 한 남자의 '아내' 그리고 한 아들의 '어머니'로서 여성에 대한 남성의 일방적 관점을 투영함으로써, 그녀에 대한 재현을 시도하고 있는 것이다. 이는 그가 '민중의 자기초월 행위'로 묘사하고 있는 선천댁의 결단과 선택에 관한 일화에서 보다 분명하게 드러난다. 선천댁은 다른 여자와 바람난 남편이 몰래 만주로 떠나려 할 때, 그를 쫓아가고자 결심한다. 하지만, 여기서 안병무는 한 여성으로서 "자기를 살겠노라"고 선택한 선천댁의 그 결정이 사실은 등에 업힌 아들인 안병무 자신을 위한 선택이었음을 회고하고 있다. 즉, 자신의 어머니가 스스로의 인생을 살겠노라 결정하고 남편을 따라나선 것은 아들인 자신을 "아비 없는 자식으로 살게 하지 않겠노라"라는 의지에 따른 주체적 선택이었다는 것이다.32 이뿐만 아니라 이후 전개되는 선천댁의 삶 가운데 그녀가 감행한 대부분의 선택이 결국 아들인 자신을 위한 자기희생적 결단임을 드러내며, 그녀의 삶을 민중의 자기초월적 사건으로 묘사하고 있다.

결국, 안병무는 여성인 자신의 어머니를 통해 민중의 살아있는 실체를 드러내려 했지만, 실상 남성으로서 자신의 경험과 관점 그리고 '어머니', '모성애' 그리고 '품'으로 표상되는 '남성 일방적' 혹은 남성에 의해서 언제나 요청되었던 '가정 중심적' 가치를 통해 여성을 민중으로 '재현'하고 만 것이다.33 그리고 여기에 남성 민중신학자로서 안병무의

험성을 내포하고 있다고 평가한다.
32 안병무, 『선천댁』, 19.
33 그럼에도 안병무의 이러한 태도가 단순히 '가부장적이다'라고는 볼 수 없다. 왜냐하면 그는 여전히 가부장적 질서 체계와 도덕관념은 강하게 거부하고 있기 때문이다.

욕망이 그대로 투영되고 있다.

III. 사건과 증언의 신학 vs. 운동의 신학: 사건으로서 민중과 여성

우리는 지금까지 소위 1세대라고 일컬어지는 대표적인 민중신학자들이 자신의 신학적 담론 가운데 여성을 어떻게 이해하였는가를 살펴보았다.[34] 살펴본 바대로 그들은 여성을 때로는 민중이라고 하는 범주에 편입시켜 바라봄으로써, '민중 가운데 민중'인 여성의 특수성을 간과하거나, 때로는 남성의 일방적 관점을 투영함으로써, 여성을 특정 표상에 국한하여 상징화했다. 이 둘 모두 어쩌면 타자화된 대상에게 대한 일방적인 재현으로서, 그 재현의 주체인 남성이 자신의 존재적 위치와 인식적 범주의 한계를 온전히 성찰하지 못한 "인식론적 왜곡"의 결과로 이해될 수 있을 것이다.

하지만, 이러한 민중신학자들의 여성관 혹은 여성담론으로부터 드러나는 민중이해에 대한 추상적 포괄성에도 불구하고, 민중신학이 갖는 본래적 의미는 결코 퇴색될 수는 없다. 스스로 역사의 주인공(주체)이라 내세우며, 기나긴 시간 동안 '민중'을 소외와 착취 그리고 지배의 대상(객체)으로 내몰았던 기득권자들과 지배자들 그리고 스스로 그들의 하수인으로 자처하며 '민중-예수-하느님'을 배반했던 기독교 교회

---

[34] 지면의 한계 상, 소위 2, 3세대라고 분류되는 후속세대들의 민중신학자들의 여성담론에 대해서는 본 졸고에서 다루지 않도록 한다.

와 신학을 향해 통쾌하게 날렸던 민중신학의 일격은 아직도 여전히 세상을 뒤흔들 만큼 위력적이기 때문이다. 여기서는 단지, 민중담론이 이토록 그 생명력을 잃고 화석화되어 가고 있는 이유가 사실은 민중신학이 그토록 증언하고 대변하고자 했던 '민중'이 어느 순간 사회분석의 도구로서 사변적으로 고정화되거나, 혹은 운동의 실천을 위한 당위적 모토Motto로서 추상화되었기 때문은 아닌지, 혹은 더 이상 "민중은 누구인가?"를 치열하게 묻고 성찰하지 않게 된 민중신학 내부의 나태함 때문은 아닌지 되묻고자 하는 것이다. 그리고 만약 그것이 사실이라면, 그 원인이 다시금 민중신학자들의 민중담론 자체로 소급되는 것은 아닌지를 민중담론 속 여성에 대한 이해를 통해 반성적으로 성찰하려는 것이다.

사실, 이러한 문제의식의 기저에는 필자의 개인적 경험이 적지 않게 작용한다고 볼 수 있다. 소위 진보적 학풍을 자랑하는 신학교의 신학생과 스스로 진보적이라 자처하는 교단의 목회자로, 스스로를 에큐메니칼이라는 범주에 둔 운동단체의 실무자로 그리고 소장민중신학자로 살아오는 과정 속에 경험한 크고 작은 실망과 혼란은 늘 스스로를 '도대체 왜?'라고 묻게 만들었다. 소위 '민중운동'을 지향한다고 자처하는 선후배, 동료들과의 만남 가운데 얻게 되는 당혹감과 자괴감은 늘 스스로에게 '무엇이 잘못되었을까?'를 묻게 만들었다. 여기서 필자가 갖는 그 불행한 경험은 사실, 진영 내 거시적인 담론과 운동에 있어서 장기적 안목의 지향점에 대한 실망감이나 패배감 때문이 아니다. 오히려 사소하다고 여길 수 있는 미시적이고 현실적인 관계에 대한 관점의 간극과 이를 통해 드러나는 '사소한' 행동들에 대한 당혹스러움에 따른 것이다. 다시 말해, 언제나 '민주화', '사회적 변혁', '개혁과 성찰' 그리고 '민중해방을 통한 인간해방'을 말하면서도 우리 안에 축적되고 잠재되어 있는 작은 '부조리'와 '모순'에 둔감한 우리 자신의 현실태에 대한 자괴감이라 할 수 있다. 따라서 소위 말하는 '진보꼰대', '운동권 한남'이라는 말들이 공공연히 우리 안에서 통용되고 있는 현실이 어디서부터 시작되었는지 그리고 크고 위대한 것을 추구하면서 동시에 작고 사소한 것을 보지 못함으로써, 우리 스스로를 소외시키고 더 나아가 민중을 또 다시 소외시키는 작금의 민중담론과 민중신학의 현실이 어디서부터 시작되었는지를 살펴보고자 하는 것이다.

사실, 위에서 언급한 소위 '진보-에큐메니칼-민중운동' 진영은 민중신학과의 상호영향을 토대로 구성, 전개되어 왔다. 민중신학은 언제나 이론의 틀을 제시하며 운동의 촉매제 역할을 감당해 왔고, '진보-에큐메니칼-민중운동' 진영은 민중신학에게 언제나 '현장'을 제공하며 실천적 감을 놓치지 않도록 자극제 역할을 감당해 왔다. 하지만 어느 순간, 운동은 실천적 '현장'에, 신학은 학문적 '제도권'에서 각각 고립되어 왔으며, 더 이상 상호협력을 필요로 하지 않는 저 '불행한 샴쌍둥이의 두 머리'와 같은 관계가 되고 말았다. 그리고 그 결과 '운동'은 '운동' 자체를 위한 것으로 '신학'은 '신학' 자체를 위한 것으로 분리되고 만 것이다. 그렇다면 이러한 자기분열의 사태는 어디서부터 시작된 것일까? 이에 대한 해답을 얻기 위해 '사건과 증언'의 신학적 구상을 먼저 살펴보고, 그에 대한 실천이론적 대안으로서 등장한 '운동의 신학' 구상과 그 해석학적 전환이 민중이해 전반에 미친 영향을 비판적으로 고찰해보도록 하겠다.

70년대 민중신학은 '노동자 전태일 분신' 사건에 대한 일부 신학자들의 자기성찰로부터 출발한다. 그리고 그 이후, 끊임없이 이어지는

'민중사건'에 대한 자신들의 경험을 토대로 '현존하는 그리스도로서 민중사건'을 증언하면서 전개해 나간다. 이러한 신학적 출발점을 전제로 하여 민중신학자들은 자신의 신학적 방법론을 '사건의 신학', '증언의 신학', '반신학', '탈신학', '현장의 신학' 등으로 규정한다.35 이는 민중신학의 신학적 출발점(전거)이 바로 '민중사건'이며, 그 '사건' 가운데 '민중'을 발견하고 그 '민중'이 일으키는 '사건'이 곧 '그리스도의 현재적 사건'임을 증언하는 것이 자신의 본래적 역할이라는 자기고백에서 출발함을 의미한다. 따라서 민중신학은 방법론적으로 기존 서구전통 신학의 틀에서 벗어나(탈), 한국 민중전통과의 '합류'를 통해 '아래로부터'의 해석을 모색해야 하며, 이데올로기적 교리와 전통에 대항(反)하는 신학으로 수행되어야 한다는 것이다.36 민중신학의 이러한 방법론적 파격은 그 자체로 민중신학으로 하여금 창조적이며 비판적인 학문으로서의 역할과 동시에 강력한 해방의 실천을 이끌어 낼 만큼의 매력적인 담론으로서의 역할로 자리매김할 수 있도록 한 원동력이 되었다. 뿐만 아니라, '아래로부터의' 해석을 그 특유의 신학적 해석 방법론으로 설정하고 거대 서사를 중심으로 한 지배자의 언어가 아닌, 소소한 이야기를 담은 '민중의 언어'를 주요 해석의 전거로 사용함으로써, 민중의 구체적인 "작은 이야기"37에 담겨진 해방적 진리를 발견할 수 있

---

35 본 장에서는 이러한 민중신학의 자기정의 가운데 특별히 안병무의 '사건과 증언의 신학'을 중심으로 다루려고 한다. 그 이유는 안병무가 사용하는 '사건'과 '증언'이라는 개념은 단순히 민중신학의 '방법론'만을 드러내는 것이 아닌, 동시에 '민중' 개념에 대한 신학적 함의를 담고 있기 때문이다.
36 황용연, "민중신학평전," 「시대와 민중신학」 제2호(1995), 128-135.
37 황용연, 앞의 논문, 134. 이러한 작은이야기로서 서남동은 민담과 민중들의 구체적 진술들, 안병무는 '선천댁'의 이야기, 현영학은 탈춤과 판소리 등을 그 민중신학적 해석의

었다. 따라서 '사건'의 '증언자'를 자처하는 이들 1세대 민중신학자들의 이러한 '작은' 담론 가운데—위에서 제기한 여성에 대한 일방적 재현의 문제점들에도 불구하고— 그동안 주목받지 못했던 존재(민중)들을 발견할 수 있었고, 비로소 그들이 '역사와 구원의 주체'임을 증언할 수 있었다.

1세대 민중신학자 중, 안병무는 '사건'의 개념을 그 누구보다도 강조하였으며, 그 개념을 통해 자신의 신학적 방법론을 발전시켰고, 무엇보다도 그 자신이 민중을 이해하는 핵심 도구로 사용했다. 안병무는 자신의 민중신학적 구상, 특별히 민중에 대한 이해를 두 가지의 서로 상이한 계기를 통해 전개하는데, 그 첫 번째 계기는 한국 민족과 함께 한 실존적 경험이다. 그는 한국 민족이 당한 역사적이며 사회적인 고난을 함께 경험하고 그 가운데 '민중'의 신학적 의미를 재발견함으로써 '민중'을 자신의 신학적 구상의 중심개념으로 설정한다.38 두 번째 계기는 역사적 예수에 대한 신학적이며 동시에 실존적인 열망이다. 안병무가 갖는 예수의 역사적 실존에 관한 열망은 그로 하여금 '민중'의 근원적이며 동시에 진정한 실재Reality를 발견하도록 추동하는 주요한 계기가 된다.39 하지만 그의 민중신학적 구상의 전개 과정에 있어서 이 두 가지 상이한 계기는 결코 분리된 것으로서 각각 독립적으로 영향을 미친 것이 아니다. 오히려 그의 이러한 한국 민족에 대한 정치사회적이며 동시에 민족주의적 관심은 역사적 예수에 대한 실존적, 신학적 열망과 결합하여 '민중'이라는 새로운 신학적 전망을 이끌어 낸 것이

전거로 삼고 있다.
38 안병무,『민중신학 이야기』(서울: 한국신학연구소, 2005), 17; 23.
39 앞의 책, 21.

다. 안병무 자신은 이 두 계기를 "한국 민중에 대한 애정"과 "예수에 대한 열정"이라 말하며, 자신의 신학, 특별히 민중신학을 전개함에 있어서 근본적인 기조로 작용하고 있음을 고백한다.40

이렇듯 안병무는 한국 신학자로서 무엇보다도 한국 역사와 사회의 사회정치적 상황에 대한 자주적 신학 작업을 모색하고자 했으며, 그 가운데 한국 민중을 통한 자신의 실존적 경험을 주요 신학적 전거로 설정한다.41 그는 이러한 민중경험을 '민중사건'이라는 개념을 통해 신학적으로 재해석하기에 이른다. 여기서 민중사건은 안병무에게 있어서 단순히 자신의 역사적, 실존적 민중경험에 대한 신학적 채색이 아니다. 오히려 '민중사건'은 민중의 현재를 이해하는 해석의 근거이며, 동시에 민중의 실재를 파악하고 표현하는 유일한 인식의 틀로 보아야 한다. 안병무는 자신의 일생을 통해 직, 간접적으로 경험한 일련의 사건들을 통해 민중의 현실을 목격하게 된다. 그리고 이를 통해 그동안 감추어져 왔던 민중의 참모습(실체)을 발견하고 역사의 수면 위로 끌

---

40 Sun-Hee, Lee, *Die Minjung-Theologie Ahn Byungmus von ihren Voraussetzungen her dargestellt*, Peter Lang, Frankfurt am Main; Bern; New York; Paris, 1992, 118. (Interview)

41 한정헌은 안병무의 이러한 신학적 인식론을 '경험주의적'이라 평가한다. 하지만 이때 말하는 '경험주의'는 좁은 의미의 '지각적 인식의 축적'으로서 '경험'을 전제로 하는 것이 아닌, "지각과 지각 이하의 세계, 의식과 무의식을 포괄하고, 나아가 (개인은 물론이고) 대중의 의식과 무의식을 통해 사건들이 적분되고 종합된다는 의미"에서의 '경험', 혹은 '잠재적 경험'에 가깝다고 그는 보고 있다. 한정헌, "들뢰즈 사상에서 본 안병무의 소수자신학,"「한국기독교신학논총」100(2016), 79, 각주 39. 그리고 민중이해에 있어서 안병무의 이러한 '경험주의적' 경향은 그가 마지막 저작으로 남긴 '선천댁'에서 잘 드러나고 있다. 엄밀한 의미에서 '선천댁'을 통해 기억하고 있는 '민중의 전형'으로서 자신의 어머니에 대한 묘사는 현실적(actual) 역사서술(Historie)이 아닌 '선천댁'과 그의 아들인 자신에 대한 잠재적(virtual) 경험의 증언(Geschichte)이기 때문이다.

어울린다.

　사실 '민중' 개념에 대한 역사적 용례의 변화과정을 통해 볼 때, '민중民衆'은 상당히 부정적인 의미로 사용되어 왔다. 19세기 말 혹은 20세기 초까지 '민중'은 현재 우리가 이해하는 바와 같은 의미로 거의 사용되지 않았다. 오히려 봉건 군주의 지배체제 안에서 피지배계층을 일컫는 말로서 비하의 의미로 사용되어 온 것이 사실이다.42 따라서 '민중'은 왕과 양반으로 대표되는 소수의 엘리트 지배 계층으로부터 부여된 전체 인구의 대다수를 차지하는 피지배 계층에 대한 일방적 명칭으로서 이미 정치적 함의가 담긴 것으로 볼 수 있다.43 하지만 민중 개념에 대한 이와 같은 부정적 인식은 조선의 근대 개화기 이후, 일제 강점기를 거쳐 조금씩 변화하기 시작한다. 특별히 이 시기 한국 민중들은 스스로에 대한 정체성에 있어서 서서히 주체성을 획득하게 된다.44 이러

---

42 이는 한자어 民衆를 어원학적으로 분석해 볼 때, 여실히 드러난다. 상형문자 民은 目과 刀의 결합으로 형성되었는데, 그 의미는 "눈을 찔러 사물을 볼 수 없게 된 노예"를 가리키며, "어리석음"을 뜻하기도 한다. 이는 "백성(百姓)"의 의미와 동일하게 사용된다. 안병무, "옳은 백성, 옳은 민족,"『안병무 전집 6』(서울: 한길사, 1993), 275. 또한 민중의 두 번째 한자어인 衆은 갑골문자 眾에서 변형된 것으로 日과 㐺(人+人+人)이 결합되어 "태양 아래에서 노동하는 노예"라는 의미를 갖는다고 한다.
43 안병무, 앞의 글, 275; 282; 서남동,『민중신학의 탐구』(서울: 한길사, 1983), 225.
44 안병무, "옳은 백성, 옳은 민족," 276. 이러한 한국 민중들의 자기이해의 변화는 역사적으로 크게 두 가지 계기를 통해 이루어 졌다고 볼 수 있다. 첫째, 수동적 계기로서 강제 개항을 통한 서구 문명의 수용이다. 특히 서구 자본주의와 기독교의 유입을 통해 서구적 인권과 평등 그리고 인간존엄 사상을 접하면서 자의식에 변화가 이루어졌다. 둘째, 능동적 계기로서 '동학 농민 혁명(1894~1895)'을 통한 주체의식의 획득이다. 인내천 등의 동학사상의 영향으로 인한 인권에 대한 인식, 농민 혁명을 통한 당대 지배 구조의 부조리에 대한 인식 그리고 동학농민군을 중심으로 한 반외세, 반봉건 무장의병 활동을 통한 민족의식 고취가 한국 민중의 자의식 변화에 있어서 결정적 역할을 했다. 정창렬, "백성의식 – 평민의식 – 민중의식,"『한국민중론』(서울: 한국신학연구소, 1984), 169-175.

한 역사적 사건들을 거치면서 한국 민중들은 스스로를 피지배 계층인 '백성'이 아닌, 한 민족국가의 구성원으로서 '민족'으로 인식하기 시작한다. 이는 봉건군주 시대와 식민지배 체제를 지나오며 축적된 모순과 고통의 경험들을 통해 획득된 주체적 자의식이며 동시에 스스로를 보호하기 위한 수세적 집단의식을 볼 수 있다. 결국 '민중'과 '민족'은 외세 침략과 일제의 식민지배에 대항하여 투쟁하는 주체Akteur 혹은 민족국가를 구성하는 주권자를 표상하는 개념으로 종종 구별 없이 사용되었다.45 하지만 독립 이후, '민족'은 국가 공동체의 발전과 안정을 위한 이데올로기로 사용되고, '민중'은 다시 비주체적 하층민으로서 부정적인 의미를 덧입게 된다. 또한 군사독재 정권의 반공 이데올로기 전략에 의해 '민중'은 마르크스-레닌적 '프롤레타리아' 혹은 북한식 '인민' 개념과 동일시되어 금기시되기도 했으며, 동시에 소위 좌파/진보 사회운동 진영의 포괄적 지향을 표현하는 '모토'로도 사용됨으로써, 보수/우파 진영으로부터 이데올로기 공격의 대상이 되기도 했다.46

---

45 Myung-Chul, Park, Das Gespräch der Minjung-Theologen mit der koreanischen National- bewegung und dem Dschutsche-Sozialismus, Diss., Univ., Hamburg, 1993, 132.
46 "1970년대의 정치적·경제적 현실에서는 이런 문제들을 설득력 있게 부각하고, 학생·노동자·농민·도시빈민·언론인·작가 등의 다양한 투쟁을 함께 묶을 수 있는 이념이 필요했다. 식민지시대와 해방 후, 민족주의자들과 좌익이 널리 사용했던 정치용어인 민중은 이런 목적에 매우 적합했다. 민중이라는 용어는 민족주의적 감정을 포함했고, 마르크스주의적 용어가 아니었으며(빨갱이라고 불리는 것을 피하는 것이 가장 중요했으므로), 모든 대중적 부문들을 포괄할 수 있을 정도로 모호하고 광범위해 정치적 운동과 문화적 운동 모두에 적합했다. 민중은 정치적으로 억압받는 사람, 사회적으로 소외된 사람 그리고 경제성장의 혜택에서 배제된 사람들을 모두 포함했다." 구해근,『한국 노동계급의 형성』(서울: 창작과 비평사, 2002), 210; 황용연, "'산 사람'을 말하며 '유령'을 감지하기: 한국 민주주의와 민중신학", 제3시대그리스도교연구소 편,『시대와 민중신학 8』(서울: 시대와민중, 2004), 189 재인용.

하지만 안병무는 '사건'의 개념을 통해 이러한 민중의 부정적 현실 태로부터 오히려 잠재적 가능태를 역설적으로 발견하게 된다. 그는 자신의 신학적 핵심과제를 "오늘의 그리스도가 어디서 어떻게 일어나느냐"를 증언하는 것으로 설정하고, 결국 현재의 '민중사건'을 "그리스도의 현존 사건"으로 해석함으로써, 자신의 신학적 과제를 수행해 나간다.47 그는 민중사건에 대한 관심을 갖기 전, 한국 민중이 경험하는 '현재적 고난'의 의미에 대한 신학적 성찰에 몰두한다. 안병무에게 있어서 '고난'의 의미는 신학적 출발점이며 동시에 인간과 역사 그리고 성서를 바라보는 핵심 키워드였다.48 그는 '고난의 의미'에 대한 신학적 성찰에 있어서 단순히 '신정론Theodizee'적 물음에 머무르지 않고, 인간 스스로가 현실세계에서 맺는 모든 차원의 관계에 관한 실존적 물음으로 나아간다. 먼저, 안병무는 고난을 인간 삶의 '본질적' 요소로 파악한다. 즉, 인간은 자신의 내, 외적 관계 속에서 '필연적'으로 고난 가운데 존재할 수밖에 없다는 것이다.49 그는 인간 삶의 본질적이며 필연적인 요소로서 '고난'의 원인으로 파악했던, 각 개별자들의 내면적 자기분열과 그를 통한 신과의 인격적이며 본질적 관계의 상실을 이러한 내적 고난을 구조적이고 필연적으로 발생시키는 사회구조적 모순에 대한 인식과 연결함으로써 '사건'에 대한 민중신학적 해석을 전개해 나가고 있다. 따라서 안병무에게 있어서 '사건'이란 인간의 개별적이고 실존적

---

47 안병무, 『민중신학 이야기』, 35; 안병무, 『민중과 성서: 안병무 전집 5』 (서울: 한길사, 1993), 328.
48 박재형, "생명 평화 정의의 인간학: 안병무의 "탈-향 현존" 이해를 중심으로," 『생명과 평화를 여는 정의의 신학』 (서울: 동연, 2013), 346.
49 안병무, "고난의 의미," 『불티: 성서에세이 1』 (서울: 한국신학연구소, 1998), 292; 특별히 294 참조.

차원인 '내적 고통'과 집단적이고 관계적 차원인 '외적 갈등'이 합류하여 역사의 지층을 뚫고 나옴으로써, 기존의 역사를 전혀 새로운 관점으로 보게 하는 '신적/자기초월적 계기'가 되는 것이다.

'사건'에 대한 이러한 신학적 인식은 '민중'에 대한 이해에도 직결된다. 안병무는 민중에 대한 개념 정의를 의식적으로 강하게 거부하면서, 자신이 경험한 '민중사건'을 매개로 민중을 이해하려고 시도한다. 그의 민중개념 정의에 대한 거부는 자칫 민중을 하나의 개념으로 정의하여 파악할 경우, '사건'을 관찰하고 분석하는 자신의 관점이 특정 계급이나 집단의 입장에 천착하는 오류를 범할 수 있기 때문이다. 뿐만 아니라, 민중을 하나의 '고정된 실체'로서 개념적으로만 파악할 경우, 자칫 민중의 목소리를 '증언'하는 '증언자'의 역할이 단순히 그들의 처한 '고난 사실'에 대한 고발과 이를 통한 일방적 계도의 수행에 국한될 수 있으며, 따라서 그 증언의 역할에 있어서 "신학적 보편성"을 상실할 수 있기 때문이다.[50] 이러한 관점에서 그는 민중을 '고난의 담지자'이며 동시에 '역사와 구원의 주체'로 이해하는 것이다.[51] 결국, 민중에 대한 이러한 상반된 이해는 사실 상 "서로 복잡한 관계를 맺고 있기 때문에" '사건'이라는 해석학적 틀 안에서만 그 양가적이고 유기적인 의미를 파악할 수 있는 것이다. 이러한 사건에 대한 이해를 통해 안병무는 '고난의 담지자'로서 민중의 현실성과 '역사와 구원의 주체'로서 민중의 가능성을 동시에 파악함으로써, 민중을 통한 역사적 희망을 선언할 수 있었던 것이다.

---

50 안병무, 『민중과 성서: 안병무 전집 5』, 232.
51 김희헌, "범재신론과 사건의 신학," 「한국기독교신학논총」 제83집(2012), 214.

하지만 안병무를 중심으로 하는 1세대 민중신학자들의 이러한 신학적 방향52은 변화된 사회적 현실을 맞이한 그 후속세대53들로부터 한편으로는 '기층대중의 주체적 계급의식을 전제로 하는 과학적이고 지속적인 운동에 적합하지 않은 신학'으로, 다른 한편으로는 '일반 기독교 대중에 대한 대중성을 확보하지 못해 내적 동력을 상실한 신학'으로 비판받게 된다.54 뿐만 아니라 여성 통일신학자를 자처하는 박순경은 서남동과 안병무의 민중 이해를 "민족사 차원이 결여되"고, "부르주아 자본주의적 민주주의 개념의 한계를 넘지 못한 것"으로 민족통일과 마르크스주의적 관점에서 강하게 비판하고 있다.55 물론 이러한 비판은 당대의 사회, 정치적 상황과 맞물려 볼 때, 정당한 비판이라 여겨진다. 우선, 독재에 대항하는 '인권 민주화'의 기치가 중심적 모토로 작용하던 민중운동의 70년대와 달리, 80년대 특별히 87년 이후의 대중운동의 방향은 '반독재 민주화'의 기치를 벗어나 보다 세분화되고 과학적인 '기층대중운동'으로 변화된다. 이러한 운동의 구성과 방식 그리고 목표의 변화는 2세대 민중신학자들로 하여금 사회과학과의 연계를 통한 보다 객관적이고 분석적인 학문적 경향을 띠도록 요청하고 있다는 문제의식을 갖도록 했다. 또한 민중신학의 기독교 내적 동력 상실에

---

52 황용연은 이를 '선언의 신학'이라 성격화한다. "'산 사람'을 말하며 '유령'을 감지하기: 한국 민주주의와 민중신학", 137.
53 1세대와 2세대의 구분은 박재순에 의해 처음 시도된다. 뿐만 아니라 2세대로서 1세대의 한계를 비판한 기수역할을 자처하기도 한다. 박재순, "1세대 민중신학에 대한 비판과 새로운 모색,"『기사연 무크 1』(서울: 민중사, 1990), 81-102.
54 황용연, '선언의 신학'이라 성격화 한다. "'산 사람'을 말하며 '유령'을 감지하기: 한국 민주주의와 민중신학", 136; 박재순, "1세대 민중신학에 대한 비판과 새로운 모색," 81 참조.
55 박순경, "민족통일과 민중신학의 문제,"「신학사상」제80집(1993), 53.

맞닥뜨린 또 다른 2세대 그룹들은 교회의 현장을 통한 운동과 교회 내에서 통용 가능한 민중신학을 지향하며 '민중교회운동'을 전개하기 시작한다.56 그리고 이들은 자신들의 민중신학을 '운동의 신학'이라 명명하고 있다:

> 새로운 신학적 해석학은 단순한 해석의 신학이 아니라, 그것을 포함하는 실천의 신학, 운동의 신학이다. 오늘날 우리 사회의 여러 모순들을 극복하려는 운동들이 다양한 형태로 전개되고 있다. 새로운 운동의 해석학을 정립하려는 우리는 이러한 운동들에 깊은 관심을 기울이고 있다.57

여기서 '운동의 신학'의 방향성과 문제의식 자체에 대해서는 특별히 비판하거나 반기를 들지 않을 것이다. 아니, 오히려 그 해석학적 방법론과 방향성은 여전히 유효하고 필수적이라는 것에 전적으로 동의한다. 다만, 민중 개념에 대한 이해에 있어서 '운동의 신학'이 미친 영향에 대해서만 대략적으로 분석, 비판해 보고자 한다. 먼저, 강원돈은 "민중의 삶의 현장은 구체적인 정치·경제·사회·문화 구조 속에서 결정"되기 때문에, 그 민중의 현실 가운데 발생하는 '사건'을 '증언'하기 위해서는 민중을 억압하고 착취하는 사회 전반의 구조에 대한 객관적 분석과 그를 통한 과학적 인식이 민중신학에 요청된다고 본다.58 여기서 강조되

---

56 본 논문에서는 2세대 민중신학자들의 담론에 대한 논의는 다루지 않을 것이다. 이에 대해서는 황용연, "'산 사람'을 말하며 '유령'을 감지하기: 한국 민주주의와 민중신학", 135-147 참조.

57 강원돈, "신학적 해석학의 새로운 모색: 민중문화운동의 민중신학적 수용,"「신학사상」제53집(1986), 248.

58 강원돈, 앞의 논문, 249.

는 것은 감정과 주관을 넘어서는 이성과 과학적 분석을 통한 객관적 인식의 필요성이다. 따라서 '민중사건'을 일으키는 주체를 정확히 파악하기 위해서, 그 주체가 몸담고 있는 구체적 현실의 "객관적 모순구조"에 대한 파악이 필연적이라는 것이다. 그리고 이를 위해 결국 기독교 신학은 다양한 사회이론들을 단순히 인용과 적용에 머무르지 않고, "선택적 수용"을 통해 "내적 메커니즘"으로 삼아야 한다는 것이다.[59] 이는 다른 말로, 민중신학의 과제는 이제 '사건' 자체에 대한 '증언'에 머무르지 말고, 다양한 사회과학 이론들의 해석학적 틀을 통해 그 사건의 주체인 민중이 몸담고 있는 제반 사회 구조에 대한 과학적 분석과 객관적 인식을 담보해야 한다는 것을 의미한다. 더 나아가 이를 바탕으로 그 원초적 '사건'이 정치적, 이데올로기적 실천으로서 '운동'으로 발화하도록 전략을 '제시'해야 한다는 것을 의미한다. 한편, 박재순은 민중신학의 새로운 과제로 "학문적 체계화", "학문적 대중화" 그리고 "실천성 담보", 이 세 가지를 언급하고 있다.[60] 이러한 과제를 실현하기 위해 그는 민중신학이 당대의 사회변혁 운동이론과 "비판적 결합"을 모색해야 하며, 이를 통해 민중을 사회변혁 세력으로서 운동의 동력을 확보하는 "객관적 존재"로 파악되어야 한다고 주장한다.[61]

위에서 언급했듯이, 이러한 기존 민중신학자들에 대한 대안적 비판은 그동안 민중신학이 드러냈던, 신학적 보편성과 대중성 그리고 과학적 객관성 결여를 통한 '실천 지향성'의 약화에 대한 애정 어린 제언으로부터 출발하고 있다. 따라서 '민중' 개념 정의에 대한 일방적 회피나

---

59 앞의 논문, 250.
60 박재순, "1세대 민중신학에 대한 비판과 새로운 모색," 99.
61 앞의 논문, 99; 101.

'민중사건'에 대한 낭만적이고 신앙적인 선언에 머물지 않고, 현실 변혁을 가능하게 하는 '실천 변혁이론'으로서 민중신학이 새롭게 형성되어야 한다는 정당한 문제의식의 발로로 보아야 한다. 하지만, 이러한 민중신학에 대한 '운동 지향적' 열정과 '객관적 학문성'의 추구는 '사건으로서 민중' 개념이 갖는 고유의 신학적이고 해석학적인 창조성마저 희석시켜 버리는 결과를 의도치 않게 가져온다. '운동의 신학'은 '사건과 증언의 신학'이 가지는 실천담론적 한계를 극복하고자, 민중의 개념을 "계급투쟁과 모순"의 관점으로 이해한 나머지 "계급환원론"에 빠지고 만다.62 그럼으로써 민중신학자들 스스로가 '사건'을 통해 '민중'을 이해하고자 하는 시도를 통해 그토록 피하려 했던 민중에 대한 '고정된 실체화'의 우를 범하게 된다.63

사실, 2세대 민중신학자들이 추구하는 민중신학에 대한 학문으로서의 과학성과 인식론적 객관성은 결코 간과해서는 안 될 중요한 과제라 할 수 있다. 그럼에도 이러한 과제를 수행하기 위해, 감정과 주관적

---

62 이러한 2세대 민중신학자들의 방법론에 대해 김진호는 "한국 자본주의의 보편과 특수 관계, 즉 기본모순과 주요모순의 관계에서 계급과 민중을 설정"함으로써 "민중개념하는 계급논의의 하위개념으로서 역사실천적 개념으로 이론화하게 된"다고 평가한다. 하지만 이어서 이러한 '민중개념화'의 모순을 세 가지 측면에서 비판하는데, 먼저, 민중 자체가 계급동맹이라는 계급론적 관점으로 충분히 설명될 수 있기에 '민중개념화' 자체가 사실상 무의미해진다는 것이다. 그 다음으로 그는 사실상 모순론에 근거한 계급논의는 계급구성에 관한 논의 차원에서는 유용하지만, 계급형성의 근원적 문제 자체는 설명하지 못한다고 비판하고 있다. 즉, 구조환원론에 빠질 위험이 있다는 것이다. 마지막으로 그는 이러한 민중개념화가 모든 진보적인 사회운동을 계급의 문제로 환원시킬 위험성을 내포하고 있다는 것이다. 김진호, "역사 주체로서의 민중: 민중신학 민중론의 재검토,"「신학사상」제80집(1993), 24. 필자는 여기서 무엇보다도 김진호의 세 번째 지적, 즉 "계급환원론"적 모순에 주목하고자 한다.
63 황용연, "'산 사람'을 말하며 '유령'을 감지하기: 한국 민주주의와 민중신학", 153.

인식 그리고 신앙적 선언을 그에 대한 대척점에 세워 분리하고자 한다면, 민중신학이 그토록 경계하고 비판했던 전통 서구 신학의 전철을 그대로 밟게 되는 우를 범하게 된다. 뿐만 아니라, 운동을 위한 실천적 이론에 대한 천착은 운동의 효과적 실행과 그 당위적 달성을 위한다는 미명하에 민중을 대상화하고 도구화하는 역사적 과오를 반복하게 된다. 그리고 이러한 실책은 결국 민중의 다양한 실존과 생명력을 운동의 거대한 물줄기 속에 그리고 운동이 다다르려고 하는 거대한 당위의 바다 속에 질식시켜 버리고 만다. 따라서 그 거대한 민중의 이름 가운데 여전히 소외되고 배제당하는 여성, 더 나아가 청년과 성소수자 그리고 다양한 소수자들의 이름을 다시 찾도록 하는 것이 절실한 민중신학의 현재라는 사실이 새삼 새롭게 다가온다.

IV. 나오는 말

우리는 지금까지 "왜, 민중신학은 여성을 말하지 않았나?"라는 물음으로부터 출발해, 민중신학 내 여성담론의 한계를 확인하였고, '사건과 증언'의 신학적 구상에 대한 '운동의 신학'적 입장의 비판이 그 수행과정에 있어서 민중 이해에 끼친 부작용을 대략적으로 살펴보았다.

사실, 아직까지도 "왜, 민중신학은 여성을 말하지 않았나?"에 대한 명확한 해답은 찾지 못한 것 같다. 하지만, 위의 논의 과정들을 종합해 볼 때, 우리는 몇 가지 단초를 끄집어 낼 수 있을 것이다. 먼저, 대부분 남성으로 구성된 민중신학자 그룹의 구성적 한계가 그것이다. 모두 알다시피, 흔히 1세대 민중신학자라고 일컬을 수 있는 사람들은 모두 남성이다. 뿐만 아니라, 왜곡된 유교적 영향하에 형성된 가부장적 한국 사회 구조 속에 적응하며 일평생을 살아온 나름 지식층 남성들인 경우가 대부분이다. 아니, 사실 민중신학을 학문적으로 작업한 민중신학자는 모두 남성이라 해도 과언이 아니다. 따라서 이들 남성 민중신학자들의 관점을 토대로 형성된 민중신학 담론 여성이 들어갈 자리는 크지 않아 보인다. 혹은 여성을 언급하고 여성의 문제를 주제화한다고 해도 결국 남성 중심의 일방적 자아와 그 자아가 추구하는 욕망이 고스란히 투영되어 여성에 대한 이미지를 왜곡시키는 결과를 초래하고 말았다. 하지만 그들이 신학적 주요 도구로 삼았던 '사건'과 '증언'의 개념은 이러한 일방적 재현을 극복할 수 있는 충분한 이론적, 실천적 단초를 제공하고 있다.

'사건'(Ereignis: 내 것이 되는 사태 혹은 고유화)은 단순히 관찰자$_{Subjekt}$와 그 관찰대상$_{Objekt}$ 사이에 존재하는 구도 안에서는 결코 일어날 수 없는 살아있는 역동성이다. 사건은 관찰자$_{Subjekt}$에서 참여/행위자$_{Akteur}$로의 전향이 필연적이며, 대상자$_{Objekt}$의 고난에 대한 관계맺음을 통해 그 의미를 '자기화하는 것$_{eignen}$'이다. 따라서 사건은 살아있는 의미다. 하나의 사건에 스스로를 던지고(Subjekt→Objekt) 그 사건에 자신의 현존재를 관여시킴으로써 '나의 사건'이 되는 역동적 관계라는 것이다. 따라서 우리는 '민중사건'에 참여함으로써 결국 '민중'을 경험하게 되는 것이다. 결국 '사건'으로서 '민중'은 우리로 하여금 그동안 보지 못했던 것들을 보게 하는 '신적 구원의 개입'이 된다. 지금도 주변에 일어나고 있는 수많은 사건들은 현재 우리로 하여금 그 민중이 여성이라고 말하고 있는지도 모른다. 그리고 그녀들이 지금 우리로 하여금 "구원의 매개자"(메시아)64를 자처하며 우리 앞에 서 있는지도 모른다. 이제 민중신학은 그 메시아적 사건을 증언하도록 다시금 요청받고 있다.

---

64 박재형, "메시아, 구원자인가 구원의 매개자인가?: 한국개신교 안에서 메시아 찾기," "대구와카레" 연재 〈교회개혁 담론투쟁: 한국교회와 메시아니즘,〉 에큐메니안, 2016. 07. 19, http://www.ecumenian.com/news/articleView.html?idxno=13995.

| 3부 |

여성 혐오의
현상들

장영주 여성의 자기혐오: 융(C. G. Jung)의 그림자(shadow) 이론에
       비춰본 여성의 여성 혐오
이주아 게임에서 나타나는 여성
       : 남성 중심적인 시선에 포획된 여성의 성성(性性)
       — MMORPG를 중심으로
최순양 한국에서 이주민 여성들이 겪는 혐오의 다양한 형태들

여성의 자기혐오
: 융(C. G. Jung)의 그림자(shadow) 이론에
비춰본 여성의 여성 혐오

장영주

I. 들어가는 말: 자기혐오 – 체득되는 여성의 여성 혐오 고리들

이 시대를 살아가는 사람들은 표면적으로는 이 세상을 인간 위에 인간 없는 세상, 인간 밑에 인간 없는 세상이라고 표현하고 그렇게 되기를 고대한다. 이 말은 역으로 이해하면 우리 사회는 여전히 상대적으로 약자를 소외시키고 인간으로 취급하지 않는다는 말이겠다. 더구나 여성은 아직도 총체적인 사회 현상 속에서 인간 아닌 인간으로, 그러면서도 인간일 수밖에 없고 인간이어야 함에 고군분투하고 살아갈 수밖에 없는 약자이다. 근자에 우리 사회에 약자 혐오, 그중에서도 여성 혐오가 만연하고 있다. 여성은 이러한 여성 혐오 사회에 태어나서 살아가면서 여성 혐오를 체득화한다. 혐오는 막연하거나 우발적으로

분출되는 감정이 아니라 훈련되고 양성된다. 그것은 이데올로기 속에 집단적으로 형성된 감정이기 때문이다.[1] 여성 혐오는 남녀 비교에 의해 역설적으로 성차별을 강화하였다. 근대사회에 들어와 더욱 남성의 역할은 공적 영역으로, 여성의 역할은 가정주부로서의 사적 영역인 가정에 국한시키는 면이 두드러졌다. 특별히 가정주부로서의 여성은 '현모양처'라는 이데올로기에 제한되어진다. 밖에서 돈을 벌고 일하고 들어오는 남편에게 '늘 생글 생글 웃으며 안락한 휴식을 제공하는 아내'로서, 자식을 잘 양육하는 엄마로서, 집안 살림을 알뜰하게 절약하는 것이 현모양처의 모습이다. 그런데 공적영역에서 생활비를 가져오는 남편과 달리 현모양처는 무급으로 가사노동을 담당하고 상대적으로 남편보다 평가 절하된다. 이렇게 근대시대 이후 산업화로 인해 더욱 교묘하게 나눠지고 지향되어진 남녀의 역할 속에서 여성 혐오는 늘 수면에 떠올랐다.

사회학자 우에노 치즈코의 주장에 따르면 여성 혐오 misogyny는 남성에게는 여성 멸시로 여성에게는 자기혐오 self-loathing로 작동한다.[2] 자기혐오는 자신을 미워하거나, 자신에 대한 분노감 또는 자신에 대해 왜곡된 선입견에 빠져 있는 상태이다. 자기혐오를 가지고 살아가는 여성들은 자신뿐만 아니라 모든 사람 역시 고통스럽게 만든다. 근대가 낳은 여성의 여성 혐오는 여성의 보편적인 감정이라고도 말할 수 있다. 시대 안에서 여성은 여성으로 태어난 것이 아니고 여성으로 만들어져 왔다. 즉 '여성이 되어지는 것'이다. 여성이 불공정한 사회 안에서 만연

---

[1] 카롤린 엠케/정지인 옮김, 『혐오사회』 (파주: 다산초당, 2017), 23.
[2] 우에노 치즈코/나일등 옮김, 『여성혐오를 혐오한다』 (서울: 은행나무, 2017), 15.

된 '너는 여자다'라고 정의 되는 것은 역사적인 여성 혐오의 모멸과 무시 등을 받아들인 '여성'을 수용하는 것을 의미한다. 그리고 그 여성은 '자신은 그 정의된 여자로 무기력하게 수긍하는 존재'가 된다. 여성이 타의적인 평가, 즉 '얌전하고 주체적이지 못하며 무능력하고 지도력이 결핍된 존재'로서 '여성스러움'의 평가를 받아들이는 존재가 되는 것이다.

예전에 친정어머니께서 이런 말씀을 하신 적이 있다. "너는 이번 시험에 떨어져도 너희 오빠는 시험에 붙어야 해." 당시에 같은 대학원 시험을 준비했던 논자와 오빠에게 했던 어머니의 말이었다. 그때까지는 자라면서 어머니가 논자와 오빠를 차별한다는 생각을 해본 적이 없었는데 남녀차별 같은 이야기를 처음 들은 나는 당시에 무척이나 당황했던 기억이 있다. 종종 어머니께서는 논자에게 이런 말씀을 했었다. "너는 엄마처럼 무시당하고 살지 말아야해"라는 말이었다. 이렇게 자란 논자가 요즘 딸아이에게 듣는 말이 있다. "엄마는 나와 오빠를 왜 차별해? 왜 오빠한테는 같은 상황 속에서 잘해주고 이해해 주고 따뜻하게 말하면서 나한테는 화내고 따뜻하게 얘기해 주지 않는 거야?"라고 말이다. 논자 역시 여성으로서의 자기혐오와 이 혐오를 타자인 딸에게 투영하는 것은 여성 혐오를 내면화하고 가부장제 속에 살아가는 여성의 모습을 그대로 보여주는 단면일 것이다.

우리 주위에 만연한 여성과 여성 간의 혐오는 길고도 질기게 세대를 이어오면서 전승되고 있다. 여성 혐오misogyny는 동서고금을 막론하고 가장 오래된 문화현상이다. 그것은 여성이 '남성보다 열등한 존재'라는 것과 '위험한 존재', 즉 남성을 유혹하여 타락하게 하는 존재라는 두 가지 개념을 내포한다. '여성이 된다는 것'은 어느 정도 남성보다 덜 이성적이어야 하며, 백치미가 있어야 하고, 동시에 남성의 성적욕망의 대상이기 때문에 이것이 충족되지 않으면 그 여성은 '여성이 아닌 것'이다. 여자는 남자가 이용하는 도구이며 여성들은 그 안에서 서로 라이벌 관계를 갖기도 한다. 그런데 이 여성 혐오를 지탱하는 개념들이 동일하게 여성의 자기혐오 사상에도 적용된다는 사실이다. 다시 말해, 여성 혐오는 남성만의 전유물이 아니다. 여성 혐오 사상은 남녀가 동일하게 그들의 역사 속에서, 문화 속에서, 종교 속에서 그리고 심리 속에서 지속, 강화되고 정당화되며 내재화되어 왔다.

여성과 여성의 혐오는 여성 자신이 지니고 있는 자기혐오로서의 열등한 기능이 타 여성에게는 우월한 기능으로 표출될 때 그 여성을 향해 여성의 혐오가 작동되는 것을 볼 수 있다. 예를 들면 어떤 여성들의 모임이나 여성과 남성이 함께 공존하는 모임에서 남성이 아닌 여성이 대표자가 되거나 대표의 역할과 기능을 할 때에, 여성으로서의 자기혐오를 그림자로 가지고 있는 여성이 상대방의 여성에게 자신의 그림자를 투사하는 것이다. 상대방 여성을 향한 혐오는 '가부장제에 지독히 순응하고 사는 여성', '남자에게 인형 같은 존재로 살려는 여성'과 그와는 반대로 '가부장제를 벗어나려고 노력하는 여성', '독립적인 존재로 살아가는 여성'에게 동시에 투사된다.

젠더 이론가인 주디스 버틀러Judith Butler는 젠더의 수행성을 언급하면서 "수행성이 정체성을 구성한다"라고 말한다. 여기에서의 정체성은 수행적인 행위와 습관, 몸짓에 의해 촉발된다.3 그녀의 표현인 '젠더 수행성'이라는 개념에 의하면 이 사회가 여성들에게 '여성성을 강요한다는 것'이다. 우리들이 살아가는 사회는 여성을 여전히 가부장적인

---

3 주디스 버틀러/유민석 옮김, 『혐오발언』 (서울: 알렙, 2016), 350.

눈짓으로 그들이 생각하는 '여성다움'의 카테고리에 설정해 놓는다. 그리고 그들이 설정해 놓은 '여성적인 것'에 여성들을 가둔다. 가부장제 사회에서 남성들의 이해 속에 형성된 여성의 이미지와 속성이 그것이다. 여성으로 태어나지 않고 '여성으로 만들어지는 것'이라고 일찍이 주장한 시몬느 드 보부아르Simone de Beauvoir의 말도 여기에서 벗어나지 않는다.

혐오 감정은 꾸준히 훈련되고 교육된다. 이런 면에서 여성 혐오는 혐오 사상을 대표해 왔다. 늘 권력을 쥐고 있던 남성 이야기의 역사(His-story)속에 힘의 논리의 패배자일 수밖에 없었던 그녀의 이야기(her-story)는 희생 타켓target으로서 눈물과 아픔, 때로는 피로 얼룩지는 원하지 않는 증오와 분노의 제물이 되었다. 안타까운 것은 여남평등이 꽤 이루어졌다는 현 21세기에도 이러한 현상이 사회 속에서 다양하게 표출되고 있다는 것이다. 2016년의 강남역 여대생 살인 사건 역시 가부장적이고 오리엔탈리즘적인 시각을 무의식으로 깊숙이 가지고 있는 남성 편파주의의 DNA 성향이 집요하게 이 사회를 불편하게 만들고 있다는 것을 증명한다. 이처럼 다양한 혐오사회를 살아가는 사회 속에 불편하고도 뿌리 깊숙이 자리를 잡고 있는 것이 '여성 혐오'이다. 그리고 그 '여성 혐오'의 주체는 남녀 모두이고 대상은 '여성'이다. 여전히 사회 속에 '이차적인 존재'로 주목받지 못하는 주변인으로서의 여성은 혐오의 주요 대상이다.

여성의 여성 혐오로서의 출발점인 자기혐오는 '자기를 어떻게 규정하느냐'로부터 출발한다. 자기혐오는 칼 구스타프 융Carl Gustav Jung의 심리학에서 있어서 다뤄지는 무의식과 관련이 있다. 그중에서도 자기혐오는 개인 무의식중의 그림자 이론 및 그림자 투사와 관련이 있다. 그림자는 자신의 열등한 면, 곧 자기가 가지고 있지 못한 것, 또는 자기가 싫어하는 면을 가지고 있는 것 등을 담지 한다. 이와 더불어서 뒤틀린 성서와 전통 그리고 문화에 의해 학습화된 여성의 자기혐오 등을 통해 여성이 부정적으로 여성화된 것들, 타의에 의해 내재화된 여성화 등을 살펴볼 수 있다. 동시에 여성의 자기혐오는 여성이 타자로서의 또 다른 여성을 혐오하는 것을 포함한다.

본고에서는 여성의 여성 혐오로서의 자기혐오와 타 여성에 대한 혐오에 관해 신학적인 입장에서 혐오에 대한 융 심리학적인 측면을 함께 살펴보고, 그 원인들과 해결점 및 대안들을 생각해 보고자 한다. 먼저 일반적으로 여성 혐오를 부추기는 여러 인식들이 자기혐오를 포함한 여성의 여성 혐오를 그대로 다시 투영하는 논리들로 작용되는 것들을 살펴보기로 하자.

II. 여성의 여성 혐오를 학습시키는 불편한 인식들

1. 고정관념화된 성역할: '현모양처'와 '슈퍼우먼'의 괴리

고정관념화는 실체의 왜곡과정으로 인지된다. 이런 면에서 "성역할 고정관념은 인지적 편견cognitive bias의 한 형태[4]"이다. 남녀의 고정관념 중에 일반적인 성역할 고정관념은 보통 5세 이전에 시작되어서 청년기에 고착되어진다. 이때 남성적 특성은 성인의 특성과 일치 부합하는데 반해 여성적인 특성은 어린애와 같은 미성숙의 모습으로 표현된

---

4 장휘숙, 『여성심리학』(서울: 傳英社, 2009), 37.

다. 무시할 수 없는 것은 이와 같은 고정관념화는 시대 속에 지속성을 가지고 남녀 모두에게 공유되며 이것이 타자에 대한 평가에도 영향을 미친다는 점이다. 사회 활동영역에 있어서도 가시적으로는 남녀의 평등성을 표출하는 듯하지만, 남녀의 성형평성은 현격하게 여성에게 제한되어 있다. 대중매체 역시 여성의 영역을 가정이나 가족의 사적영역으로 제한하여 여성을 가사에 전무하는 가정주부로서 묘사하거나 설령 여성을 직업여성으로 묘사할 때에도 긍정적으로 표출시키지 않는다. 여성은 여성이라는 성에 속한다는 이유만으로 억압과 차별을 받았고, 그럴싸하게 현모양처를 지향하는 사회구조 안에서 가정주부라는 직업 아닌 직업은 자본주의 경제구조에서 무급노동으로 취급되었다. 한국은 조선시대 이후 철저히 유교 전통 안에서 여성의 절대적인 종속 관계를 표현하는 삼종지도三從之道의 도덕률을 따랐다. 사적 영역의 테두리 안에 있는 여성들에게는 일부종사와 근검절약, 자녀양육을 하는 것이 전통적인 어머니상이나 여성의 역할로 간주되었다. 이와 같은 전통은 인류의 기본덕목으로서 가정과 가문에서 여성의 계급성과 예속성을 주입시켰다.5

이후에도 '현모양처 이데올로기'는 여성들에게 지속적으로 강요 또는 주입되어져 왔다. 이런 측면에서 '주부의 의무'라는 명목으로 '내조', '내조하는 아내' 등을 공공연하게 부추기는 면 역시 적지 않았다. 아직까지 돈으로 환산되지 않는 가사노동을 하는 여성 주부는 '집에서 놀고 먹는' 존재로 인식되어져왔고, 그 인식은 현재 역시 크게 다르지 않다. 특별히 여성이 역할을 수행하는 업무에 있어서는 남성들과 동등한 권

---

5 이병담, 『한국 근대 아동의 탄생』 (서울: 제이엔씨, 2007), 325.

리를 가지고 있지 않다. 비규범적인 행동을 남성과 여성이 했을 때에도 사람들은 여성에 비해 사회적 지위가 훨씬 위에 있는 남성에게 훨씬 관용적이다. 여성들은 우리 사회에서 평가 절하된 집단이기 때문이다.6 이러한 평가나 보상에서 상대절하 평가를 받는 여성들은 박탈감과 자기혐오의 모습을 가지게 된다. 사회에 팽배한 성 고정관념화의 투영이 여성 자신에게도 무의식적으로 수용되면서 자아와 자기의 사이에서 그리고 여성과 또 다른 여성 사이에서의 잘못된 성역할 고정관념이 투영되고 있다.

더욱이 근대에 들어서 여성의 노동력을 직장이나 사업장에서 필요하다는 입장을 가지면서도 또 한편으로는 '현모양처'로서의 가정의 여성성을 동시에 부추기는 것이 우리의 문화이며 사회모습이다. 한마디로 '슈퍼우먼'을 요구하는 모순된 사회현상이다. 남편에게, 자녀에게 평안한 안식처와 늘 웃음을 주는 어머니와 아내로서의 모습을 요구하며 동시에 사회에서는 여성의 노동력을 값싸게 요구하고 있다는 것이다. 이러한 그릇된 사회 현상 속에서 여성은 자기 개발 또는 인정받을 수 있는 능력이 결여됐다고 판단될 때에 여성 스스로 그 문화와 사회에서 도피하며 자신이 가진 여성성을 혐오하고 자기 좌절로 치닫는다.

2. 가부장제 이데올로기를 학습하는 여성들

전통신학의 이원론적 구조는 여성신학자들의 비판이 되어 왔다. 그 가운데서도 여성을 이원론적으로 이해하는 인간이해 역시 동서양을

---

6 장휘숙,『여성심리학』, 38-49.

막론하고 존재하던 불편한 인식들이었다. 여성들은 남성들보다 열등한 사회적 지위와 함께 각 집단 내의 의사결정권 행사에서 배제되는 등 성적 불평등, 성차별주의를 겪어왔다. 이와 같은 성차별 인식은 남성을 위해 만들어진 여성의 원형으로서의 종교의 여성관, 여성을 남성보다 현격한 열등한 존재로 다양하게 표현해온 서양철학, 공자의 유교사상 등을 적극 수용함으로 인해 남성과 가문에 종속되는 존재로 본 한국의 전통적인 여성관 등을 통해 익히 알 수 있다.7

  이러한 인간이해는 다른 말로 표현하면 '여성열등론'이다. 역사는 고대로부터 근대를 거쳐 현대에 이르기까지 다소 차이는 있지만 다양한 측면에서 이 이론을 주지시키고 있다. 이런 면에서 최근 이슈가 되고 있는 '혐오', 그 중에서도 '여성 혐오'는 갑자기 발생된 현상은 아니다. 역사의 이면 속에 늘 '여성 혐오'는 존재해 왔다. 지속적으로 역사 속에서 여성은 감성적이고 남성은 이성적인 존재이며, 여성은 '남성보다 뇌세포가 적은 부적합한 인간'이었다.

  더욱 문제가 되는 것은 이와 같은 이원론적 사고를 남성뿐만 아니라 여성들조차도 자신들의 삶 속에서 남성들처럼 사유하고 표출시키고 있다는 점이다. 가부장제 사회에서 교육받고 가부장적 이데올로기를 숙지하고 내면화시킨 여성들은, 그 스스로 '열등한 존재'와 '유혹하는 존재'로서의 자발적인 여성 혐오 사상을 내면화하면서 지속시켜 오고, 내재화시켜 왔다.

---

7 앞의 책, 50-53.

III. 여성과 여성 간(間)의 혐오

앞에서도 살펴본 것과 같이 여성 혐오는 남성만의 인식 속에만 존재해서 작동하는 것이 아니라 여성들 사이(間)에서도 뿌리 깊게 내재화되고 작동하고 있다. 여성 혐오는 모든 삶의 자리에서 여성들 사이에 은밀하고도 깊숙하게 기억되고 작용하고 있다. 모든 여성에게 뿌리 깊은 선천적인 열등감으로서의 자기 비하 현상은 우리의 생활주변에서 쉽게 찾아볼 수 있다. 대부분의 여성들은 '공적인 영역에서의 지도자는 남자가 되어야 한다'는 인식을 하고 있으며 그것을 편하게 생각하고 안정감을 느낀다. 어떤 집단이든 리더는 남자여야 하고 그것은 종교적인 집단이나 사회 조직 안에서나 가정의 영역에서도 예외이지 않다. 따라서 여성들은 여성이 지도자일 때 불안함을 느낀다. 여성 의사를 기피하고, 여성 목사를 불편해하며, 여성 정치인을 선호하지 않는다. 여성 스스로가 남성보다 조금 낮은 자리에 있는 것을 편하고 안정되게 생각하는 이것은, 여성으로 태어난 성$_{sex}$의 출발에서부터 여성으로 길들여진 젠더$_{gender}$의 고리에서 끈질기게 연결되어 작동된다. 물론 여성들이 이러한 불편한 인식과 상황에서 벗어나려고 끊임없이 노력하는 것이 사실이지만 가부장제의 틀을 강하게 갖고 있는 사회의 변화는 미미하다.

이와 같은 여성과 여성 간의 혐오는 여성 스스로의 자기혐오, 즉 자아로서의 여성과 자기로서의 여성 사이의 혐오 사이를 넘나든다. 더불어 여성은 타자로서의 또 다른 여성 사이에서도 여성 혐오를 표출한다. 가부장제 사회의 딸들로서 은밀하고 집요하게 또 다른 여성을 혐오한다. 여성은 사회 속에서 소수자이며 주변인으로서의 존재한다. 동시에 남성의 멸시 및 비하의 대상이다. 가부장제 사회 속에서 '여성스러운 속성'은 남자의 지배 대상에 합당한 속성임을 내포한다. 이러한 불편한 인식들 속에 자리 잡은 또 하나의 기반은 여성의 여성 혐오, 그 중에서도 여성의 자기혐오이다.

1. 여성 자아(ego)와 여성 자기(self) 사이의 혐오: '어두운 나'로서의 '그림자'

'여성은 여성으로 태어나는 것이 아니라 여성이 되는 것'이라는 가부장제 사회는 여성 자아에게 숙명적으로 잘못된 선택을 하게하고 뒤틀린 여성의 삶을 움직이는 지렛대가 된다. 따라서 여성은 여성자신을 비하하는 커다란 세계 속에 여성 자아를 가둔다. 자기혐오는 자기비하와 학습된 무력감으로 자기$_{self}$로 가는 것을 거부한다.

여성의 자기혐오는 약한 자, 주변인, 주목 받지 못하는 존재로서의 자기 자신에 대한 분노 표출로서의 자기비하 또는 남자에게 종속된 삶을 스스로 인정하면서 '남근 컴플렉스' 아래 살아가는 여성 자신의 모습으로 내재된다. 여성 자신은 스스로 무력한 존재이며 자신들이 속한 체제나 사회로부터의 여성 혐오와 여성 차별을 받아들이고 바꾸려는 노력을 거의 하지 않는 수동적인 존재가 된다. 이러한 여성들은 자신과 같은 타 여성들을 신뢰하지도 않고 우호적이지도 않다. 가부장제 전통 안에서 끊임없이 교육받은 여성에 대한 잘못된 학습이 여성 자신을 포함한 여성 전체를 폄하하게 만든 것이다. 최근에 들어와 여성들의 교육 수준이 높아지고 남성만이 아니라 여성을 인간으로 인정받기를 원하는 지극히 당연한 움직임이 여성 각 계층에서 이야기되고 있지만 그럼에도 불구하고 여성 자신들의 인식은 자기 비하에서 크게 변화

되지 않는다.8

이러한 자기혐오의 근거를 '융의 그림자 이론'에서 볼 수 있겠다. 그림자란 '자기 안의 열등한 인격 부분'이다. 살아 있는 한 그림자는 만들어지게 마련이고 그림자 문제는 계속된다. 자신의 결핍, 콤플렉스, 트라우마, 집착, 질투, 분노, 이기심과 관련된 모든 부정적인 사실들이 그림자의 세포를 구성하고 있다. 그림자는 낡은 방식들old ways, 낡은 인격old personality, 안일한 것들easygoing things, 인격의 열등한 부분, 부정적 측면이며 이와 같이 감추어지고 바람직하지 않은 성질의 총화, 잘 발전되지 못한 기능들이 강렬한 저항에 의해서 억압되고 있는 것들이다.

융에게 있어서 삶은 자아ego가 자기self를 발견하는 과정인 것이다. 그 과정은 바다 위에서 출렁거리는 파도와 같은 자아가 수천 해리 깊이를 가진 마음의 중심인 자기를 찾아가는 여정이다. 이런 면에서 의식은 우리의 중심이 아니다. 우리의 의식은 문명화된 의식이다. 의식은 자아의 세계이다. 이 '자아'라는 것은 '자기'에서 떨어져 나온 것이다. 그렇기 때문에 자아는 우리의 중심이 아니다. 오히려 자아는 우리의 중심인 자기를 향해 나아가야 한다. 이렇게 자기로 향해 가는 과정을 '개성화'(個性化, individuation)라고 한다. 이 개성화의 과정은 자기실현이다. 하지만 이 과정은 결코 평탄한 길이 아니다. 깨달음이란 고통스러운 것이며 고통을 거치지 않은 깨달음이란 또한 없기 때문이다. 개성화는 인간의 전체적인 모습을 온전히 실현하는 과정이다. 그렇기 때문에 한 개인의 특성에 대한 깊은 사려는, 더욱 성숙한 사회적 실현을 추구하게 하는 바탕이 된다.9

---

8 앞의 책, 55-56.

자아는 의식의 중심에 있다. 자아는 개인이 자기 자신이라고 인식하는 의식을 의미한다. 자아는 개인을 둘러싸고 있는 환경들과의 관계 속에서 그리고 내면의 심리적인 과정들에 대해서도 자신의 연속된 정체성을 인식한다. 자아는 현 상태를 유지하는 것을 좋아한다. 이때 자아는 자기의 하위개념이고 자아와 자기의 관계는 부분과 전체의 관계와 같다. 자기는 인격전체 또는 인격의 중심이며 궁극적 지향점이다. 개인의 자아는 자기를 향해 나아감으로써 개별화된 자기를 실현한다. 이 과정에서 자아는 무의식적 형상들과의 만남과 접촉을 통하여 끊임없이 스스로를 초월하면서 창조적이고 새로운 인격으로 변모한다. 자아는 자신이 회피하고 도피했던 그림자를 수용하고 통합하는 과정을 겪으면서 자신의 인격의 전체인 자기를 향하여 나아가는 과정을 갖는다.10 개성화 과정의 시기에 갈등이 일어나는데 그 주된 원인은 우리가 그동안 아무런 관심도 갖지 않았던 인격 영역, 즉 그림자와 마주치기 때문이다. 본고에서는 이러한 그림자를 자기혐오 그림자로 인지하고자 한다. 이러한 열등하고 까다로운 영역은 자아의식에 충격을 주고 자기에 이르는 길에 장애물을 놓는다. 그림자의 문제를 해결하는 것은 힘든 일이지만 반드시 필요한 일이다.11

그림자는 의식과 무의식으로 구성된 인간의 마음 중에 무의식 속의 열등하고 미숙한 인격이며 의식의 억압에 의해 형성된 자아의 어두운

---

9 C. G. Jung, *The Relations between the Ego and the Unconscious*, The Collected Works, vol. 7, 171.
10 홍영택, "개성화와 성화-융(C. G. Jung)과 틸리히(P. Tillich)를 중심으로-,"「神學과 世界」제67호 (2010/3), 252-258.
11 존 웰치/심상영 옮김, 『영혼의 순례자들』(서울: 한국기독교연구소, 2000), 177.

단면이다. 이와 같은 그림자에 대한 억압은 근본적인 치료가 되지 못하며 이것은 마치 도리어 '마치 두통을 앓고 있는 사람의 머리를 자르면 된다'고 하는 식의 처리방식과 같다.12 그림자는 혐오스러운 '보이고 싶지 않은 나'를 무의식 안에 묻어두고 의식으로부터 억압시켜 외부로는 잘 표현되지 않는다. 그리고 사람들은 이와 같은 자신의 어두운 부분을 숨기거나 이러한 면이 없는 것처럼 숨기며 지내는 경향이 있다.

그림자는 에고의 나, 자아의 어두운 면이다. 다시 말해 자아로부터 배척되어 무의식에 억압된 성격측면이다. 그래서 그림자는 자아와 비슷하면서도 자아와는 대조되고 자아가 가장 싫어하는 열등한 성격을 지니고 있다. 자아의식이 한쪽 면을 지나치게 강조하면 그림자는 그만큼 반대편 극단을 나타낸다.

그런데 이러한 그림자가 억압된 채로 자아의식을 지배하면 자신뿐만 아니라 다른 사람에게까지 악영향을 줄 수 있는 파괴적인 힘으로 나타난다. 억눌린 무의식이 그림자가 되어서 의식을 엄습하는 강한 정신에너지로 변환하여 의식을 혼란에 빠트린다. 다만 이러한 무의식의 그림자를 인식하고 긍정적인 면으로 통합시킬 때는 개성화에 이를 수 있다. 다시 말하면 무의식 속에 가려져 있는 그림자가 의식이 되는 순간, 그림자의 내용들은 창조적이며 긍정적인 역할을 하게 된다. 즉, 자아에서 자기로 가는 자기실현의 과정을 이룰 수 있다. 자기혐오에서 벗어나 진정한 자기를 찾을 수 있는 것이다. 자기실현은 자기인식self knowledge의 과정이다. 자기인식이란 무의식의 내용들을 인식하는 과정

---

12 C. G. Jung, *Psychology and Religion : West and East, CW. 11.* London: Routlidge & Kegan Paul, First Printed in Great Britain 1977, para.132.

이며 이것을 의식화(意識化)라고 한다.13 그림자가 의식화될 때 자기실현이 이루어진다. '그 사람 자신으로서의 전부'가 되는 자기실현은 자기혐오를 벗어나게 함으로써 여성으로 하여금 진정한 여성이 되게 한다.

인지해야 할 것은 자아에 의해 억압, 억제, 부정 등으로 그림자가 무의식 속에 형성되어진 것은 이러한 그림자를 회피, 거부한다고 해서 그림자는 없어지지 않으며 어떠한 형태이든 우리의 생활 속에서 투사라는 형태로 표출된다. '어두운 나'로서의 그림자는 자아의 또 다른 인격이다. 또한 이 그림자는 다른 사람에게만 있는 것이 아니라 내 안에도 있다는 것을 인지해야 한다. 이때 개인 무의식 속에 잠재되어 있는 그림자를 의식으로 표출시키는 것이 '자아의식'이다. 자아는 의식의 중심에서 의식된 마음을 통솔하고 무의식의 그림자와도 관계성을 갖는다. 그리고 자아의식은 그림자를 인식하는데 중요한 역할을 하며 인격을 성숙시키고 정신의 전체성 실현에 일조한다. 자아의식 수준이 높아지면 사람들은 자신의 무의식을 의식화함으로써 문제 상황을 긍정적으로 변환시킬 수 있다.

이와 같은 그림자는 자아의식의 수준에 따라서 '그림자 수용', '그림자 억압', '그림자 동일시'로 구분된다. 그림자 동일시는 그림자를 억압하고 그림자에 사로잡혀 있는 상태로서 자아의식 수준이 가장 낮고 개인 무의식 속의 그림자가 가장 강한 형태이다. 따라서 부정적이고 열등한 그림자에 사로잡히게 되면 혐오스러운 언행이나 행동 또는 잔인하고 충동적인 행동을 취하게 된다. 그림자 억압은 자신의 그림자를 내면에서 발견하고 그것을 억압하거나 억제하는 것을 말한다.14 그림

---

13 이부영, 『자기와 자기실현』 (파주: 한길사, 2016), 96.

자 수용은 그림자를 자신의 것으로 받아들이고 통합하는 유형인데 가장 성숙한 그림자 반응유형이다. 그림자를 수용하는 사람들은 자아의식이 높은 용기 있는 사람들이며, 그들은 자신의 그림자를 회피하거나 억압 또는 억제하지 않고 과감하게 직면하면서 자신의 인격의 일부로 수용 통합한다. 어두운 나로서의 그림자를 긍정적이고 창조적인 에너지로 변환시킴으로 그림자에 지배당하지 않고 다른 사람들에게도 자신의 그림자를 투사하지 않는다.15

자신의 어두운 그림자에 지배당하거나 억압을 받는 것을 자기혐오로 생각할 때에, 이것을 극복한 사람들은 자신의 삶도 능동적으로 살아갈 뿐만 아니라 타인에게도 배려심이 깊다. 따라서 그림자를 억압, 억제, 회피하는 사람들이 자신들 속에 내재되어 있는 그림자에 대한 공포, 긴장 및 두려움의 감정을 갖는 것과는 달리, 그림자를 적극 수용하고 통합하는 용기 있는 사람들은 고통스러운 경험이지만 그림자의 만남과 통합을 통해 자기화 되며 개성화의 실현을 할 수 있다. 이 통합은 타인을 향해서도 정죄 대신 관용과 따뜻한 관심을 갖는다. 자아의 어두운 측면으로서의 그림자가 외부세계에 적응하는 것을 회피 및 억압하는 것을 방치시키는 것이 아니라 그림자의 열등부분을 의식화해서 교정하는 것이 중요하다. 그림자는 거부 존재가 아니라 나의 것으로 수용하며 돌보고 살려야 한다. 즉 과감히 그림자와 대면하며 창조화시킴으로써 통합을 이룬 '자아'가 '내 속에 있는 신神'으로서의 전체성, 온전성의 자기가 된다. 융이 언급하는 자기(the self)는 '있는 그대

---

14 이종연, "Jung의 분석심리학에서 그림자 인식의 중요성과 그림자 통합방법," 「상담학연구」 Vol.10 No.3(2009), 1487-1490.
15 앞의 논문, 1489-1492.

로의 전부로서의 '그 사람'이다. '본성'으로서의 '그 사람'이다. 모든 사람이 '그 사람 자신'이 되게끔 하는 기능이 자기 원형적 기능이다. 전일적 상징의 자기는 고유한 자신의 다양성 속에서 전일성으로서의 자기 자신의 모습이다.16 이것이 전일적 인간의 자기실현이며 개성화이다. 개성화는 자신의 페르조나에서 제거되는 것이고 최초의 이미지(최초의 통합된 상태)로서의 연상력the suggestive power이 된다.17 자기는 창조하고 싶어 하고, 진화를 하고 싶어 한다. 그러므로 우리는 자기실현을 통해서 완전한 인간volkommener Mensch이 아니라 온전한 인간vollstandiger Mensch이 된다.

이런 측면에서 여성의 자기혐오로서의 그림자는 여성 스스로가 자신의 어두운 면인 그림자를 단순 억압하거나 회피하지 않고 과감히 그 그림자와 대면하고 교정시켜서 새롭게 변화시킴으로 자신의 일부로 통합시키는 고통과 경험 그리고 노력이 필요하다. 자기실현은 개인 안에 있는 것을 억압하는 것이 아니라 개인 안에 분열되어 있는 것을 통합하며 그것들의 진정한 의미를 회복하는 것이다. 하나님 형상Imago Dei으로서의 자기, 자기실현의 모습을 갖추는 것이다. 동시에 연약한 자아에서 성숙된 '자기'를 찾아가는 이 과정은 지속성과 타인과의 관계성에 참여하는 것을 요구한다. 그 관계성은 이타성, 협동체로서의 참여이다.

---

16 장영주,「융심리학에 대한 여성신학적 접근」(감리신학대학교 대학원, 1994), 68.
17 Jung, C, G, *Two Essays on Analytical Psychology, CW 7* (London: Routledge & Kegan Paul, 1977), para, 269.

2. 여성과 또 다른 여성 사이(間)의 혐오: '그림자 투사'로서의 자기혐오

만약 어떤 인물에 대해 본인도 알 수 없는 증오를 느낀다면 그것이 오히려 자신의 그림자일 수도 있다. 앞에서도 융의 그림자 이론을 통해 살펴본 여성 자기혐오로서의 모습은 여성이 타 여성을 볼 때 투영된다. 자기혐오를 가진 여성들은 타 여성을 공격할 때 편안함을 느낀다. 여성들이 타 여성을 무시하고 공격하는 것은 여성 자신을 좋아하지 않는 자기혐오에 대한 투영이 나타나는 것이다. 즉 여성의 여성다움을 좋아하지 않는다는 것을 극명하게 나타내는 것이다. 여기에서 말하는 여성다움은 사회가 요구하는 여성으로 길들여진 여성다움이다.

타 여성을 혐오하는 것은 여성 자신이 선천적으로 열등하며 손상받은 존재라는 것을 표출하는 것이다. 융 심리학에서는 이러한 현상을 '자신의 그림자를 투사하는 것'으로 표현한다. 자기혐오 그림자는 부정적이고 열등한 성격의 이미지로 나타나기 때문에 그것이 투사된 인물에게 향하는 감정은 늘 좋지 않은 성질을 띤다. 즉 자신의 어두운 면으로서의 그림자를 타자에게 보았을 때 유난히 민감해진다면 이것은 자신의 그림자를 타자에게 투사한 것이다. 그리고 자신의 그림자를 타자에게 발견함으로써 본인의 책임을 회피한다. 이와 같은 '그림자 투사'는 자아를 왜곡시키고 사람들과의 관계 소통을 어렵게 한다. 투사는 무의식적으로 일어나므로 자신은 그것이 투사된 자기혐오인지를 모른다. 그러나 그를 잘 아는 사람 눈에는 그가 비난하고 싫어하는 성격의 경향이 바로 그 사람 성격의 일부라는 것이 보인다. 특히 그림자 투사는 동성끼리나 같은 종류의 일에 종사하는 사람 사이에서 일어난다. 이런 측면에서 여성의 여성 혐오는 단순히 치부할 수 없다. 여성의 타 여성 혐오의 타입은 다음과 같이 3가지 분류의 그림자 투사로 나눠서 생각할 수 있다.

첫째, 자신의 열등한 그림자를 타 여성에게 발견했을 때 생기는 그림자 투사로서의 자기혐오이다. 융에 의하면 그림자가 소외된 채 무의식에 남겨져 있으면 그 그림자는 인간의 의식을 사로잡고 파괴적이고도 강한 투사를 일으킬 수 있다. 그리고 인간의 인격과 삶을 부정적인 방향으로 이끌어 간다.18 자기혐오를 투사하는 여성의 타 여성 혐오는 '여성'이 그림자이다. 이때의 '여성'은 '부적응자로서의 여성', '제2의 성으로서의 여성', '여성 스스로를 혐오하는 여성', '가부장제에 순응 되어진 여성'이다. 자신을 혐오하고 자신을 미워하는 것은 타인에 대한 미움, 공격으로 창발 된다. 타인으로서의 여성에 대한 혐오, 미움은 내 자신의 내면에서 나를 미워하고 혐오하는 것으로서의 투사이다. 즉 자신을 비난하고 그러한 비참한 자신의 얼굴을 타인의 얼굴, 타인으로서의 또 다른 여성에게서 발견하며 혐오한다. 이때의 타 여성은 '똑똑하지 않으며', '남자에게 스스로를 종속시키는 여성', '남편에게 독립적이지 못한 여성'들이다. 따라서 이와 같은 여성들을 볼 때에 분노하게 된다.

둘째, 자기혐오를 내포한 '여성'이 능력 있는 여성들을 향해 라이벌 관계를 가지며 부정적인 시각으로 혐오하는 모습이다. 타 여성이 자신의 열등한 기능을 우월기능으로 가지고 있을 때 그것은 무의식의 열등기능을 자극한다. 이렇게 열등기능이 의식에 떠오를 즈음 가부장제에 학습되어진 자기혐오를 가진 여성은 자신의 열등한 면을 보기를 꺼려하고 그것을 상대방에 투사해서 상대방이 가진 장점을 깎아내리려 한

---

18 홍영택, "개성화와 성화 – 융(C. G. Jung)과 틸리히(P. Tillich)를 중심으로", 255.

다. 여성의 여성 혐오로서의 '타 여성'은 '가부장제를 벗어나고 있거나 혹은 벗어나려는 여성'에게 투사된다. 즉 온전한 자기가 되기 위해 자기실현의 과정, 개성화의 과정을 가는 여성이다. 이때 자기혐오를 가진 여성은 이와 같은 타 여성을 향해서 '여자가 뭘 한다고 나서는 거야?', '어디 얼마나 잘하는지 보자. 잘나봐야 네가 여자지?', '남자 자리에 왜 여성인 네가 나서는 거야?'라는 등의 시선과 혐오 감정을 보인다. 익히 우리가 알듯이 자기혐오를 가진 여성들 스스로가 교회에서 여성 목사의 설교를 신뢰하지 않는다든가, 여자는 교회에서 사모는 할 수 있어도 목사는 어울리지 않는다든지, 여자가 전문직을 가지면 신뢰성을 가지지 않는다든가 하는 인식들이 그것이다. 즉 목사, 의사, 교수, 판사, 검사, 군인 등등 공적인 영역에서 여성이 전문직을 가지고 있으면 남성보다 여성이 더 전문직 여성을 하대하고 신뢰하지 않는 경향이 있다는 것이다. 시대가 가지고 있는 커다란 우산, 가부장제라는 우산 속에 길들여진 여성들이 상대방의 여성을 자신들의 그림자를 가지고 잘못 투사하는 예라고 볼 수 있다.

　이는 또한 문화라는 가부장제가 집단무의식으로 여성에게 잠재되어 있는 모습이다. 즉 '가부장에 종속된 여성'이나 '가부장제에 길들여진 여성'이 각자의 분야에서 '독보적인 여성'을 볼 때에 자신의 열등감으로 표출된 그림자가 상대방 여성을 혐오하는 자기혐오의 투사로 표출되는 모습이다. 여기에서 언급되는 여성이란 사회 속에서 여성 혐오, 여성멸시를 경험하는 일반 여성들을 의미한다. 이러한 여성들은 상대방이 아무리 능력 있는 여성일지라도 인정하는데 인색하며 '너도 어쩔 수 없이 가부장 이데올로기에 살아가는 평범한 여자일 뿐이야'라는 질시와 의도적인 자기 최면의식을 가지면서 상대방을 비하, 또는 혐오한다. 여성의 귀속은 '결국 여성이 돌아가야 할 곳', 즉 '남성에게 선택됨'에 있다는 카테고리 안에서 여성의 정체성을 찾으려 한다. 여기에서 말하는 여성이 또 다른 타자 여성에게 가지는 여성 혐오는 질투와 시샘에서 비롯된다. 즉 상대방의 여성을 볼 때 '결국은 남근의 지배에서 벗어날 수 없는 존재'로서 자신과 타 여성 전체를 애써 '궁극적인 여성 전체의 정체성'으로 동일화시키는 것이다. 이런 현상은 여성과 또 다른 여성들의 관계인 어머니와 딸의 관계 속에서, 주부와 직장 여성들 관계 속에서, 어떤 면에서든지 사회가 요구하는 능력을 갖춘 여성과 갖추지 못한 여성들 속에서 존재한다.

셋째, 엘리트 여성이 일반 타 여성에게 투사하는 혐오가 있다. '명예남성'이라고도 일컫는 능력 있는 여성이 가부장 사회의 카테고리 안에서 일반적인 여성 혐오를 받는 '여성'들을 혐오하는 모습이다. 다른 말로 표현하면 사회 안에서 특권을 누리는 '예외'로서의 여성이 일반 여성을 무시하고 지속적으로 차별하는 여성 혐오의 또 다른 면이다. 그러나 능력 있는 흑인이 백인사회에서 활동해도 결국은 흑인인 것처럼 남성들 사이에서 능력 있는 여성으로서의 '명예남성'이라 할지라도 호모소셜homo social 한 공동체 속에 결국은 그 여성도 '여성'인 것이다. 표면적으로는 남성들과 능력 있는 여성이 동질감을 느낄 수 있다 할지라도 사실은 그렇지 않다. 남성들만의 세계 속에 이질적인 여성이 들어간다는 것은 가능하지 않기 때문이다.[19] 유능하고 아름다우며 자신감이 넘치는 것처럼 보이는 여성도 그들의 내면에는 여성으로 태어난 "선천적 열등감innate inferiority"[20]을 가지고 있다. 그렇기 때문에 이러한 여성은 여

---

[19] 우에노 치즈코, 『여성 혐오를 혐오한다』, 268-269.

성으로서의 열등감에서 벗어나기 위해 필사적인 노력을 함으로써 사회적으로 인정받는 위치에 선다.

앞에서 3가지 부류의 자기혐오로서의 그림자 투사를 살펴보았다. 여성이 자기혐오 그림자는 인식하지 못하고 타자인 상대방의 여성에게 그 그림자를 투사하기만 했을 때 여성자신은 본인이 처한 환경과 사회에 적응하기 어렵고 소외되기 쉽다. 타자에게서 발견되는 혐오는 자신 속에 있는 그림자가 투사된 것이다.

중요한 것은 무의식 속에 내재해 있는 자기혐오로서의 열등한 그림자를 깨어있는 자아의식으로 강화시키고 의식화시켜서 자신의 의식으로 통합시키면 그림자는 창조적인 에너지로 변화할 수 있다. 따라서 자기혐오로서의 그림자를 무시하거나 억압하지 말고 무의식 속에 있는 그림자로서의 혐오를 인식하고 정면으로 대면하면서 교정하는 것이 중요하다. 그리고 삶의 고통 속에서 그림자를 인식하면서 자기 성찰과 용기를 통해 교정된 그 그림자, 즉 창조적 에너지로 변환된 그림자를 자신의 인격으로 수용하고 통합하는 것이 개성화의 과정, 자기실현의 과정인 자기화 되는 것이다. 즉 온전한 자기로서의 자기를 발견하고 자기 정체성을 확립시키는 것이다.

---

20 장휘숙, 『여성심리학』, 56-57; 179-180.

IV. 어떻게 여성의 여성 혐오를 극복할 수 있는가?
: 재학습을 통한 자기(self)실현 그리고 또 다른 여성과의 교감(sympathy)

역사가 시작된 이래로 끊임없이 여성폄하는 이 시대를 살아가는 남자들뿐만 아니라 여성들 자신에게도 동일한 사고로 기억되고 활동되고 있다. 물론 이러한 현상이 이 시대에 지극히 작은 일부의 의식이기를 바라지만 그럼에도 불구하고 이 시대에 난무하는 여성 혐오의 사상은 어떻게 설명되어야 하는 것일까? 여성에 대한 성차별과 성불평등에 뿌리 깊음은 여성들에게 자기 존중감과 진정한 자기를 상실하게 한다. 남자들보다 상대적으로 자기 상象과 자신의 인생에 대한 낮은 기대감 및 자신의 능력에 대해 신뢰가 적은 여성들은 정체감 위기identity crisis 를 가져온다. 이때의 정체감 위기는 사적 영역에 제한된 여성의 정체감이다. 설령 정체감을 확립한 여성들도 사회에서 성공함으로써 거부당하는 것을 두려워하는 '성공 공포fear of success'를 가지는 경우가 있다. 아직까지 사회 인식이 사회적으로 남성의 영역인 공적 영역에서 성공한 여성은 흔히 '여성답다'는 매력과 상반되기 때문에 성공하기를 두려워한다는 것이다.

앞서 논자는 여성의 자기혐오 그리고 그 자기혐오를 통한 그림자 투사로써의 타 여성을 향한 혐오를 여성의 여성 혐오 카테고리 안에서 다루었다. 그렇다면 어떻게 이러한 혐오를 극복 또는 완화시킬 수 있을까? 이 해결점을 논자는 재학습을 통한 교육을 통해 극복하는 것에 두고자 한다. 왜냐하면 근본적으로 여성의 자기혐오 및 그 혐오를 투영한 타 여성의 혐오 역시 전통이라는 명목 아래 유수히 흘러온 학습의 결과이며 과정이고 진행이기 때문이다. 그 학습은 어딘가 잘못된 학습이었고 여성들은 그 학습을 통하여 무력감을 학습하고 또 학습하는 현재 진행형에 속해 있다. 잘못된 학습을 바로 잡는 것, 곧 올바른 교육을 통해 다시 말해 자기혐오를 극복하는 자기 교육을 통해 자기 존중감을 정립해야 한다. '교육 안에서 일어나야 하는 혁명'을 가져야 한다. 여기에서 논자가 말하는 재교육은 올바른 '자기 인식교육'을, 재학습은 올바른 '훈련'을 의미한다. '습習'은 배운 지식을 몸으로 체득하고 그 '익힌 것'들을 지속적으로 훈련하는 것이다. 여성의 자기혐오를 극복하는 교육과 학습이 재정립되어야 한다. 이것과 병행하여 성차별을 벗어난 올바른 학교교육과 언어차별의 개선 역시 시급하다. 근본적으로 여성의 자기실현을 통한 정체성 확립과 독립성 그리고 여성들 사이의 연대가 필요하다. 여성들이 독립적인 목소리를 내며 의식적으로 연대해야 한다. 이 모든 것들을 위한 준거기반으로 협동체로서의 공감과 교감이 절실하다. 이것을 위해 다음과 같은 재학습과 실천 사항을 제안한다.

첫 번째로 왜곡된 기독교 전통 학습의 재학습(전통의 본질 회복)과 자기의 교감이 요청된다. 일반적으로 서구문명과 문화의 원천으로 간주되는 두 전통, 성서와 그리스 사상은 여성을 부차적인 존재로 규정해 왔다. 여기에 남존 유비의 유교전통이 만나 더욱 여성 혐오와 여성 비하적인 모습이 가중되었다. 한국교회는 가부장적인 성서텍스트와 기독교 전통, 특별히 여성 혐오의 근거로 사용되는 성서-창세기의 창조신화, 음란한 여인으로 비유되는 성서 곳곳의 내용들, 원죄의 근원으로서의 여성, 여성 열등론과 여성 비하론을 가중시키는 목회서신 등-를 소중하게 생각해 왔다. 이와 같은 여성 혐오 전통은 여성들에게 자기 비하의 정체성으로서의 자기혐오를 가진 여성들의 무의식 속에 스며

들었다. 여성은 여성의 존중감을 포기하고 여성의 인간됨을 체념하고 남성의 종속된 존재로 자신을 비하하며 살아갔다. 아직까지도 여성은 남성에게서 난 존재이며 단순한 존재이고 창세기 3장 16절에서 언급된 "그가 너를 다스릴 것이니라"라는 개념에 의거하여 여성 이브의 근원적인 종속subordination 21에 가두어진 존재로 취급된다. 여기에서 말하는 왜곡된 기독교 전통은 가부장제의 기독교 전통 속에서의 성서의 본질 왜곡을 의미한다. 성서의 본질이란 가부장제 성서 전통 속에 자신의 모습을 가졌던 여성이 성서에서 인간을 표현한 하나님 형상을 회복하는 것을 의미한다. 성서가 여성을 가두는 것이 아닌 여성을 살리는 경전으로 여성 스스로에게 재해석 될 뿐만 아니라 인지되어야 할 것이다.

이런 맥락에서 전통적으로 내려온 여성에 대한 성서 재해석의 인식 보급이 시급하다. 창세기 1장 27절에 나오는 "하나님이 자기 형상 곧 하나님의 형상대로 사람을 창조하시되 남자와 여자를 창조하시고"라는 말씀에 입각하여 남자와 여자는 하나님의 형상대로 동일하게 지음 받은 존재이며 그 이후에 죄로 인해 타락한 남녀의 모습은 동일하게 하나님의 형상대로 회복되어야 한다는 남녀 동등성의 회복이 이루어져야 한다. 구세군 공동 창립자 캐서린 부스Catherine Booth 는 기독교를 '남자가 만든 종교는 여성을 저하시키고 여성을 무시하지만 그리스도의 종교는 여성의 인격을 인정하고 독립적이며 도덕적 대리인으로서의 존엄성을 들어 올리는 구원의 종교'로 이해한다.22 그녀에 의하면 진정

---

21 L. Mattox, "Luther on Eve, Women and the Church", *LUTHERAN QUARTERLY* Volume XVII(2003), 461.

22 Krista Amy Gabriela Valtanen, *"Catherine Booth: Preacher any Theologian?"*, to the University of Exeter as a thesis for the degree of Doctor of Philosophy in

한 기독교는 여성을 대적하는 편견과 일반적인 사회적 통념들에 의해 영향 받는 존재가 아니라 여성의 해방을 이끌어 낸다. 하나님 형상으로서의 여성의 동등성과 여성의 자기 정체성이 확립되어야 한다. 그러므로 인해 여성은 여성 자신과 화해해야 한다. 성서를 통한 자기 정체성 발견과 자기 교육을 통해 자기혐오와 성공 공포에서 자유로워야 한다. 가정과 사회 환경이 여성에게 불공평하고 강압적으로 요구함에 따라 형성된 여성의 자기혐오 그림자를 극복해야 한다. 여성의 여성 혐오, 즉 여성 자아와 여성 자기 사이(間)의 혐오, 여성과 또 다른 여성 간의 혐오는 자기혐오를 가진 여성 스스로의 자각된 인식으로부터 제거되어야 할 것이다. '자기혐오로부터의 탈출'은 왜곡된 성서로부터의 교육을 습득한 여성을 재교육하고 재학습하는 것에 있다. 여성을 여성되게 한다는 의미이다.

여성의 '하나님 형상으로의 회복'은 약한 자아에서 통합적이고 전체성 실현의 자기화이다. 즉 자기는 '우리 안에 있는 하느님'이며 이것이 전체 정신의 중심이면서 궁극적인 목표라고 말할 수 있다.[23] 융에게 있어서 인간 정신의 전체성, 중심, 궁극적 방향은 자기이며 그 자기를 나타내는 표상은 신(神) 또는 신적인 것이다.[24] 인간의 궁극적 완성은 자신 안에서 발견되어지며 자기 자신이 된다. 그 자신 안은 우리 안의 하나님을 발견하는 것이다. 융의 자기실현의 의미는 나와 내 안의 하나

Theology, January 2005, 105 재인용; 장영주, 「캐서린 부스의 교감신학연구」(감리교신학대학교 대학원, 2013), 재인용.

[23] C.G. Jung, 『인격과 전이』, 159, 재인용; 홍영택, "개성화와 성화-융(C. G. Jung)과 틸리히(P. Tillich)를 중심으로-", 257-258.

[24] 김성민, "현대인의 정신적 상황과 C.G.융의 분석심리학," 「한국기독교신학논총」 73권 73호(2011), 321.

님을 합친 하나가 되는 것이다. 다시 말하면 내가 하나님의 형상을 회복하고 실현하는 것이 진정한 자기화의 모습이다.

이것은 여성 자아와 '또 다른 나' 여성 자기 간의 교감의 모습을 표현한다. 다시 말하면 여성 혐오에 맞서서 스스로 싸우고 하나님 형상으로서 자기 자신의 정체성을 찾는 것이다. 이기적이고도 부분으로서의 자아와 전체로서의 자기 간의 갈등을 해결하고 '자기실현으로서의 존재'가 되기 위함이다. 더불어서 약한 자아에서 성숙하고 온전한 자기로 가는 자기실현의 최종 목적은 타인과의 관계에서 이타성을 가지고 참여한다는데 있다. 즉 여성이 타 여성에 대해 자기혐오로서의 그림자 투사를 통해 왜곡된 관계형성을 갖는 것에서 벗어나서 사랑과 공감의 교감을 가지고 타 여성을 이해하고 배려하는 지속성이 필요하다. 그렇게 됨으로써 탈脫 자기혐오한 여성의 타 여성에 대한 혐오는 그림자 투사로서의 자기혐오를 극복하고 '살아있는 협동체living cooperation '25를 이루는 모습을 지향해 나갈 수 있다. 즉 자기혐오를 벗어나 타인과의 긍정적 관계성을 갖되 이 모습이 지속적인 과정으로 끝까지 지속되어야 할 것이다.

자기는 창조하고 싶어 하고 진화하고 싶어 한다. 반대로 자아는 현 상태를 유지하는 것을 좋아한다. 여와 여의 대립, 남과 여의 대립, 남과 북의 갈등, 동과 서의 구별 등 모든 대립 양상에 대한 화해와 통합의 성숙한 인간 구현을 궁극의 목표로 삼는 것이 자기화이며 자기와의 교감의 모습이고 자기화의 교감의 체현화이다. 이것은 '신적인 완성을 향

---

25 임경수, "칼 융(Carl Jung)의 개성화(Individuation) 과정과 중생(Rebirth)에 대한 상담신학적 담론,"「한국기독교상담학회지」(2007/11), 176-177.

한 인간적인 되어 감의 길'(To pursue human becoming to its divine fulfillment)이며 '인간은 누구나 요순(堯舜)처럼 될 수 있다'는 성인지도 (聖人之道, To become a sage)와 일치한다. 성인지도의 이상은 인간은 누구나 그 안에 초월적 뿌리를 담지한 자(性卽理 또는 心卽理)로서 그것의 신장과 계발을 통해서 참된 인간이 될 수 있다는 것이다. 여성도 남성과 마찬가지로 본성적으로 초월적 가능성을 담지하고 있고, 여성의 인간 규정도 그러한 초월적 본성의 실현에 있기 때문이다.26

둘째로 왜곡된 신학 학습을 재학습해야 한다. 이러한 학습은 기독교적 신학학습을 전개해 왔던 동서양과 관계없이 뒤틀려 있다. 특별히 1517년 각종 차별을 없애려 했던 종교개혁의 '만인제사장직' 역시 표면적인 종교개혁으로서, 실제적인 여성 평등에는 많은 도움이 되지 않았다. 도리어 원래의 종교개혁 정신이 왜곡되면서 여성들의 고통이 더 공고하게 된 면 역시 적지 않다. 이렇게 여성의 자기혐오를 방조한 왜곡된 신학적 전통을 올바로 정립하기 위해서는 본래의 만인제사장직 이념이 재숙고 되어야 한다.

'남성중심의 만인제사장직'이 '동등한 만인제사장직'으로 회복되어야 한다. 루터는 『독일의 그리스도인 귀족에게 고함』(*To the Christian Nobility of the German Nation*)을 통해 "모든 그리스도인들은 영적신분에 속하므로 직분의 차이를 제외한 차이가 존재하지 않고 동등한 지위를 가진 제사장들"이라고 주장했다. 이것은 중세 시대가 신분을 구분하는 것에 대한 철저한 비판이었으며 루터가 주장한 '그리스도인들은 한 몸이며 각각의 구성원들은 다른 이들을 섬기는 역할을 가진다'(고린도전

---

26 이은선, 『잃어버린 초월을 찾아서』(서울: 모시는 사람들, 2009), 168-169.

서 12:12-13)에 의거한다.27 그럼에도 불구하고 루터가 남성을 중심으로 한 만인제사장직을 표출했음도 사실이다. 익히 알고 있듯이 만인제사장직이라는 교리 자체가 '세례를 받은 모든 그리스도인이 제사장'이라는 평등성을 대표하는 것임에도 불구하고 실상은 그 구실을 제대로 하지 못했고 지금도 어느 면에서 온전한 만인제사장직의 역할이 결여됨을 본다. 예를 들면 만인 제사장직이라는 입장에 선 루터 역시 여성사제직을 허용하지 않았고 현 시대에 많은 교단에서 여성 목사가 배출됨에도 불구하고 교회 안에서도 여성 목사를 목사로 인정하지 않는 분위기가 존재함을 배제할 수 없다. 여성 목사직이 남성 목사직과 동일한 대우를 받기 위해서는 남녀 목회자의 인식의 변환을 통해 교회내의 모든 성도들이 자연스럽게 동일한 목사로 받아들일 수 있는 실제적인 인식의 변화가 시급하다. 여성 스스로가 교회 내의 서열을 '남성 목사-남성 장로-사모-평신도'의 순으로 인식하고 인정하고 선호하는 자기 비하, 자기혐오 인식을 뛰어넘어야 한다.

셋째로, 왜곡된 문화학습을 재학습해야 한다. 한국은 조선시대 이후 유교전통이 화석화되면서 위계적인 남녀의 질서유지가 고착화되어 있다. 이러한 척박한 문화 속에서 여성의 자기혐오는 대물림이다. 그리고 현재 진행형이다. 어머니에서 딸로 그리고 여자 후손들에게 끊임없이 물려질 수 있는 지독한 대물림이다. '나처럼 살지 마라'는 엄마의 자기혐오와 딸을 지배하려고 하는 가부장적인 모습을 동시에 표출하는 어머니의 '여성 혐오'의 복합성을 딸은 그대로 물려받는다. '엄마처

---

27 최주한,『루터의 재발견』(서울: 복있는 사람, 2017), 104; 김선영, "루터의 여성관," 「한국교회사학회지」제38권(2014), 68.

럼 살지 않는다'는 여성의 자기혐오 및 여성의 여성 혐오를 동시에 승계받는다는 의미이다. 자기 비하와 낮은 자기 존중감에서 벗어나 자기 존중감을 고취시키는 재학습이 절실하다. 동시에 여성이 남성에 의해 부여된 가치를 추구하는 여성의 뒤틀린 심리 역시 전환되어야 한다. 이 뒤틀린 심리와 뒤틀린 문화는 여성 무의식에 투영된 가부장제의 잔여이기 때문이다.

넷째, 탈자기혐오를 위한 실천적인 개혁이 시급하다. 실천적인 여성평등개혁이 시급하다. 다시 말하면 성평등성gender equality과 성형평성gender equity의 조화이다. 예를 들면 아직까지도 한국교회는 목회자, 특히 한국 목회자가 절대화되어 있는 경향이 짙다. 심지어 평신도 직분자들 중에서도 남자 장로와 같은 직분은 남성 목회자를 따라 똑같은 남성우월주의 권위의식을 가지고 교회에서 행동하는 경우가 많다. 교회에서의 여성의 자리는 예배당보다는 식당이고, 강대상의 설교보다는 설거지와 잔일을 하는 경우가 허다하다. 이것이 21세기를 살아가는 교회의 그림자며 교회의 현실이다. 성평등성은 실제적인 성형평성과 조화를 이루어야 진정한 여성평등개혁으로서의 지지대가 될 것이다. 여기에서 언급하는 성형평성은 영향력과 가치를 의미한다. 그리고 이것은 실제 남녀의 중요 보직에서 동일한 비율을 갖는 것을 의미한다. 어느 조직이든 간에 중요한 보직, 중요한 역할은 거의 남성 위주로 되어 있는 것을 볼 수 있다. 이것은 진정한 성 평등이 아니다. 실제 자신이 속한 모든 조직에서 남자와 동일한 중요 보직을 받을 수 있어야 한다. 모든 영향력은 남녀의 영향력이 함께 이루어져야 한다. 그것은 사적 영역인 가정에서부터 공적 영역인 사회에 이르기까지이다. 각 가정에서는 전체 가사를 함께 분담하며 서로의 돕는 자helper가 되어야 한다. 각 조직에서는 실제적 실행으로 성형평성에 근거한 여성노동의 수요를 남성과 동일하게 해야 한다.

다섯째, 자기혐오를 넘어선 이웃의 연대와 교감이 이루어져야 한다. 여기에서 말하는 이웃이란 에고의 나와 셀프의 나가 연대함이고 여성 자신의 나와 타 여성과의 연대를 의미함이다. 나와 또 다른 타자로서의 여성의 연대가 있어야 한다. 나의 동료이며, 친구, 친척 그리고 지역주민인 여성들과의 연대가 절실하다. 개인의 삶은 개개인의 것이 아니라 서로 간의 상호의존성과 상호관계성을 갖기 때문이다. 총체적으로 그림자로서의 자기혐오와 그림자 투사의 여성의 여성 혐오를 벗어나는 것을 융의 입장에서 자기화라고 한다면 이것의 궁극적인 결과는 이타성으로 표출되어야 한다. 이 이타성은 나와 나, 나와 타인, 나와 우주의 살아있는 협동이다. 여성의 여성 혐오를 벗어난 새로운 인간이 해는 관계적 자기, 연결된 자기connected self 의 모습을 갖는다. 한 인간으로서의 '자기'는 '타자'와 분리될 수 없는 연결성을 가지고 살아간다.

따라서 통합된 자기는 나와 너라는 전체 공동체 안으로 확장되어야 한다. 여성과 또 다른 여성 간의 화해와 교감이다. 이 교감은 타자를 공감하고 존중하며 인정하는 것이다. 또 다른 여성을 사랑하고 도우며 나와 함께 타인으로서의 여성의 행복을 추구하며 하나로서 서로 교감함이 필요하다. 이 마음은 상대를 인정할 때 우러나는 마음의 발로의 결과이다. '피차 인정하고 존경하는' 교감의 영성이 절실히 필요하다. 여성의 혐오 사상을 벗어나기 위해 '피차 공감'하고 실천함이 절실하다. 이 모습은 여여女女 간의 연대성, 관계성, 서로를 인정하고 융합시키는 사랑의 공동체를 만들어 줄 것이다. 여성은 타자와 공유하며 스스로 타자가 될 수 있는 능력을 지니고 있다. 타자를 위한 공간에서 여성은 서로를 파괴시키거나 소멸하지 않으면서 서로 동화되고 또한 타자가 된다. '타자의 타자'로서의 여성의 정체성을 확립하는 것이다.28

여성 자아$_{ego}$와 여성 자기$_{self}$ 사이(間)의 '내적으로부터 솟구치는 힘$_{power\ within}$'과 교감으로서의 여성과 타자로서의 또 다른 여성 사이(間)의 '함께 하는 힘$_{power\ with}$'의 모습을 수용하고 연대감을 갖으면서 화해와 정의, 사랑의 공동체를 이루어야 한다. '내적으로부터 솟아나는 힘'은 지배자의 통제로부터 투영된 피지배자들의 열등성으로부터 벗어나려는 과정 안에 있는 힘으로서 여성들의 내재된 힘과 선함$_{goodness}$을 확인시킨다. '다른 존재들과 나누는 힘'은 여성이 타자로서의 타 여성을 인정하고 각자의 재능을 인정하는 힘을 나눈다. 이러한 상호간의 위임된 힘을 실어주는 관계(mutual empowerment)를 통해 타자의 번영을 나의 번영으로 인식하는 교감이 여여 간에 충만해야 한다. 이 교감을 통해 혐오사회 속에서 여성의 여성 혐오를 갖는 여성들의 잘못된 인식이 바로 잡히고 여성의 주체성과 연대성이 여성과 여성 사이 속에 일어나서 사회에 또 다른 선한 영향력을 끼쳐야 한다. 이러한 영향력은 지속성과 정당성으로 여전히 가부장적인 사회 속에 침투해 들어가야 할 것이다. 그리고 여성만의 문제라고만 볼 수 없는 여성의 여성 혐오의 문제를 모두의 공동체를 위한 여성과 남성이 '연결됨'으로 함께 풀어 나가야 할 것이다. 이것을 위해 '상호 화해'를 토대로 한 '상호 나눔'과 '상호 양육' 그리고 '상호 해결'로서의 교감$_{sympathy}$이 필요하다. 이 교감은 '사랑'으로서의 교감이며 '공감'과 함께하는 교감이고 '실천'을 촉발시키는 교감이다. 교감은 여남 공동체 그리고 여여 공동체 안에 살고 있

---

28 신경원, 『니체, 데리다, 이리가레의 여성』(서울: 소나무, 2004).

으면서도 '공동체적인 의식'을 살지 못하는 이 시대에 '상호 교통'과 '함께하는 연대감solidarity'이며 온전함을 이루는 '지지대'라 생각한다. 우리가 살아가고 있는 혐오와 증오가 난무한 이 세상은 교감이 부재하는 무정한 세대임에는 틀림없지만 그럼에도 불구하고 '교감'이 무엇보다 필요한 세상이다. 이 교감이 사랑, 공감, 실천과 함께한다면 여성과 여성 간의 혐오를 극복시킬 수 있는 해결책이 될 수 있을 것이다.

게임에서 나타나는 여성
: 남성 중심적인 시선에 포획된 여성의
성성(性性) — MMORPG를 중심으로

이주아

I. 들어가는 말

문화 산업은 다양한 영역으로 발전해왔으며 현재는 전통적인 음악, 미술뿐 아니라 드라마, 영화를 거쳐 웹툰을 비롯한 만화까지 거대한 문화 산업의 주요 영역으로 주목받고 있다. 그중에서도 가장 새롭게 형성된 장르이면서도 놀라울 정도의 확산력을 가지고 시장의 규모를 늘려가고 있는 것이 바로 게임이다. 게임 개발은 단순한 기술 개발의 문제가 아니라 예술의 한 장르라는 사실이 학계에서도 서서히 인정받고 있으며, 산업 자체도 거대한 양적 팽창의 시기에 들어섰다.[1] 하위문

---

1 2013년 세계 게임 시장 규모는 전년 대비 7.1% 증가한 657억 3,600만 달러로 집계되었다. 향후 5년간 세계 게임 시장은 PC 게임을 제외하고 모든 부문에서 성장이 예상된다고 2014년 PwC는 예상했다. 이에 따르면 온라인과 모바일 게임 그리고 게임 광고 시장의

화의 하나로 분류되었던 게임은 이제 주요 미디어 콘텐츠의 하나로 자리 잡고 있으며, 웹툰(만화), 드라마, 영화와 게임이 서로 콜라보레이션을 통해 하나의 스토리텔링을 다양한 장르 형식으로 변모시키고 확대 재생산하는 구조가 문화 산업 구조 내에 정착되고 있다[2]. 그중에서도 게임을 중심으로 한 다양한 콜라보레이션이 속속 등장하고 있다. 여러 예술 형식이 복합적으로 존재하여 구성되는 게임의 특성 상 스토리텔링을 제공하고 세계관을 공유하는 웹툰의 게임화는 물론이거니와 연예인이나 전용 PC, 인기 캐릭터나 음악 등을 다른 인기 게임에 부분 유료화 아이템으로 탑재시키는 등 다양한 방식의 콜라보레이션이 가능하기 때문이다[3].

불과 몇 십여 년에 불과한 역사를 가지고 있는 게임은 이제 문화콘텐츠의 제왕이라고 불릴 만큼 문화 산업의 강자로 성장하고 있는 동시에 사회 및 경제를 망라한 우리의 생활 전반에도 큰 영향력을 행사하기 시작했다. 그러나 급작스럽고 거대한 게임의 성장에 비해 게임에 대한

성장이 눈에 띄게 두드러지면서 연평균 6.2%의 성장률을 보이며 2020년에는 890억 달러의 규모로 성장할 것으로 보고하였다: 한국콘텐츠진흥원, 2014 해외콘텐츠 시장 동향 조사, http://www.kocca.kr/cop/bbs/view/B0000152/1823804.do?searchCnd=&searchWrd=&cateTp1=&cateTp2=&useAt=&menuNo=200910&categorys=0&subcate=0&cateCode=&type=&instNo=0&questionTp=&uf_Setting=&recovery=&pageIndex=1.

[2] 웹툰을 소재한 게임이 히트하고, 유명 게임 IP가 다시 웹툰으로 제작되는 등의 방식으로 웹툰과 게임의 콜라보레이션은 진행 중이다. '갓오브 하이스쿨', '신의 탑', '노블레스', '치즈 인 더 트랩' 등은 웹툰을 원작으로 한 게임이다. 반면 게임을 중심으로 그 스토리를 홍보하거나 설명하기 위한 웹툰도 제작되고 있다. '배틀코믹스'는 넥슨, 블리자드, 엑스엘게임즈, 스마일게이트 등 국내 주요 게임회사들의 게임을 소재로 짧고 이해하기 쉬운 콘텐츠를 제작하고 있다.

[3] 동아닷컴, "게임업계 콜라보 열풍. 인기 특화 콘텐츠로 게이머 '유혹'", 2017. 11. 30, http://news.donga.com/3/all/20171130/87530357/1.

학문적인 성찰은 그 양이나 질에 있어서 빈약하다고 할 수 있겠다. 그 이유로는 신생 문화 장르여서 연구를 위한 절대적인 물리적 시간이 다른 영역에 비해 부족하였던 점과, 청소년이나 아이들이 즐기는 소일거리로 치부하고 진지한 연구 대상으로 보지 않았던 점, 또한 게임이 등장하자마자 야기된 게임 과몰입이나 중독 문제가 워낙 크게 대두되었기 때문에 상당수의 연구가 이에 경도되었던 점 등을 들 수 있을 것이다. 따라서 게임에서 구현되고 있는 내용이나 게임 내의 세계관 등에 대한 비판적 성찰을 동반하는 학문적 연구, 그중에서도 여성주의적인 연구는 극히 희소하다고 해도 과언이 아니다.

본고의 문제의식은 게임이라는 문화 장르의 급속도의 성장에 따른 사회적 영향력의 확대가 점차 확산되고 있는 이 시점에 여성주의의 시점으로 이를 성찰하고 비판하는 것이 매우 필요하다고 보는 것에서 시작된다. 게임의 순기능이나 역기능은 게임의 종류나 게임의 구현하는 세계관에 따라 매우 다양하게 논의될 수 있는 문제이다. 이에 본 연구에서는 게임의 다양한 장르 중에서도 특히 MMORPG(Massive Multi-user Online Role Playing Game)[4]에서 재현되는 여성에 대해서 살펴볼 것이다. 다수의 사용자들이 온라인상에서 행위 하는 게임 장르 안에서

---

[4] 대규모 다중 접속 온라인 역할 게임. 수백 또는 수천 명 이상이 동시에 같은 게임에 접속하여 각자 맡은 등장인물의 역할을 수행하고 서로 협업하며 즐기는 온라인 게임. 1996년 넥슨(NEXON)사의 '바람의 나라', 미국 오리진 시스템즈(Origin Systems)의 '울티마 온라인' 게임 등으로 그래픽스 기반 MMORPG의 대중화가 시작되었다. 이후 초고속 인터넷이 보급되면서 엔씨소프트의 리니지(1998년), 소니온라인엔터테인먼트의 에버퀘스트(1999년), 블리자드 엔터테인먼트의 월드 오브 워크래프트(2004년) 등의 세계적인 흥행으로 게임의 주류로 자리 잡게 되었다. TTA정보통신용어사전, http://100.daum.net/encyclopedia/view/55XXXXX98742, (홈페이지 접근일 2017. 12. 25.)

여성이 어떤 방식의 이미지로 구현되고 있으며 어떠한 역할을 주로 담당하는지를 분석하고, 문제점이 나타난다면 그 원인을 살펴볼 것이다.

II. 디지털 게임

1. 디지털 게임의 종류와 장르

디지털 게임을 구분하는 기준은 다양하다. 플랫폼을 중심으로, 즉 구동되는 기기 형태를 통해서 비디오 게임, 아케이드 게임, 모바일 게임, 온라인 게임, 컴퓨터 게임으로 나눌 수도 있고 플랫폼의 종류와는 상관없이 게임의 목적이나 수행하는 형식에 따라 분류할 수도 있다. 게임의 장르를 구분하는 기준은 여러 가지가 있지만[5] 우리가 살펴볼 MMORPG는 수행 방식에 따라 구분된 게임의 장르이다. 이처럼 수행 방식에 따라 구분되는 게임의 장르로는 슈팅게임, 액션게임, 어드벤처 게임, 시뮬레이션 게임, 전략 게임, 롤플레잉 게임, 스포츠 게임, FPS 게임, 에듀테인먼트 게임(기능성 게임) 등이 있다.

슈팅(Shooting) 게임은 게이머가 기기를 조작하여 상대방(적)을 공격하여 승리하면서 스테이지를 하나씩 클리어하는 게임을 말한다. 이후 3D 기술이 도입되면서 1인칭 시점으로 하는 게임만을 1인칭 슈팅

---

[5] 게임을 어떠한 시각으로 보느냐에 따라서 게임 장르를 다양하게 구분할 수 있다. 게임 텍스트 자체로 장르를 구분하거나 수용자 입장에서 구분하는 방법, 게임의 목표 등 장르 구분의 기준은 매우 다양할 수 있다. 전경란, 『디지털 게임의 미학』 (서울: 살림, 2005), 13.

게임(FPS) 장르로 구분하기도 한다. 액션(Action) 게임은 게이머가 조종하는 주인공끼리 전투를 벌이는 대전 게임이나 혹은 여러 동작을 수행하며 주어진 미션을 달성하는 형태를 가진다. 어드벤처 게임은 미리 설정된 이야기에 따라 주인공이 여러 사건이나 문제들을 적절히 해결하며 최종 목적지를 향해 가는 형태로, 대부분 모험적인 내용으로 구성되어진다. 시뮬레이션(Simulation) 게임은 현실의 자연법칙에 근거하여 입력된 키 값에 의해 도출된 결과 값을 통해 재미를 느끼는 게임이다. 즉, 일반적으로 일어날 수 있는 어떤 복잡한 경험에 대해 유사하면서도 간단한 모델을 사용해 실험 효과를 계산적으로 처리하는 기법을 총칭한다. 게임의 '목적'으로서가 아니라 '과정'을 즐기는 게임이라 할 수 있다. 전략 게임은 각각의 구성 요소에 대한 운용과 게임에 대한 흐름을 파악해 게임에서 추구하고자 하는 목적에 도달하는 플레이를 말한다. 게임의 요소적 측면에서 작은 부분에 집중하는 것이 아니라 전체 운영을 목표로 하는 게임들을 말한다. 그리고 에듀테인먼트 게임은 일종의 교육용 게임으로서 특정한 목표를 가지고 자연스럽게 게임을 하면서 교육적인 효과를 노리는 게임이다. 최근에는 '시리어스 게임' 또는 '기능성 게임'으로 부르고 있다.

본고에서 다룰 MMORPG는 롤플레잉 게임(RPG)에 속한다. 롤플레잉 게임은 인터넷 보급과 더불어 1990년대 말부터 활성화된 장르로, 게임 속의 여러 주인공이 맡은 역할을 수행하는 '역할 분담 게임'이라고 말할 수 있다. 게이머는 게임에서 맡은 역할을 이용해 여러 작전을 펴면서 게임을 진행시키는데, 게임의 플레이 과정을 통해서 등장인물의 레벨이 올라가며, 이러한 성장이 RPG에서 핵심적인 플레이 승부 요소라고 볼 수 있다. 일반적으로 RPG는 게임 시나리오 전달을 우선으로 여기는 일본식(직렬형) 롤플레잉과 시나리오적 몰입도는 떨어지지만 게이머에 의한 새로운 세계 구성을 강조하는 미국식(병렬형) 롤플레잉으로 구분된다. 대표적인 게임으로는 〈디아블로〉(Diablo), 〈파이널 판타지〉(Final Fantasy) 시리즈 등이 있으며, 대표적인 MMORPG는 〈바람의 나라〉, 〈리니지〉(Lineage), 〈아이온〉(Aion), 〈월드 오브 워크래프트〉(World of Warcraft Online) 등이 있다.[6]

2. 디지털 게임의 특성

디지털 게임은 이야기, 퍼즐, 놀이, 장난감, 스포츠 등 다양한 문화적 유산을 디지털 기기를 통해 재현하는 형식으로 다양한 미디어의 내용 및 형식과 긴밀한 관계를 이루며, 다음과 같은 특성을 지닌다.[7]

1) 일반적 특성: 게임의 규칙성, 시간 및 공간의 초월, 모의실험, 현실과 허구의 조합을 통한 특성
2) 놀이적 특성: 오락기능, 경쟁기능, 승패기능, 주의집중, 자기만족 등
3) 인식적 특성: 발견, 탐색, 문제 해결, 미지의 세계 도전, 가상 세계 경험 등
4) 학습적 특성: 놀이를 통한 학습 및 교육, 학습의 효율성 증대, 시뮬레이션 모의 훈련, 학습의 능동적 기능 등
5) 감성적 특성: 게임 규칙과 틀을 이용한 감성 조직의 함양, 휴식 제공으

---

6 윤형섭 외, 『한국 게임의 역사』 (서울: 북코리아, 2012), 13.
7 김양은, 『새로운 세대의 등장, 게임 제너레이션』 (서울: 커뮤니케이션북스, 2014), 37-38.

로 감성 균형 제공, 감성 자극을 통한 자기 순화 제공, 스트레스 해소
　6) 생리학적 특성: 강한 자극의 극대화로 신진대사 촉진, 이성과 본능의 갈등 해소, 인간의 뇌 자극을 통한 감성 연마
　7) 사회적 특성: 감정 이입의 훈련 제공, 교류 확대, 도전 의식 강화, 경쟁 관계의 갈등 해소 및 초래
　8) 세대론적 특성: 기성세대의 새로운 미디어에 대한 불안감 초래, 세대 간의 갈증 초래 및 해소

여기에서 주목할 점은 게임이 그저 시간을 보내며 즐기고 마는 여흥으로서의 도구적 의미뿐만 아니라 인간의 인지적이고 학습적인 면 그리고 감성적인 면까지 구성하는 환경으로서의 역할이다. 전자 혹은 디지털 미디어가 가지는 강한 영향력은 이전에 존재했던 어떤 미디어들보다 강하다는 것은 잘 알려진 사실이다. 디지털 미디어는 영상 언어가 가지는 일상성과 모사성을 토대로 청소년에게 세계관, 가치, 역할 등을 가르쳐주는 역할을 한다.8 디지털 미디어 콘텐츠들인 영화, 드라마 그리고 현재는 게임에 이르기까지 검열의 필요성에 대한 목소리가 높은 것은 바로 이 때문이다. 디지털 미디어의 이용자들은 구술미디어나 문자미디어의 이용자들보다 그들에게 제공된 내용을 모방할 가능성이 더욱 크다. 실제로 디지털 미디어에서 규칙이나 법률 등을 위반하는 행위를 본 어린이들은 그런 행동을 모방하는 경향이 높게 나타난다는 연구들은 다수 존재하며, 이에 대해서는 학계에서도 이견이 없다고 할 수 있다.9

---

8 앞의 책, 84.

상상력을 동원해야 하는 구술미디어나 문자미디어에 비해 디지털 미디어는 새로운 세계를 마치 현실처럼 재현해준다. 사용자들은 영상과 음향을 통해서 디지털 미디어가 구성하고 제안하는 현실을 실존하는 현실과 그다지 구분 없이 수용하게 된다. 리프먼Walter Lippman은 미디어 수용자들이 실제 환경에서 발생하는 실제 사건들에 반응하는 것이 아니라, 유사 환경이라 불리는 개인들의 '머릿속의 상像'에 반응한다고 전제하고 있다.10 즉, 개인이 행위를 결정하는 것은 실제 현실이나 규범이 아니라 자신이 만들어 낸 어떠한 형상이라는 것이다. 이에 따르면 디지털 미디어를 통해서 제시되는 어떠한 세계와 그 속에서 이루어지는 행위들이 개인의 머릿속의 상을 구성하고, 개인들은 그에 따라 행위 하게 될 가능성이 분명히 존재한다. 즉, 디지털 미디어가 제안하는 현실은 우리가 생각하듯 '가상'(허구라고 생각하며 그 영향력을 과소평가하는) 현실이 아니라 실제로 존재하는 또 하나의 현실이다.

　따라서 디지털 미디어를 통해 이루어진 게임 이용자들에게 디지털 게임은 매우 강력한 현실로 존재한다. 디지털 스토리텔링의 가장 큰 특성인 상호작용성으로 이루어진 디지털 게임의 세계는 드라마나 영화처럼 거리를 두고 떨어져 관찰하는 대상으로서의 세계가 아니라 사용자가 실제로 행위 하고 사고하고 갈등하는 실제 공간이다. 특히, 정체성이 확립되지 않은 청소년들은 미디어 가상세계를 실제 현실의 모델로 삼음으로써 정체성 탐색의 일차적 도구로 사용하는 것이 가능하다. 게임의 시뮬레이션적 체험은 기존의 전통적인 미디어가 제공해주

---

9 Stein. G. H & J. H. Bryan, "The effect of a Television upon Rule Adoption Behavior of Children", *Child Development*, Vol.43, No.1(1972), 268-273.
10 Walter Lippman, *Public Opinion*, Nuvision Publications, 2009.

는 간접 체험보다 더욱 강력한 모델링과 정체성 탐험의 도구가 되기도 한다.11

이와 같은 디지털 게임의 영향력을 바라보는 두 가지 측면이 있다. 그 하나는 디지털 게임의 강한 몰입도와 인지 및 정서 등에 미치는 영향력을 학습적이고 교육적으로 활용하려고 하는 것으로서, 기능성 게임의 개발과 이용을 통하여 긍정적인 방향으로 사용자를 성장시키고자 하는 시도이다.12 이러한 시도들은 게임은 서로 상호 유기적인 결합을 통해서 발전하며 가상현실, 자아인지 및 동기화 등 다양한 인지적 요소를 발달시킬 수 있는 가능성을 지닌다는 점에 주목한 것들로, 게임을 통해 다양한 만족감과 자기성취 및 대인관계에 긍정적인 효과를 획득할 수 있도록 기획된다. (기능성) 게임은 다양한 교육적 효과와 더불어 아동의 인지발달, 집중력 향상, 풍부한 상상력 고취를 가져오며, 그 과정에서 창의성 및 공동체 의식의 발달이 개연성 있게 증진된다고 본다.13

그러나 이처럼 기능성 게임의 가능성을 강조하면 할수록 부각되는 다른 면은, 이토록 게임이 인간의 인지와 정서에 미치는 영향이 강하다면, 과연 현재의 디지털 게임의 세계는 바람직하게 구현되거나 제시되고 있는가 하는 합리적인 불안과 의구심이다. 전술하였듯이 디지털 게임은 다양한 감각기관을 통해 행해지면서 독특한 감각양식의 결합

---

11 김양은, 『게임 제너레이션』, 86-87.
12 이주아, 김미혜, "청소년 자아정체성 형성을 위한 종교 지혜 내러티브 기반의 심리 기능성게임 시나리오", 「디지털융복합연구」 13권, 1호(2015), 한국디지털정책학회, 496-497.
13 Reeves, S., Brown, B., & Laurier, E, "Experts at play: Understanding skilled expertise," *Games and Culture*, Vol.4, No.3(2009), 205-227.

을 가능하게 하고, 이로 인해 일어나는 인간의 변화는 한두 가지 감각이나 측면에만 해당되는 것이 아니라 개인의 모든 측면의 감각이나 영역에 해당되는 것이 될 수 있다.14 이것이 디지털 미디어가 가지는 미디어로서의 특성이다. 마샬 맥루한Marshall Mcluhan은 이러한 디지털 미디어가 그동안 인간이 문자 미디어로 인해 잃었던 통전성을 찾아주는 계기로 작용할 것이라고 보았다.15 즉 우리가 만일 디지털 미디어가 인간에 대해 가지는 영향력에 대해 마샬 맥루한을 비롯한 미디어생태학자들에 동의한다면, 이후부터 다룰 디지털 게임의 세계는 단지 가상의 세계나 잠시 즐기기 위한 도구가 아니라 우리 인간을 형성하는 형성 도구가 된다. 이는 미디어생태학적 관점에서 보는 미디어이기도 하다. 비록 미디어생태학적 관점에서 보는 미디어에 대해 동의하지 않는다고 할지라도, 전술한 연구들에서 밝혀진 바와 같이 디지털 미디어가 인간에게 일정 정도의 구성 도구로서의 영향력을 가진다는 것에는 동의할 수 있을 것이다. 그러면 이제 게임에서 나오는 여성이 재현되어지는 방식은 실제 우리와 함께 살아가는 사람들이 가지게 되는 여성에 대한 인식에 강하게 영향을 주고, 이를 구성하는 환경이 된다는 결론에 도달하게 된다. 다음 장에서는 MMORPG에 나오는 여성이 과연 어떠한 이미지로 재현되고 어떤 역할을 주로 하는지 등을 살펴볼 것이다.

---

14 Casey Man Kong Lum/이동후 옮김,『미디어 생태학 사상』(서울: 한나래, 2008), 19.
15 Marshall Mcluhan, *The Gutenberg Galaxy: the Making of Typographic Man* (New York: New American Library, 1962), 175,

III. MMORPG와 여성

1. MMORPG의 특징

MMORPG는 네트워크를 기반으로 하여 영속적인 가상 사례를 창조하는 게임 장르로 그 특징으로는 혼종성, 공간성, 구조적 개방성, 현실의 모사, 사이버 정체성의 구현 등을 들 수 있다.16 게임 안에서 게이머들은 채팅 창이나 게임 속에서의 여러 가지 행위 등을 통해 다양한 방식으로 게이머들끼리 혹은 게임 요소들과 커뮤니케이션을 하며 게임에서의 생활을 영위한다. 혼자서 수행하거나 2명 혹은 4명 정도가 수행하는 슈팅 게임이나 액션 게임은 순간의 개입과 참여 그리고 몰입 속에서 즐거움과 재미를 느끼는 형태인 반면, MMORPG는 매우 장기간동안 게임을 하며 여러 가지 다양한 스토리텔링 속에서 다양한 행위와 관계를 맺으며 수행하기 때문에 게이머들에게 게임 속에서의 일이 현실과 다르지 않을 정도의 중요성을 지니기도 한다.

스테이지를 짧게 클리어할 수 있는 다른 게임 장르와는 달리 MMORPG는 완벽한 하나의 새로운 세계를 구축하고 있고, 게이머는 그 속에서 자신이 선택한 캐릭터로서 삶을 영위하면서 길드에 속하기도 하고 결혼을 하기도 하며 현실에서와 유사한 행위들을 하게 된다. 이러한 게임은 실제를 모사하고 반영한 또 하나의 실제이며, 게이머들은 게임 속에서 살아가기 위해 게임 세계가 제시하고 있는 규범이나 가치 체계

---

16 전경란, 『디지털게임의 미학: 온라인 게임 스토리텔링』(서울: 살림출판사, 2005), 8-9.

에 따르고 이를 행위기준으로 삼으며 이를 내면화하게 된다. 즉, 게임은 현실 속에 존재하는 또 다른 현실이며, 게임 속에서 형성된 가치관과 경험 등은 게이머들이 살아가는 물리적 사회의 현실 속으로 편입된다.17 이것이 바로 본고가 MMORPG를 주목하여 연구하고자 하는 이유이다.

  게임을 하는 개인이 두 가지 세계의 공존 속에 살면서 물리적 세계에서의 규범이나 행위 양식과 게임 세계에서의 그것이 서로가 서로에게 영향을 주는 것인지 혹은 둘 중 한 세계가 보다 강한 영향력을 행사하는 것인지 또는 이것이 개인마다 다르게 일어나는 지에 대해서는 아직 학문적인 추적 연구가 이루어지고 있지 않다. 본고는 물리적 현실 세계와 게임의 세계가(가상 세계라는 말은 사용하지 않는다, 허구라는 뉘앙스가 함축되어 있다고 전제될 수 있기 때문이다) 서로 동등하게 영향을 주고받는 것이냐 아니냐에 대해서는 초점하지 않고, 두 세계가 서로 영향을 준다는 전제에 관심한다. 만일 게임 세계가 가지는 규범이나 행위 양식에 문제가 있다면, 자연히 물리적인 세계 역시 그 영향을 받게 될 것이다. 규범, 위계적 사회관계 등, 게이머를 통해 두 세계는 서로를 반영하고 모사하며 점차 가까워진다. 그리고 이는 게이머들에게만 해당되는 문제가 아니라 게임 산업에 연관되고 그 영향을 받는 사람들 모두, 나아가서는 게임이 함축하고 있는 세계관과 가치관을 담고 생산되어지는 다양한 콜라보레이션 문화 산업물을 대하며 살아가는 사회 전반에 해당되는 문제이다.

---

17 앞의 책, 22.

2. MMORPG에서 재현되어지는 여성

1) 이미지 : 성적 대상화

디지털 게임 산업은 남성 중심적인 시장이다. 게임의 형태 자체가 슈팅이나 액션 등 남성들이 좋아하는 방식으로 진행하는 것들이 많기 때문인 이유로 시작된 디지털 게임의 성(性)편향성은 이후 지속적으로 심화되는 현상을 보인다. 한때는 게이머의 90프로 이상이 남성이었을 정도로 남성 중심적인 산업으로 성장한 디지털 게임[18]은 이후 여성 게이머들의 영입을 위하여 여성 취향에 맞는 다양한 게임 개발을 시도하고 있으나, 아직은 여전히 남성이 디지털 게임의 주 이용자이자 구입자인 동시에 생산자들이다.

여성들이 즐기는 게임은 주로 퍼즐 게임이나 시뮬레이션 게임 등인 것에 반해[19] 어떠한 캐릭터를 맡고 장시간 게임을 수행하며 다양한 퀘스트를 수행하고 레벨을 상승시키는 장르의 게임들은 남성들이 많이 참여한다. 어떤 학자들은 그 이유를 다음과 같은 일반적인 MMORPG의 특징 때문으로 본다.[20] ① 선과 악의 구분이 명확하고, ② 뚜렷한 목표가 설정(퀘스트)되며, ③ 물리적, 육체적, 심리적 폭력을 동반하고, ④ 환상적인 공간으로 이루어진 세계이며 ⑤ 종족에 대한 우성학적 원칙이 존재한다. 한편, 게임 장르나 스토리텔링에 따른 게이머들

---

18 동아일보, "아이덴티티모바일의 최정해 팀장 "파판14의 서비스 뚝심 있게 이어가겠습니다", 2016. 3. 9, http://news.donga.com/3/all/20160309/76908835/1.
19 매일경제, 2012. 9. 16.
20 이정엽, 『디지털게임, 상상력의 새로운 영토』 (서울: 살림, 2017), 75-76.

의 성차가 나타난다는 연구에 따르면, 폭력성이 반드시 수반되며 적을 섬멸하는 스토리텔링을 가진 MMORPG의 요구를 여성이 즐기지 않기 때문이라고 분석하기도 한다. 같은 맥락으로 여자아이들은 똑같은 소재에 물리적인 폭력이 추가된 게임과 그렇지 않은 게임 중 후자를 더 좋아한다는 사실을 발견한 연구도 있다.[21] 다만 이런 관점을 받아들일 경우 일인칭 슈팅 게임에서 여성 게이머의 비율이 늘어나고 있는 사실을 설명하기 어렵고, 자연적이고 생래적인 성별의 차이를 인지적이고 구조적인 차이로 비화시키는 왜곡된 결과로 이어질 수 있으므로, 이에 대한 논의는 본 연구에서는 다루지 않는다.

그 이유가 무엇이든, 현재 MMORPG의 이용자들의 절대 다수가 여전히 남성들이라는 것은 현실이다. 그리고 이러한 게임의 세계에서 여성들이 재현되는 방식을 찾기 위해 우선적으로 2017년 12월 현재 한국의 MMORPG 상위 순위 게임에서 여성 캐릭터들을 찾아보았다.

마비노기 영웅전

---

21 T. W. Malone, "Toward a Theory of Intrinsically Motivating Instruction", *Cognitive Science*, Vol.5 No.4(1981), 333-369.

리그 오브 레전드

리니지

월드 오브 워 크래프트

가장 눈에 띄는 것은 여성 캐릭터들이 역할의 선악 유무 혹은 종족적 차이에 관계없이 일관된 형태의 외모를 지니고 있다는 것이다. 지나치게 비현실적으로 풍만한 가슴과 잘록한 허리, 노출이 심한 옷차림 등이 그것이다. 8등신에 가까운 신체 비율을 가지고 성적인 감성을 극대화하는 방식으로 그려진 여성 캐릭터들은, 의아하게도 레벨이 오를수록 노출이 심한 의상으로 변경되는 모습을 지니기까지 한다.22 이는 레벨이 오를수록 더욱 단단한 갑옷으로 중무장되는 남성 캐릭터들과는 매우 상반된 재현 방식이다. 이에 '벗으면 벗을수록 방어력이 올라가는 여성 캐릭터'라는 게이머들의 우스갯소리까지 생산되어 유통되고 있다.

말하자면, 게임의 세계에서 여성 캐릭터들은 남성의 시각적 만족을 위해 전시되는 일종의 전시물들로 기능하고 있다. 로라 멀비는 영화에서 여성이 재현되는 방식에 대해 방식을 페미니즘적인 시각에서 비판하면서 "전통적으로 전시적 역할을 부여받은 여성들은 보여지면서 동시에 전시되는데, 이때 여성의 외모는 매우 강력한 시각적이며 성적인 충격을 가하기 위해 코드화된"23라고 지적하고 있는데, 게임에서의

---

22 마비노기 영웅전에 등장하는 서큐버스. 특이하게 옷과 마스크를 장착하는 여성 캐릭터이다(왼편). 서큐버스 캐릭터가 인기를 얻자 등장한 '서큐버스 퀸'(오른편).

여성은 과거 멀비가 비판했던 전시 방식을 그대로 혹은 더욱 심화하는 방식으로 재현되고 있다.

철저하게 남성 중심적인 시선으로 여성을 성적 대상화하는 이러한 재현 방식에 대해 게임 산업계나 관계자들은 숨기려고조차 하지 않는다. 그들은 드러내놓고 여성 캐릭터가 센터의 역할을 하며 남성 게이머들을 끌어들여야 한다고 이야기하고 있다. 남성향을 자극하는 여신 혹은 글래머 스타일의 여자 캐릭터는 게임의 홍보 효과와 직접적인 유도에 매우 효과적이라는 것이다. 아래의 기사를 보면 이를 잘 알 수 있다. 게임 제작자들에게 있어 여성 캐릭터들은 남성 게이머들을 보다 많이 영입하기 위한 일종의 수단 그 이상이 아니다.

이와 같은 여성의 재현 방식은 다른 게임 장르에서도 크게 다르지 않아, 몇 달 전 서든 어택이라는 일인칭 슈팅 게임에서는 선정성 논란이 일었으며,24 모바일 게임에서도 선정적 코피노 캐릭터가 논란을 일으켜 공모전의 수상이 취소되기도 하였다.25

반면, 남성 캐릭터들은 여성들과는 다르게 재현되어진다. 우선 이

---

23 로라 멀비/서인숙 옮김, "시각적 쾌락과 내러티브 시네마," 유지나 외 편, 『페미니즘, 영화, 여성』(서울: 여성사, 1993), 11.
24 서든 어택 2에서 선정성 논란이 일어난 여성 캐릭터

25 한국일보, "선정적 코피노 캐릭터, 해도 너무한 게임", 2017. 9. 16, http://www.hankookilbo.com/v/21e4d65938c04c50bc99037372a1c554.

온라인 게임에 절대 빠질 수 없는 요소가 있다. 바로 남성향을 자극하는 여신 또는 글래머 스타일의 게임 속 여자 캐릭터 이다.

온라인 게임 속 여성캐릭터는 게임의 홍보효과도 하며, 게임을 직접 참여하게 유도하는 매개체가 되기도 한다. 또한 게임 속 포스터나 홍보 영상에서 여자캐릭터는 대부분 강조가 될 수 있는 위치인 가운데다가 캐릭터가 잘 보이게 배치한다. 여성 캐릭터를 가운데다가 배치하는 이유는 여자 캐릭터를 가운데에 배치함으로써 게임에 대한 특징이나 스토리관, 홍보해야할 콘텐츠를 한눈에 잘 보이도록 하며, 또한 게임에 대한 특징을 시각적으로 전달하고, 강렬한 여성캐릭터 이미지로 인해 남성유저의 호기심을 자극해 유저가 게임 속으로 뛰어 들 수 있게 하는 매개체의 역할을 하기 때문이다. 그렇다면 여성 캐릭터만을 가운데다가 강조하는 이유는 무엇일까?

여자 캐릭터를 강조하는 데에는 걸그룹 센터의 법칙과 유사한 이유를 들 수 있다. 센터의 법칙이란 흔히 걸그룹에게서 볼 수 있으며, 걸그룹 퍼포먼스를 자주 보게 되면 센터에 서는 멤버가 거의 일정하며, 센터에 선 멤버는 퍼포먼스의 핵심 포인트를 맡곤 한다. 단순히 퍼포먼스의 중심에만 있는게 아니라 노래, 패션, 활동컨셉에 있어 확고한 중심에 놓여지며, 센터에 서는 멤버는 에이스가 되거나 팀의 얼굴이자 이미지인 마스코트화 되곤 한다. 예를 들면 소녀시대의 윤아, 카라의 한승연, AOA의 설현을 예로 들 수 있다.

들의 의상은 전투에 적합하도록 디자인 된 갑옷들이 대부분이다. 여성 캐릭터와 남성 캐릭터의 의상 차이는 아래의 그림에서도 확연하게 드러난다.

리니지 2 레볼루션(왼쪽), 마비노기 영웅전(가운데), 월드 오브 워 크래프트(오른쪽)

하나같이 젊고(혹은 젊어 보이거나) 미혼으로 그려지는 여성 캐릭터에 비해 남성은 외모와 연령 면에서도 자유롭게 그려진다. 〈창세기전〉이라는 게임을 보면 남성 캐릭터의 다양성을 알 수 있다. 이처럼 게임에서 여성은 연령도, 육체도, 생김새도, 옷차림도 모두 남성 중심적인 시선에 포획되어 있다.

창세기 전에 나오는 남성 캐릭터들의 다양성

한 연구에서는 게임이 발달할수록 여성 캐릭터가 대상화되는 경향을 보여준다고 한다.26 〈창세기전〉이라는 게임은 초기의 버전인 〈창세기전 1〉과 〈창세기전 2〉에서는 여성의 성적 대상화가 그다지 두드러지지 않는다. 그러나 〈창세기전 4〉까지 오면서 점차 여성의 성적 대상화가 가속화되는 모습이 관찰된다. 만화가 김진이 초기 디자인한 〈창세기전 1〉, 〈창세기전 2〉에서 주인공 여성 캐릭터인 '이올린 왕녀'는 전투에 적합해 보이는 의상, 즉 여성의 신체가 크게 두드러지지 않는 긴 옷으로 몸을 감싸고 있다. 그러나 게임이 크게 인기를 끌고 게이머들(대부분이 남성들인)이 대거 유입되면서 점차 남성의 시각을 자극하는 방향으로 디자인이 바뀌는 것을 확연하게 볼 수 있다. 이는 역할

---

26 권도경, "한국 게임에 나타난 여성캐릭터의 형상과 그 특성," 「인문사회과학연구」 12권 2호(2011), 115.

의 변환과도 관련이 있다. 초기에는 남성에 못지않은 힘과 능력을 지닌, 주체적으로 전투를 수행하는 여전사로서의 여성 캐릭터였으나 점차적으로 보다 수동적이고 연약한 역할을 수행하다가 섹슈얼리티를 강조하는 방향으로 변화하고 있는 것이 관찰된다. 남성 게이머가 극히 다수를 차지하는 게임 산업 영역에서 이익을 극대화하기 위한 방법으로 여성 캐릭터들을 남성의 시각에 맞추어 재단하는 경향이 심화되는 것이다.

창세기 전 1,2(왼쪽), 창세기 전 모바일 크로우 2(가운데), 창세기 전 4(오른쪽)

이처럼 게임 산업이 구현되고 작동되는 방식 안에서 여성은 특히 이미지 측면에서 성적 대상화 되어 기능하고 있다. 다양한 남성 캐릭터에 비해 여성이 재현되는 방식은 일률적으로 남성 중심적이다. 이와 같은 남성 게이머들을 위한 여성의 성적 대상화는 게이머들을 위한 서비스 혹은 유도 전략 혹은 홍보 전략이라는 미명을 쓰고 갈수록 심각해지는 상황이다.27

---

27 "게임시장 소비자 폭은 여성보다 남성이 훨씬 많습니다. 이들은 본능적으로 에로티시

2) 행위 양식과 역할: 종속적 보조화

　게임에서 성적 대상화되어 재현되어지는 여성은 자연적으로 그 역할 역시 주체적 행위자인 남성을 돕는 보조자에 그치고 있는 경향이 강하다. 여성 캐릭터는 대부분 힐러, 탱커 등 직접적 공격을 하는 남성을 원거리에서 돕거나 치유 마법을 쓰고, 필요한 물품을 전달해주는 역할 등을 주로 한다. 아내, 연인, 술집의 마담이기도 하다. 그들은 정보를 주고 조언을 주며 남성을 돕는다. 희생적이고 보조적 역할을 하도록 구성되어져 있는 여성 캐릭터와 함께 주체적 행위자로서의 남성은 여성의 도움을 받아 자신에게 주어진 퀘스트를 달성하는 것이다.

　성적 대상화의 대상인 여성이 남성의 종족적 보조자가 역할을 하는 것은 긴밀하게 엮여 있는 문제이다. 또한 역사 이래로 남성 중심주의적인 문화에서 살아가는 여성들에게 대부분 씌워져 있는 굴레이기도 하다. 종속적 보조자는 성적으로 주체자일 수 없고, 성적으로 대상화되며 행위 양식을 익혀온 여성이 다른 생활에서 주체적 행위자일 수 없다. 따라서 여성 캐릭터의 역할이 종속적인 것은 이미 성적 대상화가 결정된 시점에서 같이 결정되어진 것이나 다름없다.

　물론 모든 여성 캐릭터가 그러한 것은 아니다. 툼레이더의 '라라 크로포드'는 지성적인 고고학자로 대부분의 일인칭 어드벤처나 액션 어

즘에 관심을 갖고 있죠. 특히 우리나라는 유교 국가이기에 이를 항상 감추고 부끄러워하는 경향이 있습니다. 그래서 나는 욕을 먹더라도 노골적으로 과감하게 이를 보여주고 싶었죠." 엔씨소프트 아트디랙터 김형태(ICON 2008년 강연 중), [네이버 지식백과] 창세기전 - 한국RPG의 여명 (게임대백과),
　http://terms.naver.com/entry.nhn?docId=3576149&cid=58773&categoryId=58777 (홈페이지 접근일 2018. 1. 22.)

드벤처들의 주인공이 남성이었던 것에 반해 특이하게도 그리고 거의 최초로 여성이 주인공인 케이스이다. 라라 크로포드는 기존의 여성 캐릭터들과는 달리 날렵한 액션과 강한 근육이 내재된 신체를 가지고 임무를 수행하며 해결한다는 점에서 많은 주목을 받았으며, 게임으로서도, 캐릭터 자체로도 성공하였다. 그러나 이렇게 주체적인 행위자로 등장하고 있는 라라 크로포드 역시 개미허리, 늘씬한 다리, 거대한 가슴을 가

라라 크로포드

진 전형적인 남성 시각에서 창조된 이미지로 구현되고 있다는 사실은 게임 세계에서 남성 중심적인 시선이 얼마나 크게 작동하고 있는지를 역설적으로 깨닫게 해준다.

IV. 남성들의 시선으로 포획된 여성 캐릭터와 이를 확대 재생산하는 게임 산업회사들

인간은 누구나 결핍을 경험한다. 그리고 이에 대한 대리 만족을 추구한다. 지금까지 나열한 게임 속의 여성 캐릭터들은, 게임 속의 여성들 대다수가 순종적이고, 헌신하고, 봉사하는 역할을 하면서 동시에 남성들에게 성적인 만족감을 주도록 기획되어지고 전시되어지고 있다는 현실을 고발한다. 허구 세계에서의 대리 만족이나 현실 도피 등은 누구나 한두 번 쯤은 가지고 있는 경험이다. 여기에서 우리가 비판해야 할 것은 대리만족이나 현실 도피, 결핍에 대한 반응이 아니라 그것이 왜 굳이 여성을 극도로 성적 대상화하는 방식으로 이루어져야만 하는가 하는 것이다.

현실에는 존재하지 않는 아름다운 여성의 신체와—과연 그렇게 왜곡되어 표현되어지는 신체가 진정한 아름다움인가 하는 논의는 이 글에서의 주요한 관심이 아니다— 현실에서는 존재하지 않는 수동적이고 연약한 동시에 육체적으로는 성적인 만족감을 주는, 역할로서는 사랑과 봉사만을 일방적으로 퍼붓는 인간형으로서의 여성들이 즐비한 게임의 세계는 전술하였듯이 단순한 잠시의 즐길 거리가 아닌, 게이머들의 인지 구조와 정서적 구조에 영향을 주는 형성도구이다. 연극이나 공연 등에서도 이러한 논쟁은 존재하였다. 자유주의 페미니즘에서는 '일반 미디어나 예술 영역에서 여성들은 어떤 역할을 하고 있는가? 그들은 힘, 설득력 그리고 사고력에 있어서 남성과 동등하게 그려져 있는가?'를 물었다.[28] 다른 예술 영역에서처럼 게임에서 구현되어지는 여성들의 역할이나 이미지들 역시 남성 게이머들의 여성상에 상당한 영향을 줄 수 있다.

게임 시장이 확대됨에 따라 그리고 남성 게이머들의 유입이 확산됨에 따라 여성 재현에 여성의 섹슈얼리티의 부각이 더욱 두드러지는 것으로 관찰되고 있다. 노출의 정도뿐만 아니라, 행동 방식과 성격에서도 성적인 측면이 두드러지게 나타나는 것이다.[29] 남성들의 시각적인 성적 만족감을 기업의 이익을 극대화하기 위한 효과적인 방법으로 활용하고자 하는 제작자들의 상업적인 마인드는 이러한 구조를 더욱 공

---

28 심정순, 『섹슈얼리티와 대중문화』 (서울: 동인, 1999), 16.
29 권도경, "한국 게임에 나타난 여성캐릭터의 형상과 그 특성", 122.

고히 한다. 게임의 재미를 즐기기 위해 다양한 게임 중 구미에 맞는 것을 취사선택하려는 남성 게이머들, 그러한 남성 게이머들의 시선을 사로잡기 위해 여성의 신체를 극단적으로 왜곡하며 강조하여 전시하는 게임 회사들 그리고 그렇게 나온 결과물들인 도구로서의 여성 캐릭터들은 이제 MMORPG의 대세로 자리 잡은 듯하다.

여성의 노출된 육체, 과장된 섹슈얼리티의 극대화 등을 두고 상업적 시점으로만이 아니라 이를 예술이라고 표현하는 시각들이 종종 존재한다. 또한 여성의 이미지를 가능한 아름답고 자신들이 원하는 방식으로 재현하는 것이 표현의 자유라고 주장하기도 한다. 그러나 과연 이것이 표현의 자유라는 영역에서 그칠 문제인지 의문이다. 인류의 절반을 차지하고 있는 여성의 이미지를 일방적인 시각으로 손상하거나 과장, 왜곡하는 것이 과연 표현의 자유인지 아니면 위험한 곡예인지 따져보아야 한다. 게임의 콘텐츠로서의 역할이나 영역을 생각할 때 그러한 재현이 게임의 상품성을 위함이라는 것은 전술한 바와 같다. 이처럼 남성 중심적인 시각에서 여성의 몸을 재단하고 왜곡되게 재현하며 성적 만족감이나 쾌감을 얻는 것은 일반적으로 미디어 콘텐츠 등에서 지적하는 여성의 성상품화와 같은 문제이다. 이것은 실제 사람이 아니라 그림이기 때문에 다르다고 말할 수 없으며, 오히려 더욱 교묘하고 은폐된 방식으로 여성의 성이나 몸에 대한 왜곡을 생산한다. 게임의 그래픽 여성들의 과장되고 허상된 육체적 이미지는 실제 여성에 대한 왜곡된 이미지를 형성하게 할 뿐더러, 현실의 여성에 대한 일종의 혐오로 이어질 수 있다. 현실의 몸에 대한 지나친 왜곡은 아름다움을 찾으려는 인간의 본능이 아니라 비현실적인 것을 표본으로 삼고, 일반적인 것을 비일반적인 것으로 만드는, 다시 말해, 자연적인 것에 대한 거부로 이어질 수 있다.

남성 창조주체가 남성 소비주체에게로 가는 커뮤니케이션 회로의 매개점이 바로 여성의 몸이 되고 있는 게임의 세계. 이를 두고 한 연구자는 이를 남성 동성 연대적 가상공간에서 이루어지는 남성 중심적 콘텐츠라고 비판한다.30 디지털 게임의 세계는 남성 중심적인 공간으로 성별화된 게임 콘텐츠가 발달 되어 있으며 성별 이분화가 매우 공고한 동시에 성별 역할 역시 매우 다르게 형성되어 있는 세계라는 것이다. 화면에 드러나는 이미지의 재현과 게임 스토리텔링 모두 남성적 가치가 우선되는, 남성만이 주체로 존재하는 세계가 게임의 세계라는 것이 그의 분석이다.31

그런 만큼 게임의 세계의 법칙과 인물들 그리고 세계관 등은 물리적인 현실 세계와 정말로 동떨어져 있는 것이 되어가고 있다. 성평등이 주장되고, 여성들이 유리 천장을 뚫으려 시도하고 있으며, 각종 국가고시 등에서 여성이 우위를 선점하고 있는 오늘날의 현실에 비하면 게임의 세계는 남성들의 욕망만이 철저하게 투사되어 구성되는 세계이다. 더욱 더 풍만하게, 더욱 더 잘록하게, 더욱 더 섹시하게, 더욱 더 청순하면서도 순종적으로 그려지는 여성 캐릭터들의 세계에서 생활하는 남성 게이머들에게 일반적인 여성들이 자신의 목소리를 내고, 주체적으로 행동하려고 노력하는 이 현실 세계는 악몽이 아닐까 싶을 정도이다.

필자는 이 지점에서 두 가지를 지적하고자 한다. 그 하나는, 이렇게

---

30 안선영, "디지털게임 가상공간의 변화와 여성주의 실천에 대한 연구," 「페미니즘연구」 10권 2호(2010), 131.
31 앞의 논문, 141-142.

구성된 세계에서 생활하거나 성장한 남성들이 물리적인 현실 세계에 대한 적응성이 떨어질 수 있다는 것이다. 다른 사람들과 함께 생활한다는 것, 그중의 절반은 여성인 현실에서 생활한다는 것은 주체로서의 다른 이—여성—를 인정하고 공감하며 상호작용하는 관계 속에서 살아간다는 것을 뜻한다. 남성 게이머들의 욕망만이 투사되고 반영된 게임의 세계를 먼저 접하고 그 안에서 성장하는 남성 청소년이 과연 여성과 어떠한 관계를 맺을 것인가, 그것이 진정으로 상호주체적인 관계로 기능할 수 있을 것인가 하는 의문을 사회적으로 던져야 할 때이다. 성적인 자극을 극대화하기 위해 기획되고 유통되는 동영상물, 속칭 '야동'이라고 하는 것에 지나치게 탐닉하며 성장한 남자들이 결혼 후 배우자와의 성관계에 트러블이 많이 생긴다는 것은 이미 알려진 사실이다.32 이와 유사한 일이 게임을 통해서도 일어날 수 있다.

성적으로 대상화 되고, 종속적으로 소외화 된 여성들이 존재하는 게임의 세계에서 인지 구조와 정서적인 것들을 터득한 남성들은 물리적인 현실 세계에서도 이를 어느 정도 기대할 것이다. 이는 게임을 수행하고 즐기면서 구성된 인식 그대로 행위 하고자 할 것이기 때문이다. 고정적인 성역할에 익숙해진 남성들이 물리적 세계의 여성들과 동일한 관계를 형성하고자 할 때에, 그것이 가능하지 않음을 알게 된다면 현실 여성들에 대한 박탈감이나 적대감 등이 커질 수 있으며, 이러한 좌절감이 심화될 때 이는 현실 여성들에 대한 혐오나 분노 등으로 비화될 수 있다. 소극적이고 조력자이며 완벽한 성적 판타지를 충족시켜주

---

32 동아일보, "야동 탐닉 이혼사유?…야동, 부부관계 순기능 vs 역기능 '시끌'", 2014. 9. 25, http://news.donga.com/3/all/20140925/66704790/2#csidxb7ba8520fb1b096baecd685a96556b7.

는 게임 속의 여성에 비해 현실 속의 여성은 보다 적극적이고 능동적이며, 대상이 아니라 주체적인 행위자이기 때문에 남성의 환상이나 욕구를 충족시켜 주지 않고 거절할 수 있다. 이때 게임 속의 여성 행위나 역할에 익숙해진 청소년들이 게임 안에서 구성된 인지 방식과 행위 양식을 그대로 현실에 적용하지 못할 때 오는 좌절감은 폭력성으로 나타날 수 있다. 남성들만을 위하여 구현된 게임 속의 여성들이 수행하고 있는 성역할은 이러한 점에서 극도로 심각한 면을 가지며, 신속히 해체되어지고 재구성되어야 한다.

한 기사에서는 2016년 5월 강남역 여성 살인사건이 도화선이 되어 터져 나온 여성들의 저항과 분노가 '안티페미 집회' 등 '백래시'(반격, backlash)[33]에 부딪친 이유를 남성들의 제한된 경험에서 나오는 여성 혐오 때문이라고 분석하였다. 안티페미니즘의 선봉에 서서 시위를 하고 집단을 만들면서 정부의 통계나 정책 등에 대해 반대하는 목소리를 높이는 것이 주로 20-30대 초반의 젊은 남자들인 이유를 그들의 제한된 경험에서 찾는 것이다. 기사는 현재 한국의 안티페미니즘 현상의 이유를 고등교육까지는 그다지 남성과 여성의 차별이 없으나 사회에 나오면 확연히 달라지는데, 그것은 들여다보지 못하고 자신이 지금까지 살아오고 경험한 교육 시스템 상의 평등만을 주요 경험으로 삼아 세상을 해석하는 젊은 남성들에게서 찾고 있다.[34] 게임 세계에서의 경험을 주요 경험으로 삼아 성장할 가능성이 있는 청소년들을 위해서라

---

33 수전 팔루디/황성원 옮김, 『백래시: 누가 페미니즘을 두려워하는가?』(파주: 아르테, 2017).
34 한겨레21, "페미니즘, 반격을 맞다", 2017. 12. 20,
   http://h21.hani.co.kr/arti/special/special_general/44633.html.

도 시급히 게임 속 여성 캐릭터의 다양화와 보다 현실에 가까운 역할로의 전이가 필요한 이유이다.

지금 게임 세계에서 여성을 재현하는 방식은 남성들의 왜곡된 성의식을 방조하거나 더욱 확대시킬 뿐이다. 그렇게 성장한 남성은 건강한 성 역할을 구성하지 못하고 살아가야 하며, 결국 이는 개인적으로도 사회적으로도 문제의 소지를 키우는 결과를 낳게 될 것이다. 이는 남성과 여성 모두에게 불행한 일이 될 것이라고 단언할 수 있다. 보편적인 기존의 사회적 성역할이나 육체적 성에 대한 개념들 특히 여성의 대상화, 타자화, 상품화 등은 해체되어져야 한다. 그러므로 게임 산업 영역에 대한 여성주의적인 관찰의 목소리를 높여서 게임 산업 기획자들과 제작자들이 비판적으로 성찰할 기회를 주어야 한다.

우리는 이러한 방식이 변화를 가져 온 사례를 이미 목격하였다. 대중 미디어 콘텐츠의 여성 구현 방식에 대해 지속적으로 여성주의적 목소리를 높여 온 결과, 지나치게 마른 모델이 퇴출되고, 현실적인 바비 인형이 출시되며, 장애가 있거나 나이가 많은 모델들이 런웨이에 서고, SNS에는 여드름이 있어도, 뱃살이 있어도 아름다울 수 있다는 슬로건이 공유되고 있다.35 아직도 일부이긴 하지만, 그동안 지속적으로 외쳐 온 값진 결과이다. 대중 미디어들은 소비자들의 구미에 맞는 상품을 생산해내는 것이 일차적인 목적이기에, 인구의 절반이 여성이라는 사실을 생각해 본다면 게임의 여성 캐릭터에 대한 꾸준한 여성주의적 요구는 상업적 이익을 위해서라도 게임 제작자들의 시각이 수정될

---

35 코메디 닷컴, "여드름이 있다고 아름답지 않은 건 아니죠", 2017. 12. 22
http://www.kormedi.com/news/article/1225580_2892.html; 기존의 바비 인형

수 있을 것이라는 기대를 갖게 한다.

두 번째로는, 게임 세계에서의 다양한 여성의 구현 방식과 역할의 부여가 나아가서는 게임 산업 전체에 여성 게이머들을 끌어들일 수 있는 새로운 사업 기회가 될 수 있다는 것을 지적하고 싶다. 남성들의 대다수를 이루고 있던 게임에 여성 게이머들의 참여 비율이 확대되고 있다.36 이는 특히 1인칭 슈팅 게임이나 퍼즐 게임 등에서 관찰되고 있으며, 심즈The Sims 같은 사회적 관계를 중심으로 하는 게임에서도 관찰된다. 다시 말해, 여성들은 게임 자체를 싫어하는 것이 아니다. 이는 몇 년 전에 중년 여성들을 중심으로 일어났던 '애니팡' 붐에서도 잘 알 수 있다.

이를 두고 한 연구자는 여성의 대상화가 비교적 덜한 게임 형식이기 때문에 그렇다고 지적하였다.37 퍼즐 게임 등은 말할 것도 없고, 여성이 스스로 주인공이 되어 수행하는 1인칭 슈팅 게임 등에서 구현되어지는 여성은, 남성 중심적인 시선으로 구현되어지는 MMORPG의 여성과는 상당히 다른 외모와 역할을 가지고 있다. 대부분의 게임 세계에서 여성들은 부차적인 존재로 인식되거나 배제되는 반면, 1인칭 슈

과 소셜 크라우드 펀딩을 통해 제작된 현실적인 래밀리 인형.

36 게임동아, "한국 게이머들, 하루 평균 49분 스마트폰 게임 즐긴다", 2017. 9. 5. http://v.media.daum.net/v/20170905111203782?f=o.

37 권도경, "한국 게임에 나타난 여성캐릭터의 형상과 그 특성", 125.

팅 게임의 여성 캐릭터들은 비교적 그 개성이 풍부하고 기능이 뚜렷하기 때문에 여성들이 보다 자신과 동일시하기 용이하도록 구현되어 있는 것이다. 심지어 오버워치(Overwatch)라는 1인칭 슈팅 게임에 등장하는 '아나'라는 여성 캐릭터는 설정 상 오버워치의 창립 멤버이자 가장 뛰어난 스나이퍼인데, 60세이다. 물론 아래의 표에서 보다시피, 여성의 신체에 대한 욕망을 남성들이 완전히 포기한 것은 아니다. 그러나 적어도, 대부분의 여성 캐릭터는 전투에 적합한 복장을 갖추고 전투를 수행한다. MMORPG의 여성 캐릭터들 역시 전투에 투입되는 인력들이 대부분임에도 노출이 굉장히 심한 복장인 것과는 대조적이라 할 수 있다.

1인칭 슈팅 게임에 나오는 여성 캐릭터들

현 MMORPG에서 구현되어지고 있는 성역할은 행위의 주체로서의 남성과 객체로서의 여성이며 남성/여성, 능동적/수동적, 주체/객체, 동일성/타자성의 이항 대립의 재생산에 불과하다. 우리는 다양한 영역에서 남성 중심적인 사회가 강조하는 시각적 전략들을 거부하고 이러한 요소들을 제거시키고 재구축해야 한다. 여성의 몸은 남성 예술가 혹은 기획자 혹은 사용자들을 위해 형식이 주어지는 물질이자 대상이 아니다. 이 과정을 지켜보는 여성들은 은연중에 성적 수치심을 느끼게 되며, 이것이 MMORPG에 여성 게이머들이 적은 이유가 된다. 여성들에게 지속적인 복종을 요구하는 성적 판타지의 구현이 MMORPG의 중심 전략에 있는 이상, 게임 제작자들이 바라는 시장 성장은 한계가 있을 수밖에 없다. 한 기사는 다음과 같이 지적한다.

> 하루에만 수십 건의 신작 홍보 즉 대외용 선전을 목적으로 제작된 게임 이미지들을 보고 있노라면 이들이 겨냥하고 있는 소비자에 '여성'이 설 자리는 거의 없다고 느낀다. '오빠'라고 외치는 걸그룹이나 레이싱모델이 게임 홍보 이미지에 박혀 있을 뿐, 게임의 내용과는 전혀 관계없이 전시되는 여성은 철저히 소비 당하는 '트로피걸'로 존재한다.[38]

'2015 대한민국 게임백서'의 게임 유저 성별 분포 자료에 따르면, 온라인게임의 경우 남자 63.1%, 여자 36.9%, 모바일게임의 경우 남자 51.6%, 여자 48.4%인데 상당한 비중을 차지하고 있는 여성 소비자들을 소비자로 인정하고 있지 않는 현 게임 시장의 경향은 게임 산업을 위해서라도 바람직하지 않다는 것이다. 새로운 소비자를 찾고 게이머들을 불러들여야 하는 상업적 이익을 위해서라도 여성 게이머들이 들어오고 싶어 할 만한 게임 세계를 구축하는 것이 필요하다. 여성이 보다 주체적인 역할을 할 수 있는 세계관의 도입이 시도되지 않는 이상, 성평등이나 인권 등에 대한 인식을 논외로 하더라도 이익을 극대

---

38 게임포커스, "존재하지만 존재하지 않는 소비자, 여성 게이머는 어디에 있나", 2016. 2. 11.
　　http://gamefocus.co.kr/detail.php?number=56520.

화하고자 하는 기업의 생리라는 측면에서도 여성 캐릭터의 구현은 새롭게 고민되어야 할 문제이다. 기존의 남성 게이머 중심적인 시선으로만 구축된 게임의 세계는 새로운 소비자들이 될 수 있는 여성의 외면을 벗어날 수 없을 것이다.

물론 기업들이 여성의 중요성을 온전히 외면하고 있는 것은 아니다. 다양한 게임 분야들 속에서 공통적으로 여성 게이머들의 비율이 증가하기 시작하면서 남성 중심적으로 구성되고 운영되던 게임 산업계 역시 조금씩 여성 게이머들을 영입할 방법을 찾고 있다. 특정한 대상을 목적으로 하기보다는 누구나 즐길 수 있는 게임이 수익 달성 면에서 유리하다는 인식 아래, 남성과 여성 게이머들을 위한 요소들을 각각 추가하거나 기존의 남성 게이머 중심의 게임 인터페이스의 수정 등을 시작한 것이다. 게임 서비스사의 한 관계자는 "최근 들어 특정 유저층을 공략하기 위한 마케팅 프로모션은 감소한 것이 사실"이라며 "과거, 여성 유저만을 대상으로 진행하는 프로모션보다 현재의 일반 프로모션이 더 효과적이며 널리 사용되고 있다"라고 밝혔다. 또한, 마케팅 정책의 변화와 함께 게임 내적인 변화에 대해서도 "여성 편향적인 게임 디자인보다는 범용성에 중점을 둔 쉬운 인터페이스로 변화되는 것이 최근의 추세"라며 게임 내적인 요소의 범용화에 대해서 설명했다. 간단히 말해, 게임 세계에서의 여성 캐릭터는 기업의 이익과 남성 게이머들의 건강한 성 인식 양자 모두를 위해서 새롭게 구축되어야만 한다.

V. 나오는 말: 더 이상 여성을 소비하지 않는 세계를 위하여

이원화된 세계, 여성을 소비하고 전시하는 세계는 우리에게 익숙한 세계이다. 우리는 그 안에서 성장하고 살아가고 있으며, 일부분 동조하고 있기까지 하다. 더욱 더 젊고 아름다워지기 위하여 하는 모든 행위들, 성별화된 몸과 역할 등은 많은 이들을 소외시키고 비인간화시키고 있다. 연대를 통한 새로운 대안적 세계가 생겨야만 한다는 사실에 동감하는 이들이 많으며, 그동안의 노력으로 조금씩 변화가 생기기 시작한 것도 사실이다. 그러나 현대의 과학기술은 그러한 노력들이 따라잡기 힘들 정도로 새로운 것들을 만들어내고 있다. 이제 성인비디오물이 아니라 섹스 로봇, 그것도 아름다운 여성형 로봇이 절대 다수인 기계들이 만들어지고 있으며 심지어 캐나다에서는 아동 성애자가 여아의 모습을 한 섹스 로봇을 만들어 이슈가 되었다. 현대의 중요한 과학기술은 '남성들에 의해, 남성들을 위해' 만들어지고 있다고 미국 인터넷 매체인 쿼츠는 지적한다.39

세상은 남성 중심적이었고, 앞으로도 당분간은 그럴 것이다. 하지

---

39 예를 들어 대형의 스마트폰 신제품은 손이 작은 여성들에게는 불편하며, 자동차 역시 남성들의 안전을 위해 설계됐다고 지적한다. 자동차 안전벨트나 에어백은 여성보다는 남성에 더 안전하도록 설계되었다는 것. 인공심장은 86%의 남성에게 적합하지만 여성에게는 20% 정도만 적합하다는 조사 결과도 있다. 새로운 테크놀로지를 채택한 제품을 개발하는 업체도 여성에 적합한 제품 개발에 소홀하다. 수년간의 투자가 필요하고 관련 인력도 투입해야 하기 때문이다. 로봇 신문, "섹스 로봇, 성적인 편견 조장한다", 2017. 8. 29, http://www.irobotnews.com/news/articleView.html?idxno=11553.

만 구조적인 공고화를 그대로 방치해서는 안 될 것이다. 여성들은 여전히 약자이고, 곳곳에서 소비되고, 전시되고 있지만 이에 대한 비판적 성찰의 목소리를 높이고 이를 공유하고 공감하며, 조금씩이라도 변화를 일으켜야 한다. 곳곳에서 연대를 통한 여성주의 게임 문화가 형성되고 있는 모습 역시 관찰된다. 적극적이고 생산적으로 새롭게 생겨나는 기술과 문화의 세계에 참여하며 살아갈 때이다.

한국에서 이주민 여성들이 겪는 혐오의 다양한 형태들

최순양

I. 들어가는 말

본고에서는 일반적으로 나타나는 여성에 대한 혐오와 연관해서 '여성'이 '이주민'일 때, 어떻게 더 부정적으로 평가되고 억압되는지를 현실적으로 분석해 보고자 한다. 그러기 위해서는 이주민 여성들이 처한 현실이 구체적으로 어떤 것인지를 알아볼 필요가 있다.

본고는 결혼이주여성의 문제를 중점적으로 다룰 것이다. 그러나 한국에 거주하는 이주민 여성들이 모두 결혼이주여성은 아니기에 연예인이 되기 위한 꿈을 가지고 한국에 들어 온 이주여성들의 문제 또한 간략하게나마 살펴보고자 한다. 전반적인 이주여성의 문제를 광범위하게 다루지 못한 것은 본고의 한계임을 먼저 밝혀둔다. 또한 이론적 분석과 실례적 분석이 병행되어 있으며, 한국에서 일어나고 있는 이주민 여성을 둘러싼 현상들이 주로 다뤄지고 있음을 알리는 바이다. 이주민 여성의 문제점과 현상들을 다룬 글이기에 대안에 대한 부분은 크게 다루지 못했다. 본고에 대한 후속작업으로는 대안과 신학적 논의들이 더 보강되길 바라는 마음이다.

1. 한국인 여성과 이주여성의 차이: 한국식 문화우월주의와 대상화

대부분의 문화들에서 '타자성'은 주체로 간주된 이들의 반대되는 특성을 지닌 사람들로 여겨지고, 또한 그러한 이유들로 부정적으로 평가되어왔다. 주체는 이미 적법하게 정의 내려진 많은 가치들과 동일한 사람들로 여겨진다. 주체는 합리적이고 이성적이고 바람직하며 인간이면 지향해야 할 가치들을 가지고 있는 사람들로 상정된다. 타자는 이러한 가치들에 의해 배제되고 부정적으로 평가된다.

이러한 타자들은 여성, 성소수자들이거나 민족적으로 이질적인 사람들일 경우가 많다. 이들은 주체를 구성하는 여러 가지 특성들에서 배제되어 반대의 측면에서 역으로 주체의 특성을 강화시키고 확인시킨다. 예를 들어, 여성들은 합리성이나 논리성을 가지고 있지 못하다고 상정되면서 즉, 여성들이 감정적이고 충동적이라고 여겨지면서 주체로 여겨지는 남성들의 특징을 강화하고 고정화하는 것이다. 동일성에 의해 주체는 규범적 이상을 가지고 있는 존재이거나 규범적 이상과 동일한 존재로 상정된다. 동일성은 규범적 이상과의 편차가 제로라고 볼 수 있는데, 즉, 그는 "남성이며, 이성애자, '백인' 혹은 가능한 한 백인에 가까운 인종이며,"[1] 정상적 인간이거나 그에 가까운 존재이기 때

---

[1] 허라금 엮음, 『글로벌 아시아의 이주와 젠더』 (파주: 한울, 2011) 44.

문이다.

타자화의 대상이 되기 쉬운 사람들 중에서 특별히 본고에서는 이주민 여성의 문제를 주목하고자 한다. 이주민에 대한 여러 가지 인식들 중에서 우선적으로 살펴보아야 할 것은 한국식 문화우월주의이다. 낯선 곳에서 온 사람들에 대해 가지게 되는 우리의 편견은 '다르다'라고 하는 것인데, 이 다름이 단순한 차이가 아니라 차별과 종속의 관계로 이어지기 때문에 오해, 갈등 나아가서는 폭력이 발생하기도 한다. 우리나라처럼 단일문화권으로 구성된 사회에서는 이러한 현상이 두드러지게 나타나는 데, 동질성의 가치가 혼종성이나 다양성의 가치보다 우월하게 여겨지기 때문이다. 한국 사회는 인종적 편견과 서열과 경쟁에 따른 위계질서가 복잡화되면서 차별과 종속이 당연시되며 동시에 한층 더 강화되어 왔다고 볼 수 있다.2

앞서 설명한 주체와 타자의 서구적 이분법이 한국 사회에서 작동할 수밖에 없는 이유는 식민 경험과 미 군대 주둔 그리고 미국 문화의 자유로운 도입 등으로 서구식 문화진화론에 한국인들이 익숙해 있기 때문이다. 서구 중심적 진화론적 관점, 즉 서구사회가 문화의 최상위 상태에 있다고 하는 사고방식에 젖어있기 때문에, 서구와 비서구, 제1세계와 비1세계를 구분하고 서열화하는 것이 대부분의 한국인들에게 당연하게 여겨진다.

또 하나 한국식 문화우월주의로 작동하는 것은 '자문화중심주의'이다. 즉 자신의 민족이나 문화가 가장 우월하다는 의식하에 다른 민족

---

2 이주인권여성포럼,『우리 모두 조금 낯선 사람들: 공존을 위한 다문화』(파주: 오월의 봄 2013), 66.

의 사람들을 함부로 대하거나 대상화하고 차별하게 되는 현상이 다른 문화권에 비해 두드러지게 나타난다. 한국 사회는 따라서 다양한 문화를 받아들이려고 노력하기보다는 그들을 구분하여 서열화하는 쪽으로 치우쳐있다. 전문직이나 서구에서 온 이주자들에게는 영주권부여와 같은 혜택을 주지만 미등록 이주자에게는 혜택은커녕 온갖 보장을 하지 않은 채 노동을 착취하게 된다. 이러한 현상은 이주여성들에게 무조건적 동화와 복종을 요구하는 쪽으로 나타나기도 한다.3

이주여성들은 여성들이면 으레 잘 할 것이라고 기대되는 서비스 노동, 가사 서비스나 돌봄 노동에 종사하는 경우가 많다.4 서비스 노동직 중에서도 한국 여성들이 꺼려하는 직업군에 이주민 여성들이 대신해서 일을 하게 되는 추세이다. 그러나 문제는 이러한 서비스 노동을 이주민 여성들에게 하도록 할 경우, 적법한 절차나 보장을 제공하지 않고 저임금과 불합리적 대우를 감수하게 하는 경우가 많다는 것이다. 결혼이주여성들의 경우는 자신들의 문화와 전혀 다른 곳으로 결혼을 통해 이주했음에도, 한국 여성들에게 요구하는 것과 똑같은 것들 혹은 더 복종적일 것을 요구하는 경우가 많다. 한 번도 접해보지 않았음에도 맹목적으로 한국 음식을 차리라고 요구한다거나 시부모님을 모시고 사는 것이 한국에서는 당연하다는 것을 강요할 때도 있다. 시부모님께 순종하라고 요구하거나 마을 어르신들에게 예의를 차리게 하는 등 한국 문화에 익숙해지도록 강요하는 현상들도 이에 해당할 것이다.

우리나라에서 살게 되는 이주여성들의 경우, 많은 경우 한국보다

---

3 앞의 책, 72.
4 황정미, "지구화 시대의 이주와 젠더," 한국여성연구소 엮음,『젠더와 사회: 15개의 시선으로 읽는 여성과 남성』(파주: 동녘, 2014), 217.

열악한 소위 '개발도상국'에서 온 여성들이 많기 때문에 그들에 대한 무시나 차별은 한국 여성들에게 행해지는 태도보다 더 복잡한 의미를 가진다. 생활방식이나 문화적 차이 때문에 겪게 되는 일들도 "못 사는 나라 출신이므로 문화적으로 열등하고 머리가 나쁘다"[5]라고 함부로 대하게 되는 경우가 많다.

고향을 떠난 이주민들이 겪게 되는 여러 가지 현실들이 있겠지만, 이주여성은 남성 이주자들보다 더 차별과 폭력에 노출되어 있다고 볼 수 있다. 결혼이주여성들의 경우에는 가족이라고 하는 관계 속에서 학대나 차별을 받기 쉽고, 여성이 종사하기로 기대되는 서비스업종이나 감정 노동 등에 종사하고 있는 이주여성들의 경우에는 고용주의 부당한 처우에 대해서 더 은폐되어 저항할 수 없는 경우가 많기 때문이다. 한국인이 가지고 있는 문화우월주의, 자민족 중시주의에 더해서 여성에 대한 차별, 또한 자신들의 나라보다 못하는 나라에서 온 여성들이라고 여기는 복합적 대상화와 차별 그리고 혐오가 이주민 여성들에게 더 심화되어 작용한다.

II. 이주민 여성의 현실

1980년대부터 나타나기 시작한 '이주' 현상은 신자유주의와 글로벌리즘의 등장과 그 궤를 같이한다고 볼 수 있다. 상대적으로 본국보

---

5 이형하, 『농촌 다문화 가정 결혼 이주 여성의 지역사회 참여 연구』 (파주: 이담Books, 2010), 16.

다 노동의 수요가 많은 나라로 이동하게 되는 경향이 있는 데, 이러한 이주의 현실은 그러나 젠더에 따라 다르게 나타난다. 달리 말해, 여성과 남성이 경험하는 '이주'는 그 양상이 매우 다르다.

국제 노동기구에 따르면 약 2억 1천만 명의 사람들이 고향을 떠나 다른 나라에 살고 있다고 한다. 한국에 거주하는 외국인의 비율도 점차 증가하는 추세이며, 2012년 기준 한국에 거주하는 전체 인구의 2.87%가 외국인이라고 한다.6 그러나 이러한 이주 현상을 획일적으로 연구하는 것 보다는 이러한 이주 현실이 여성에게는 어떻게 다르게 나타나는지, 다시 말해 성별 위계가 어떤 영향을 미치는지에 대해서는 연구가 많이 진행되지는 않았다.

여성학에서는 특별히 '이주의 여성화' 현상에 주목한다. 이는 여성들이 이주를 하는 비율이 증가했음을 뜻하기도 하고, 이전의 '동반 이주자'로서가 아니라 '생계부양자'로 이주하는 경향이 많아졌다는 것을 의미한다.7

1. 이주의 여성화

국제기구의 추산에 따르면, 2000년에 선진국에 사는 이주민 중 약 51%, 개발도상국에 사는 이주민 중 약 46%가 여성이라고 한다. 이처럼 이주의 여성화가 일어나는 이유를 학자들은 다음과 같이 든다. 여성학에서는 따라서 '이주의 여성화'라는 용어가 등장하였다. 말 그대로

---

6 황정미, "지구화 시대의 이주와 젠더," 205.
7 앞의 글, 206

많은 여성들이 자신의 나라를 떠나 다른 나라로 이동하는 것을 뜻하는데, 남성보다는 여성들에게서 중첩되는 문제들이 나타나는 것을 일컫는다.

'이주의 여성화'라는 용어가 형성되게 된 배경은 대략 다음과 같다. 첫 번째는 예전과 달리 최근에는 여성들의 이주현상이 통계 지표에서 잘 드러나게 되었기 때문이다. 결혼이나 인신매매, 유흥산업 등으로 이주하게 되는 여성들의 경우 공식적인 지표에 나타나지 않는 일이 많았는데, 최근에는 이러한 여성들의 이동이 '노동이주'로 파악이 되기 시작했다고 한다. 두 번째는 실질적 숫자에 있어서 여성들의 이동이 양적으로 늘어났기 때문이다. 여성들이 노동과 생존을 위해 더 적극적으로 국제이동을 하게 되었다고 볼 수 있다. 세 번째는 개발도상국에서 많이 나타나는 현상이라고 할 수 있는데, 본국의 남성 가족 구성원들이 생계 부양의 능력이 저하되면서 여성들이 생계부양 능력을 책임져야 하는 현상들이 늘어났기 때문이다. 그리고 마지막으로는 여성들이 남성들보다 더 많이 이주하기 때문에 그들을 받아들이는 나라에서 이들의 노동을 쓰는 현장들이 주로 가사나 돌봄 서비스에 집중되는 등 소위 '여성적' 직종이 늘어나고 있기 때문이다.[8]

글로벌리즘과 신자유주의가 성행할수록 계층차이와 빈부격차는 더 급속도로 증가한다. 국제 엘리트와 신흥부자들이 넘쳐나는 '글로벌 도시'에는 그러나 아이러니하게도 서비스 노동과 감정 노동을 담당하는 저임금 여성노동자들에 대한 수요도 증가한다. 개발도상국 정부는 긴축 재정을 취하기 때문에, 사회복지, 교육, 보건 등의 예산들이 줄게

---

[8] 앞의 글, 210.

되며 저임금을 받게 된다.9 그렇기 때문에 많은 개발도상국의 여성들이 보다 더 높은 임금을 받으면서 가족을 도울 수 있는 다른 나라로 생계유지를 위해 이주를 하게 되는 것이다.

이주여성들이 저임금에도 불구하고 가사노동이나 돌봄 서비스 등에 종사하게 되는 이유는 선진국에서는 가사노동 영역이 이미 위기를 맞고 있기 때문이다. 핵가족화나 맞벌이 등 가족형태의 변화로 돌봄과 가사의 일을 가족 내에서 해결하기 어려워진다. 따라서 자국민 여성보다 상대적으로 노동가치가 덜 매겨지는 이주여성을 고용하게 된다.

그러나 가사노동이나 돌봄 서비스 등에서 드러나는 문제는 불공평한 대가를 받게 되고 부당한 대우를 받는 것이다. 가사노동 영역은 구성원들을 정서적, 육체적 그리고 사회적으로 지지하고 재창조한다고 하는 의의를 가지지만, 실제로는 끝이 없이 반복되며, 그 결과가 눈에 띄지 않는다. 따라서 자꾸만 이러한 영역의 노동은 사적인 노동이라고 치부하게 된다. 산업사회에서 시작된 공과 사의 이분법, 남성적 영역과 여성적 영역의 분리는 사적이고 여성적인 영역을 상대적으로 저평가 하게 되었고, 사적인 책임을 수행하기 때문에 무보수 일군으로 정의되고 시민으로서의 권리도 부여받지 못해 왔다.10

일찍이 미국에서는 미국여성들이 가사 노동과 돌봄 서비스 등에 종사하지 않고 소위 '공적 영역'으로 진출함에 따라, 이 영역에 진출하는 여성들은 대부분 제3세계에서 온 이주여성들인 경우가 많았다. 따라서 미국 중상층 여성들은 이주여성의 저임금 서비스를 구매하게 되었

---

9 앞의 글, 212.
10 이선주, "이주여성 노동자의 주변화와 행위주체성," 이희원 외,『페미니즘 차이와 사이』
(파주: 문학동네, 2011), 204.

고, 이주여성들은 본국의 가족들을 부양하기 위해서 본국의 더 저렴한 여성의 노동을 구매하게 되었다. 이러한 현상을 "가사노동의 3단계 국제적 전이 현상"이라고 한다.11

이러한 가사노동의 국제적 전이 현상은 상대적으로 가사노동이나 돌봄 서비스의 가치를 저하시키게 된다. 돌봄이 상품이 되면 상류층 여성들은 자신의 가족들을 위해 돌봄을 구매하게 되고, 이러한 돌봄을 구매하게 되는 현상은 상대적으로 더 저렴한 여성의 노동력을 구매하게 된다. 선진국의 가사노동을 판매하는 여성들은 본국에서 또 더 저렴한 여성들의 노동력을 구매하게 되는 데, 이러한 순환 고리 속에서 "이주여성의 아이를 돌보는 가장 가난한 하위주체 여성의 돌봄 노동은 최저임금으로"12 가치 절하되어 평가되는 것이다.

이러한 현상은 전 지구적 연쇄관계로 나타나기도 한다. 산업혁명 이후 여성들은 사적인 영역, 돌봄과 가사를 감당하고 남성들은 공적인 영역에서 종사하게 되어 성별이분법이 형성되었다. 이러한 논리가 신자유주의 글로벌리즘에서는 '전 지구적 돌봄의 연쇄'(global care chain) 현상으로 나타난다.13 즉, 유급 혹은 무급 돌봄 노동을 매개로 연결고리가 생겨난다는 것이다. 과거에는 남성이 전문직에 종사하였고, 잡다한 가사나 사적 노동을 감당해 줄 여성들을 필요로 했다면, 현재는 선진국의 부유계층이 개도국 여성들의 돌봄 노동을 저급한 임금으로 사게 되는 것이다.

이러한 현상이 왜 '연쇄적'인 것인가? 그것은, 예를 들어, 필리핀 여

---

11 앞의 글, 205.
12 앞의 글, 207.
13 한국여성연구소, 『젠더와 사회』, 213.

성이 한국의 가정으로 이주해 가사와 양육 노동을 담당한다고 한다면, 그 여성이 비우고 간 자리를 또 다른 필리핀 여성이 채우게 되는 양상 때문이다. 실제로 싱가폴과 필리핀에서는 고등교육을 받은 자국 여성들을 '해외 가정부 계획' 등을 통해서 경제 성장을 이룩한 이웃 나라에 해외 가사 노동자로 이주하게 만들었다.14 다른 나라로 이주해서 취업, 생산 등을 담당하게 된 여성들은 자기 자신의 가정에서 필요로 하는 가사노동을 위해 보다 싼 가격의 해외 이주여성을 고용하게 된 것이다.

2. 이주여성들이 한국에서 겪는 경험 구조

필리핀 해외 노동청은 필리핀인들을 여덟 가지 범주로 분류해서 관리하는데, 그에 따르면 '서비스 노동자'는 대부분 여성이고, 생산직 노동자들은 대부분 남성이라고 한다.15

이주의 문제가 가장 두드러지고 있는 나라가 베트남이라고 할 수 있는데, 베트남 여성들을 대상으로 조사해 본 이주의 실태는 네 종류로 나누어진다. 첫째가 가족 결합, 두 번째가 연구 및 조사를 위한 해외이주, 세 번째는 노동이주, 마지막은 결혼이주이다. 이러한 네 가지 형태의 이주가 있긴 하지만 모두 경제적 어려움과 실업 그리고 가족 부양 등이 그 주된 이유라고 할 수 있다. 한국과 대만으로 이주하는 여성들의 대다수는 결혼이주인 경우가 많다.16

다른 나라와 달리 한국으로 결혼이주해 온 여성의 숫자가 증가하고

---

14 허라금,『글로벌 아시아의 이주와 젠더』, 185.
15 앞의 책, 187.
16 앞의 책, 208.

있는 데 이러한 추세가 긍정적이지만은 않다. 그 이유는 결혼 생활을 끝까지 성공적으로 해갈 수 있는 여성들이 많지 않기 때문이다. 결혼 중개업소를 통하지 않은 채 대만이나 한국 남성들과 결혼한 여성들까지 포함한다면 해마다 한국인-베트남 부부의 숫자가 증가하고 있다고 한다. 2004년에는 베트남-대만, 베트남-한국인 부부가 국제결혼 인구의 약 95%에 이르렀다고 한다.[17]

문제는 국제결혼을 중개하는 사람들 중에 인신매매업체가 위장한 사례가 많다는 것이다. 운이 좋아서 친절한 남성을 만나는 경우도 있지만, 사기를 당해서 본인이 기대했던 남편을 못 만나는 사람들도 많고, 강제결혼이나 인신매매 결혼을 하는 경우도 많다고 한다. 어떤 여성들은 가정 폭력을 당하기도 하고, 심한 경우에는 남편에게 살해당하기도 한다.[18]

베트남에서는 베트남 여성과 외국인 남성이 결혼하는 것을 법적으로 허용하지만 베트남의 관습, 문화, 언어 등을 배우자에게 요구하는 조건이나 혼인에 이르는 기간에 관한 규정이 없다. 베트남에 오는 많은 외국인들이 따라서 3일 만에 부인을 얻을 수 있다고 한다. 이처럼 베트남이 국제결혼에 대한 법망이 허술한 이유로 결혼 중개업소가 신부나 신랑 양쪽으로부터 돈을 쉽게 받게 되며 심한 경우에는 사기를 행하는 경우도 있을 수 있다.[19]

이러한 극단적이고 비극적 경험 외에도, 이주여성들이 결혼을 매개로 한국에 들어와서 살게 되면서 겪게 되는 현실적 문제들은 다음과

---

17 앞의 책, 210.
18 앞의 책, 212.
19 앞의 책, 225.

같다.

한국의 시가족과의 문화적 차이로 인해서 겪게 되는 불편함이 있는데, 음식문화의 차이를 비롯해 한국식 가부장제나 유교적 사고 등으로 인해 힘들어한다. 예를 들어 한국에서는 남편은 바깥일을 하고, 여성은 주변적이고 가사/돌봄 일을 수행해야 한다거나, 아들 중심의 가족문화[20] 등이 한국보다 성평등적 문화에서 살아 온 여성들에게는 매우 충격적이며 힘든 경험이었다고 한다. 또한 출신국에서 쌓아 놓은 학력과 다양한 직장 경력을 인정받지 못한다는 점이다.[21] 이주민이기 때문에 혹은 생김새의 차이가 있기 때문에, 실력이나 경력과 무관하게 고용을 하지 않거나 비정규직으로 고용하는 경우가 많다.

성(性) 노동시장에 종사하는 이주여성들도 적지 않은 형편인 데, 한국에서는 1990년대 중반부터 성산업에 유입되었다고 할 수 있다. 대부분은 E-6비자(예술흥행비자)를 받아서 표면적으로는 가수로 한국에 들어와 활동하게 되었다. 초기에는 필리핀 여성들이 외국인 전용 유흥음식점에서 일했고, 2000년부터 2003년 정도에는 러시아 여성들이 더 많았다고 한다.

외국인 여성들에 대한 인권 착취의 비난을 면하기 위해서 2003년 9월부터 러시아 가수들에게 비자를 내주지 않게 되었다고 한다. 그 이유로 필리핀 여성들이 예술흥행비자를 받아서 들어와서 대개의 경우 성 노동시장에 종사하는 비율이 증가하였다.[22]

필리핀 여성들은 가족을 부양하고자 하는 요구와 한국에 대한 막연

---

20 이형하, 『결혼이주여성의 생활세계와 사회자본』 (고양: 공동체, 2015), 102.
21 앞의 책, 82-3.
22 이주인권여성포럼, 『우리 모두 조금 낯선 사람들』, 192-3.

한 동경으로 한국으로 이주하는 일이 많은 데, E-6라는 비자는 다른 비자에 비해서 발급받기가 용이하다고 한다. 필리핀이 해외로의 이주 비율이 가장 높은 데, 국민 10명 중 한 명이 이주하는 셈이라고 한다.[23] 가수가 되기 위해서, 한국에서 돈을 벌기 위해서, 혹은 한국인과 결혼하여 한국에서 살기 위해서 등 여러 가지 바람을 가지고 오지만 필리핀 여성들이 한국에서 바라던 대로 살아가기가 생각보다 쉽지가 않다.

평소에 가수가 되기를 꿈꾸었던 한 필리핀 여성의 경우, 필리핀 기획사가 이 여성이 오디션에서 합격하면 한국에서 가수로 활동하게 해준다고 했다고 한다. 이 여성은 오디션에 합격하였고, 한국대사관에서 E-6비자를 받아서 2009년 한국으로 입국하였다. 그러나 첫날부터 가수가 아니라 야한 옷을 입고 손님들을 접대해야 했다. 술을 마셔도 취하지 않는 약을 강제로 먹게 하였고, 할당된 양의 주스를 팔지 못하면 성판매를 강요당하기도 했다고 한다. 이주를 결심할 당시 필리핀에서 계약한 계약서에서 명시된 월급(90-100만원) 대신 30-40만원 밖에 받지 못하였고, '주스' 판매비용이나 성매매 비용도 업주가 80%를 가지고 나머지(20%정도)만을 이 여성에게 지급했다.[24]

이렇듯이, 클럽이나 유흥업소들은 계약위반과 노동착취 그리고 인권침해 등 불법적인 일들을 버젓이 자행하고 있고, 국가가 이런 단체들과 업소들을 제재하고 책임을 물게 할 여건이 형성되어 있지 않다. 한국의 노동시장에서 '이주민'이어서, '여성'이어서 겪게 되는 일들이 중층적으로 많이 있지만, 이들의 어려움과 고통을 해결 할 수 있는 쉼

---

23 앞의 책, 193.
24 앞의 책, 196-7.

터나 단체들은 아직도 부족한 상태이다.

III. 이주여성이 한국에 오기까지의 부당한 과정들

앞에서 간략하게 설명한 것처럼 외국인이었던 여성들이 한국에 들어오기까지는 법적으로 보장되고 안정된 절차를 거쳐서 오는 사람들도 있지만 사기나 불법적 절차를 통해 오게 되는 여성들이 많다. 그리고 이주여성들의 신분 자체가 미등록 체류자(불법체류자)일 경우 더욱 법의 테두리 밖에서 보호를 받지도 못하고, 항의를 하지도 못하기에 인권이 존중되지 않는 경우가 많다.

1. 가수가 되는 꿈을 꾸었지만 성매매 노동자로 사는 이주여성들

유흥업소에 외국인 여성들이 대거 들어오게 된 시기는 1990년대 초반이라고 한다. 1995년에는 375명이 예술흥행비자(E6)를 가지고 입국했는데 이 제도가 신고제로 바뀌면서 5년 후에는 7,000명으로까지 늘어났다고 한다.25 이들이 한국에 올 때에는 한국에서 가수나 댄서 등 연예인이 될 것이라고 꿈꾸지만 실상은 주한미군기지촌에서 일하게 된다고 한다. 소위 '주스'를 200잔 팔아야 한다고 하는데, 현실적으로 미군들을 대상으로 1차, 2차를 같이하면서 결국엔 성매매를 해서

---

25 한국염,『우리 모두는 이방인이다: 사례로 보는 이주여성 인권운동 15년』(파주: 한울아카데미, 2017), 29.

매출액을 올리게 하는 것이다. '티켓을 끊는다'고 하는 데, 이른 시간에는 300달러, 늦은 시간에는 150-200달러를 번다고 한다. 그나마 번 돈도 업주가 70%를 가져가고 30%만 여성들이 가지게 된다.26

이러한 이주여성들의 유입 과정은 사실상 인신매매 과정에 가깝다고 볼 수 있다. 성 산업으로 유입되는 여성들 대부분이 "생산직 공장 취업 미끼, 국제결혼 빙자, 공연예술 빙자 등" 대부분이 취업 사기 형태를 띠고 있기 때문이다.27 이 중에서 예술흥행비자로 한국에서 연예인이 되기를 희망하며 들어온 여성이 성매매산업으로 유입되는 문제가 가장 복잡하고 심각하다. 이들은 대부분 클럽이나 티켓 다방, 유흥 주점 그리고 사창가에까지 확산되고 있고, 한국 여성 수는 줄어드는 데, 외국인 여성들이 증가하고 있다고 한다. 연쇄적으로 가장 권력과 경제력이 없는 외국인 여성이 본국 여성의 노동현실을 대체하고 있는 것이다.

성매매 산업에서 도망쳐 나가기 또한 쉽지 않다고 한다. 성매매업소에서 도망 나와서 '이주여성인권센터'의 쉼터에 왔던 한 러시아 여성은 얼마 되지 않아 성매매업소로 다시 돌아갈 수밖에 없었다고 한다. 그 이유는 업소 사장이 러시아에서 이 여성을 소개해준 브로커에게 도망 사실을 알렸고, 그 브로커가 이 여성의 집으로 찾아가 물건을 부수며 어머니를 협박했다고 하다. 결국 어머니의 안정을 위해서 이 여성은 다시 돌아갈 수밖에 없었다고 한다.28

이주여성들 대부분은 본국의 가족들을 위해서 노동을 하는 경우가 많다. 이주여성들이 다른 나라로 이주하는 이유는 본국이 가난하고,

---

26 앞의 책, 28.
27 앞의 책, 61.
28 앞의 책, 62.

가정이 빈곤하기 때문이다. 자기 나라에서 일자리를 찾기가 쉽지 않기 때문에 이주를 하게 된다. 그러나 막상 한국에 오면 애초의 꿈대로 돈이 쉽게 벌리지 않는다. 한국에 올 때 사용했던 브로커 비용도 갚아야 하고, 식구들에게 생계를 위한 생활비를 송금해야 한다. 비자가 있는 여성들은 귀국하거나 방문이 가능하지만, 불법체류자들인 경우 본국에 갈 수도 없다.

본국에 갈 수 있는 여성들의 경우에도, 처음에는 환영을 받지만 시간이 지날수록 돈을 벌어 와야 환영을 받는다고 한다. 고국에서 같이 지내다가도 벌어 온 돈이 떨어지면 이주를 다시 가야한다는 압박을 받고, 결국에는 또다시 이주노동을 위해 한국으로 재이주하게 된다고 한다. 어떤 여성들의 경우에는 가족 해체의 문제가 있다고 한다. 한국에서 3년, 5년의 시간을 보내다 보면 아이들은 엄마를 잊게 되고, 남편 또한 장기간 지내다 보면 아내에 대한 애정도 식고 돈 벌어다 주는 존재로만 여기게 되어 가정이 해체되는 경우가 많다.[29]

애초에 가족들의 생계와 안정을 위해서 이주하게 된 여성들이지만 결국 가족들에게는 돈을 벌어다 주는 존재로만 전락하게 되고, 역설적이게도 가족이 더 안정되고 행복해지는 것이 아니라 그나마 누리던 가족 구성원으로서의 존재감마저 잃고, 고립된 외톨이로 타국에서 살아가야 하는 여성들이 많다고 한다.

2. 인신매매 성격의 결혼이주 과정을 겪는 여성들

국제결혼을 통해 한국에 이주하게 되는 여성들은 모두 다 안정되고

---

29 앞의 책, 108.

순탄한 생활을 하게 되는 것은 아니다. 본국의 가족들이나 친지들이 한국이 본국보다 잘 사는 나라이기 때문에 경제적으로 성공하기 위해서 결혼을 권장하는 경우가 많다. 막연하게 딸이 한국에 가서 살게 되면 잘 살게 될 것이라는 기대 속에서 엄마가 계약금 조로 300달러를 받는다고 한다. 베트남이나 필리핀에는 계약 국제결혼을 주선하는 중개인이 있다고 한다. 한 베트남 여성은 실제로 결혼을 앞둔 남자친구가 있었음에도 엄마가 이미 해 놓은 계약을 파기할 경우, 3배에 달하는 위약금을 물어야 했기에 어쩔 수 없이 한국으로 오게 되었다고 한다. 그 중개인을 따라 베트남 여성들이 모여 있는 곳으로 갔는데, 거기서 한국 남자들이 마음에 드는 여성을 선택하는 방식으로 결혼이 이루어졌다.[30] 이후 남편이 초청을 하면 한국 비자를 받아서 한국에서 살게 되는 데, 이러한 과정 중에서 결혼한 지 얼마 되지 않아 이혼하는 여성들이 많다고 한다. 경제력이 있는 것처럼 말했는데, 정작 가보면 가난한 농부인 경우도 있고, 부부만 사는 줄 알았는데, 결혼 안한 시동생 등 시부모와 함께 살아야 하는 대가족인 경우도 있었다.[31]

이러한 국제결혼은 다음과 같은 문제점을 가지고 있다. 본국에서 불법적 결혼 알선 행위가 문제가 된다. 법적으로 금지가 되어 있더라도 계속해서 음지에서 성행하고 있다고 한다. 부모나 가족에게 계약금을 받도록 하고 나중에 어기면 3-4배의 위약금을 물게 한다. 그리고 결혼을 함에 있어서 당사자(여성)의 선택이 존중받지 못한다는 것이다. 선택권은 여성에게 있지 않고 한국 남성들에게만 있다. 여성은 수

---

30 앞의 책, 63.
31 앞의 책, 64.

동적으로 선택되기를 기다려야 하는 구조이다. 또한, 본국에서 한국으로 이주하기 위해 한국문화와 언어를 교육한다는 명목으로 강제로 집단 숙식을 시킨다고 한다.32

여성들이 한국으로 왔을 때 겪게 되는 문제점들도 많은 데, 첫 번째는 결혼 중개업체가 허위적 정보를 제공한다는 것이다. 대부분은 가난하고 직업이 없는 남성을 안정된 직업을 가지고 있고, 경제력도 상당한 것으로 속여서 알려주는 경우가 많다.

한국 남성과 살면서 여러 가지 가정 폭력을 경험하는 여성들이 있다. 결혼이주여성이 다 이런 폭력을 겪는 것은 아니지만 적지 않은 여성들이 다양한 종류의 폭력을 경험한다. 가령, 남편이 이혼남이어서 전처와의 사이에 자녀가 있는데, 이주여성이 자기 아이를 임신하게 되었을 때, 유산을 강요하는 경우가 있다. 언어나 정서 폭력의 경우에도, '가난한 나라 출신인 주제에' 등등을 들먹이면서 인종차별적 태도를 보인다거나, 남편이 무직인 경우, 아내를 취업시켜 월급을 착취하거나,33 도박, 사기로 인해서 재산을 탕진해서 여성들을 무력하게 하는 사람들도 있다.

불임인 한국인 부부가 위장 이혼을 하고 아이를 얻기 위해 19세의 베트남 여성과 위장 결혼을 하는 경우도 있었다. 한국에 입국한 후 아이를 낳았는데, 그 아이가 전부인에게 보내져 양육되었다. 곧바로 둘째를 임신해서 결혼생활이 유지되었으나, 남편이 자신의 재산권이 전부인에게 있기 때문에 돌아가야 한다며 베트남 여성에게 이혼을 강요

---

32 앞의 책, 69.
33 앞의 책, 77.

했다.34 결국 이 여성은 이혼을 하게 되었고, 자신이 낳은 두 아이도 빼앗긴 채 산후 우울증과 고립된 현실 속에서 고통스럽게 살아야 했다.

오랫동안 이주여성을 위해 일해 온 한국염은 이러한 국제결혼은 인신매매의 형태로 분류할 수밖에 없다고 본다. 모든 국제결혼이 다 그런 것은 아니지만, "개발도상국 여성과 개발도상국 남성 사이에 행해지는 중개업 알선"으로 이루어지는 국제결혼은 인신매매적 성격을 가진다. 이 과정에서 협박이나 사기, 납치, 거짓, 폭력 등이 동반되고 있고, 피해자를 이용하거나 착취하는 경우가 대부분이기 때문이다.35

결국 이주민 여성들이 한국에서 겪는 고통과 차별의 경험은 여성을 자신의 의지대로 이용하고 순종시키고자 하는 가부장적 사고방식에 가난한 나라에서 온 하찮은 존재라고 하는 인종차별적 사고방식이 더해져서 특수한 형태의 여성 혐오와 차별현상을 보이고 있는 것이다.

3. 정착한 결혼이주여성들이 겪는 문제점들

이주민 여성에 대한 연구 결과들이 다양하지만, 특별히 결혼이주여성을 대상으로 심층연구를 한 저서들이 있다. 그 중에서 이형하의 『농촌 다문화가정 결혼이주여성의 지역사회 참여연구』를 보면, 결혼을 통해 이주한 여성들이 겪는 가장 큰 어려움은 언어나 문화 차이도 있지만, "한국식 며느리에 대한" 기대감이었다. 즉, 대부분 나이가 많이 들도록 부모님과 같이 생활해 온 노총각이 남편이 된 경우가 많은데, 시

---

34 앞의 책, 82.
35 앞의 책, 66.

어머니는 며느리가 자신이 하던 가사와 돌봄 활동을 며느리가 대신해 줄 것을 기대한다. 동네 어르신한테 인사를 하고 예의 바르게 행동해야 한다는 기대가 있지만 본국에서는 그런 문화가 없기 때문에 오해를 사기도 하고, 한국인이 아니라는 것 때문에 막연히 마땅해하지 않고 선입견을 가지고 대하는 시댁 어르신의 태도에 스트레스를 받기도 한다고 한다.36 한 이주여성은 외출할 때도 어른들의 식사를 차려놓고 나가야 하고, 외출할 때도 어른들의 허락을 받아야 나갈 수 있다고 한다.37

한 이주여성은 어린이집에서 보조교사로 일을 하고 있는데, 원장이나 직장 동료들은 잘 대해주지만, 부모들이 이주여성에 대해 선입견을 가지고 있기 때문에 그녀가 아이들을 가르치는 것을 달가워하지 않는다고 한다.38 홍콩에서 이주해 온 한 여성은 시숙(媤叔)이 부도를 당하는 바람에 그 시숙네 식구들과 같이 살아야 했고, 시조카까지 키워야 했다고 한다. 나중에는 남편의 부도로 집까지 빼앗기기도 했다. 고등학교만 졸업했다고 시댁에서 차별을 많이 받았지만, 원어민 강사로 일을 하게 되면서 집안도 일으키고, 능력도 인정받아서 그때부터 안정적으로 살 수 있었다고 한다.39

이렇듯이 개별적으로 겪는 이주여성들의 현실적 어려움들은 다음과 같이 정리해 볼 수 있다. 첫째, '언어의 차이'이다. 한국어를 잘 알지

---

36 이형하, 『농촌 다문화가정 결혼이주여성의 지역사회 참여 연구』 (파주: 이담, 2010), 79-80.
37 앞의 책, 86.
38 앞의 책, 82.
39 앞의 책, 87.

못하는 상태에서 한국으로 이주해 오는 경우가 많기 때문에, 의사소통이 어렵고, 그렇기 때문에 한국 가족들로부터 더욱 상처를 받기도 하고, 차별을 경험하기도 한다. 또한 언어를 모르기 때문에 자녀를 교육하기가 힘들고, 학부형들과의 만남이나 학교 참여가 쉽지가 않다. 한국인들로부터 소외당하기 쉽고, 공동체에 소속하기도 어렵다. 두 번째 문제는 문화적 차이이다. 한국의 전통적 가치관을 잘 알지 못하는 데, 시댁어르신들과 함께 생활하여야 할 경우 오해와 갈등이 생기기 쉽다.40

임신 중에 입덧을 할 경우 한국 음식이 입에 맞지 않아서 힘들어 하기도 하고, 문화 차이로 인해 동네 어르신들이나 이웃들과 사이에서 오해가 생기기도 한다. '남편은 하늘'이라고 하는 한국적 가부장주의 또한 넘기 어려운 벽이었고, 시댁 어르신들을 챙겨야 하는 이주여성의 경우에는 하루에 여덟 번이나 식사를 차려야 하는 고충을 겪기도 하였다.41

이 밖에도 농사를 짓는 가족과 살게 된 경우, 농사일이 너무도 많기도 하고, 경제적으로 어려움을 겪기도 했고, 한국 사람이 아니라는 이유로 친구나 이웃과 소외되어 외로움을 겪기도 한다.

이러한 문화적 차이나 여러 가지 다른 점 때문에 겪는 어려움도 있지만, 또 한편으로는 긍정적이고 적극적인 노력을 통해 자신과 가족의 문제를 해결하고자 하는 이주여성들이 많았다. 이주여성들이 취하게 되는 적극적 해결책 중 하나는 한국어를 배우려고 노력하는 모습이다.

---

40 앞의 책, 96.
41 앞의 책, 97.

갈등의 많은 부분, 시댁과의 관계, 마을 이웃들과의 관계 그리고 다른 학부모와의 관계 등은 한국어를 잘 알지 못해서 오는 경우가 종종 있었다. 이러한 관계 속에서 좌절하는 경우도 있지만 한편으로는 마을 주민들이나 학부모 공동체와의 모임에 적극적으로 참여하면서 해결해 나가기도 했다. 마을 지역행사나 축제, 운동회 등을 통해서 친목을 도모하고 자녀들의 교육정보를 얻기도 했다.42 이러한 모임은 한국어와 한국의 문화를 습득할 수 있는 좋은 기회였다.

또한 이주여성들 중에 남편이 경제적으로 풍족한 줄 알고 결혼했으나 현실이 달랐던 경우도 있고, 시가족 중에 경제적 어려움을 가지게 되어서 이주여성이 다 감당해야 하는 경우도 있었다. 이러한 어려운 현실에서도 이주여성들 중에는 강한 생활력으로 스스로가 문제를 해결하려는 여성들이 있었는데, 그러한 강한 생활력은 주로 한국 여성들이 선택하지 않는 직업 즉, 간병인 활동이나 자동차 세차 그리고 가사도우미 일을 함으로써 나타냈다. 남편이 가족들과 함께 꾸려 온 농사일을 적극적으로 돕기도 했고, 필리핀이나 영어권의 나라에서 이주해 온 여성들은 영어 방과 후 교사나 유치원교사 등을 맡기도 했다. 그리고 안정적인 직업을 갖기 위해 조리사, 일본어학원 등 언어학원 강사 자격증을 따려고 계획한 여성들도 있었다. 모국에서 마치지 못한 학업을 마치기 위해 대학에 진학하기를 목표로 삼기도 했다.43

결혼이주여성을 대상으로 연구한 결과에 따르면 결혼이주여성의 자녀가 많을수록 한국 사회에 적응할 수 있는 가능성이 높아진다고 한

---

42 앞의 책, 135.
43 앞의 책, 143.

다. 그 이유는 아마도 자녀를 키우면서 학부모들이나 교육관련 공동체에 속한 사람들과의 교류가 많아지고 그만큼 한국 사회와 문화에 노출되면서 배워가고 익숙해질 수 있는 기회가 많기 때문이다.44 반대로 결혼이주여성을 힘들게 하는 요인 중 가장 결정적인 것은 정서적 고립감이라고 한다.

IV. 나오는 말

본고에서는 이주민 여성들이 겪는 경험구조가 여성이기 때문에 겪게 되는 문제에 더해서 한국 사회에서 낯선 '이주민'으로 살아가야 하는 현실이 중첩되어서 어떤 식으로 여성들이 열악한 노동현실을 살아가는지, 아니면 가족을 구성하고 살면서도 한국인 여성들이 겪지 않는 특수한 경험을 하게 되는지에 대해서 살펴보았다. 그리고 그런 현실을 만들어가는 구조적 원인은 무엇인지 어떠한 개선책이 필요한지에 대해서도 대략적으로나마 다루어 보았다.

'이주의 여성화'라는 말이 나올 정도로 글로벌리즘과 신자유주의의 자본주의 현실이 세계를 지배하고 있는 요즘, 노동의 형태는 시간이 흐를수록 성별분업이 옅어지지 않고 있고, 거기에 더해 상대적으로 노동력이 더 저렴하게 평가되는 가난한 나라의 여성들이 부유한 여성들의 노동과 삶의 자리를 대신하는 일들이 늘어나고 있다.

---

44 주소희, 이경은, "결혼이주여성의 문화적응과 정서적 고립 및 소외와의 관련성 연구," 「사회과학 담론과 정책」 제7권 1호(2014), 59.

한국의 현실 또한 이주민 여성의 문제를 더욱 심화시키고 있는데, 자국민이나 자국민 여성들이 꺼려하게 되는 일들 즉 성매매나 농촌남성들과의 결혼 등을 이주여성들이 대리함에도 불구하고, 이들에 대한 합법적이고 적절한 과정과 대우를 보장하지 못하고, 착취와 사기를 일삼는 업체나 기업들이 있다는 것이다.

이러한 제도적 문제를 개선하기 위해서 국제이주기구 서울 사무소, 이주여성인권연대, 한국 여성의 전화연합 등의 이주민 여성을 위한 운동 단체들에서는 결혼이주자가 함께 세력을 형성할 수 있도록 돕는 정책의 수립이 있어야 할 것, 결혼 절차를 밟기 전에 사전에 충분한 지식과 정보를 제공하고 그럼으로써 결혼이주여성의 인권을 보호해야 한다는 것, 부당한 인권 침해적 국제결혼 중개행위를 중단시킬 수 있는 처벌법이 마련되어야 한다는 점, 이주민 관계 공무원이나 관련 직업에 종사하는 사람들에게 이주민을 대할 때 필요한 다문화 감수성을 교육시켜야 한다는 점 등등을 법적으로 정착시켜야 한다[45]고 제안했다.

2012년 7월 18일에는 남편에 의해 살해당한 이주여성을 추모하기 위해 모인 집회에서 한 여성이 이런 글을 낭독했다.

이주 여성으로 한국에서 산다는 것은 쉽지 않았습니다.
이해할 수 없는 상황이 매일매일 벌어지고 있습니다.
하루아침에 한국 사람이 될 것이라고 생각하는 것 같았습니다.

상담을 하면서 만난 이주 여성들의 상황은 참 어려운 것 같습니다.

---

45 한국염, 『우리 모두는 이방인이다』, 140.

말도 다르고, 음식도 다르고, 생활도 모두 다른데 말입니다.
고향에 있는 부모와 형제, 친구가 그리워도 마음대로 말할 수 없습니다.
왜냐하면 내가 선택해서 왔기 때문입니다. …

하지만 언제나 이방인이었습니다.
모두가 나를 감시하고, 내 잘못만을 얘기합니다.
큰 소리를 치고, 욕을 했습니다.
나가라고 합니다. 돌아가라고 합니다.

이주 여성 우리는 어찌해야 합니까? …
우리는 사람이 아니고, 그냥 한 번 데려왔다가
마음에 들지 않으면 돌려보낼 수 있는 물건입니까?
정말 불안하고 가슴이 아픕니다.

계속되는 이주 여성의 죽음을 막아야 합니다.
어떤 이유로도 가정 폭력을 용납해서는 안 될 것입니다.
그리고 이주 여성의 인권을 보호할 수 있는
강력한 대응책을 마련해주시기 바랍니다.46

이주여성들이 죽음을 당했을 때, 심한 경우에는 장례식조차 치러지지 않을 때도 있었다고 한다. 2010년이 지나서야 이주여성들이 연대해서 서로 추모할 수 있는 세력이 형성되었다고 한다. 이주여성들에게

---

46 앞의 책, 168.

한국인들이 보이는 혐오의 가장 극렬한 형태는 '살인'이다. 한국인 가족들의 경우에도 가정폭력이 심한 경우가 있지만, 이주여성들에게 한국인 남성들이 가하는 폭력은 더 극심하게 나타날 경우가 많다. 2010년 부산에서 탓티황옥이라는 베트남 출신 여성이 살해당한 사건[47]은 베트남과 한국 양국에 큰 파장을 일으켰고, 이주여성의 문제를 면밀히 관찰하면서 문제를 해결하고자 하는 단체와 기구들을 결속력을 강화시켰다.

이주민 여성의 문제는 이처럼 성매매문제와 결혼이주에 따른 문제들이 첨예하게 얽혀있다. 결혼을 목적으로 온 여성들 경우에도 남편의 폭력에 노출되어 죽을 위험을 감수해야 하는 여성도 있고, 가수로, 연예인으로 데뷔시켜주겠다는 중개업자에게 속아서 한국으로 들어 온 여성들도 폭력적 남성에 의해서 여러 가지 신체적 위협과 죽음의 가능성 속에서 살아가야 한다.

이주여성의 문제들을 개선시키기 위해서는 법적 제도적 장치를 마련하는 것도 중요하겠지만, 무엇보다도 한국 사람들의 인식이 변화되어야 한다. 한국은 외국인이 활발히 관광이나 사업의 목적으로 많은 수가 출입을 하게 되었음에도 아직도 인종차별의 정도가 높다. 그리고 '인종차별금지법'이 확립되어 있지 않다. 이런 상황에서 다문화정책을 무시한다든가 국제결혼에 대해서 부정적으로 바라보는 시선 그리고 한국보다 가난한 나라에서 왔기에 더 차별하려는 성향 등등이 결합되어 이주여성들은 성차별과 인종차별의 복합적인 혐오를 경험하고 있다.

여성학과 여성신학을 연구하는 학자들이 이주민 여성의 문제를 중

---

47 앞의 책, 169.

요한 여성의 문제로 인식하며 이에 대한 개선과 해결방안을 모색하는 일이 중요할 것이다. 가장 고통 받고 있는 여성이 누구인가의 문제는 이제 인종, 계급 등을 교차적으로 살펴보면서 고민해야할 문제이기 때문이다.

또한 필자가 마지막으로 제안하고 싶은 것은 이주여성들 스스로가 자주 모이고 생각을 나눌 수 있는 공동체와 단체 등을 결속하도록 돕는 일이 필요하다. 앞에서 설명한 정착한 결혼이주여성들 중에는 한국어를 더 잘 배우고 싶어 한다거나, 자녀의 교육을 위해서 학부모 공동체와 어울리는 일 그리고 자기만의 직업을 찾는 일 등을 보다 더 잘 접근하기를 원하는 경우가 많았다. 그리고 이주민 여성들이 겪는 여러 가지 문제점들을 해결하는 데 있어서도 공감과 연대가 가능한 이주여성들의 공동체가 가장 필요하다고 생각된다. 이미 이주여성 단체 등이 있고, 다문화교육을 실시하고 있는 모임들이 있기는 하지만 보다 더 체계적이고 보편적인 성격의 공동체가 생겨날 수 있다면 더 바람직할 것이다. 그리고 제3의 사람들에 의해서 만들어진 공동체도 중요하지만 이주여성들만의 자발적인 모임도 필요할 것이다. 이러한 일을 맡을 수 있는 기관 중에 하나가 교회일 수 있다. 교회가 앞장서서 이주민 여성들도 같은 공동체의 일원이라는 인식을 확산시켜나가면서 그들만의 문제의식과 결속력을 가질 수 있는 모임을 만들어나갈 수 있었으면 하는 바람이 있다.

참 고 문 헌

1부 | 성서와 혐오

이은애 • 구약성서에 나타난 비체, 흐르는 것에 대한 혐오

구미정. 『성경 속 세상을 바꾼 여인들』. 서울: 도서출판 옥당, 2012.
군네벡, A. H. J./문희석 옮김. 『이스라엘 역사(제11판)』. 서울: 한국신학연구소, 1989.
김경열. 『레위기의 신학과 해석』. 서울: 새물결플러스, 2016.
김정수. "나봇의 포도원 사건과 이세벨." 『성서와 여성신학(제2판)』. 여성신학회엮음. 서울: 대한기독교서회, 1997. 280-301.
더글라스, M./유제분·이훈상 옮김. 『순수와 위험: 오염과 금기개념의 분석』. 서울: 현대미학사, 1997.
리베카 솔닛/김영남 옮김. 『여자들은 자꾸 같은 질문을 받는다』. 파주: 창비, 2017.
손희정. "혐오의 시대: 2015, 혐오는 어떻게 문제적 정동이 되었는가?" 「여/성이론」. 서울: 도서출판 여이연, 2015년 여름호.
송요후. 『혈분경의 기원과 사회 종교적 의미』. 서울: 위더스북, 2014.
스튜어트 월턴/이희재 옮김. 『인간다움의 조건』. 서울: 사이언스 북스, 2012.
우에노 치즈코/나일등 옮김. 『여성 혐오를 혐오한다(제2판)』. 서울: 은행나무, 2016.
이경숙. "성서기자의 눈으로 본 여성의 유형 – 열왕기서를 중심으로." 「한국기독교신학논총」, 제14집(1997). 77-108.
이경숙 외. 『여성이 읽는 성서 구약성서개론』. 서울: 대한기독교서회, 2005.
이은애. "레 18장의 성관계 금지조항." 「구약논단」, 제19집(2005), 53-72.
이종근. 『메소포타미아 법사상』, 서울: 삼육대학교출판부, 2008.
이현재. 『여성혐오 그 후, 우리가 만난 비체들』. 파주: 도서출판 들녘, 2016.
줄리아 크리스테바/서민원 옮김. 『공포의 권력』. 서울: 동문선, 2001.
Cogan, M.. *I Kings*, The Anchor Yale Bible. New Haven & London: Yale University Press, 2008.
Cogan, M. & H. Tadmor, H.. *II Kings*, The Anchor Yale Bible. New Haven & London: Yale University Press, 2008.
Gray, J.. *I & II Kings*, Old Testament Library. London: SCM Press, 1977.

Hartley, J. E./김경열 옮김. 『레위기』. 서울: 도서출판 솔로몬, 2006.
Hobbs, T. R./김병하 옮김. 『열왕기하』 WBC 13. 서울: 솔로몬, 2008.
Magonet, Jonathan. "'But if it is a girl, she is unclean for twice seven days..' The Riddle of leviticus 12.5." John F. A. Sawyer(edit.), *Reading Leviticus: A conversation with Mary Douglas*. Sheffield Academic Press, 1996, 144-152.
Milgrom, J.. *Leviticus 1-16*, The Anchor Yale Bible. New Haven & London: Yale University Press, 2009.
Noth, M.. 『레위기(제2판)』 국제성서주석. 서울: 한국신학연구소, 1989.
Rofe, Alexander. "Vineyard of Naboth: The Origin and Message of the Story." *Vetus Testamentum*, Vol.38 (1988), 89-104.
Wenham, G. J./김귀탁 옮김. NICOT 『레위기』. 서울: 부흥과 개혁사, 2014.
Wenham, G. J.. "Why Does Sexual Intercourse Defile?(Lev.15:18)." *ZAW*, 95(1983), 432-434.

참고 웹사이트

http://krdic.naver.com/detail.nhn?docid=42474400.
https://ko.wikipedia.org/wiki/%ED%98%90%EC%98%A4.
http://terms.naver.com/entry.nhn?docId=1945087&cid=41989&categoryId=41989.
http://www.newsis.com/view/?id=NISX20170825_0000077361&cID=10201&pID=10200.
http://www.insight.co.kr/newsRead.php?ArtNo=103325.

박지은 • 여성의 타자화(他者化)와 여성 혐오 — 하와와 잠언의 여성들을 중심으로

수잔네 하이네/정미현 옮김. 『초기 기독교 세계의 여성들』. 서울: 이화여자대학교 출판부, 1998.
우에노 치즈코 저. 나일등 옮김 『여성혐오를 여성 혐오한다』. 서울: 은행나무, 2012.
윤보라. "김치녀와 벌거벗은 임금님들." 윤보라 외. 『여성혐오가 어쨌다구?』. 서울: 현실문학, 2015.
이경숙. 『구약성서의 여성들』. 서울: 대한기독교서회, 1994.
이은주. 『그림에서 여성을 읽다』. 서울: 북랩, 2016.
이케가미 순이치/김성기 옮김. 『마녀와 성녀』. 서울: 창해, 1992.
필리스 트리블. "이브와 아담-창세기 2-3장에 대한 재조명." 이우정 편. 『여성들을 위한 신학』. 서울: 한국신학 연구소, 1985.

한국여성민우회. 『거리에 선 페미니즘』. 파주: 궁리, 2016.
Bernat, David, "Biblical Wasfs beyond Song of Songs." *JSOT* 28(2004), 327-49.
Brenner, Athalya. *The Israelite Woman: Social Role and Literary Type in Biblical Narrative*. Sheffield: Sheffield Academy Press, 1994.
Camp, Claudia. *Wisdom and the Feminine in the Book of Proverbs*. Georgia: Almond Press, 1985.
Depla, Annette. "Women in Ancient Egyptian Wisdom Literature." Ed., Leonie J. Archer, Susan Fischler and Maria Wyke, *Women in Ancient Societies*. New York: Routledge, 1994.
McKinlay, Judith E. *Gendering Wisdom Host: Biblical Invitations to Eat and Drink*. Sheffield: Sheffield Academic Press, 1996.
Meyers, Carol. *Discovering Eve: Ancient Israelite Women in Context*. New York: Oxford University Press, 1988.
Streete, Gail Corrington. *The Strange Woman: Power and Sex in the Bible*. Louisville:Westminster John Knox Press, 1997.
Washington, Harold C. "The Strange Woman of Proverbs 1-9 and Post-Exilic Judaean Society." Ed., Athalya Brenner. *A Feminist Companion to Wisdom Literature*. Sheffield: Sheffield Academy Press, 1995.
Yee, Gale A. "I Have Perfumed My Bed with Myrrh: The Foreign Woman ('issa zara) in Proverbs 1-9." Ed., Athalya Brenner. *A Feminist Companion to Wisdom Literature*. Sheffield: Sheffield Academy Press, 1995.
_____. *Poor Banished Children of Eve*. Minneapolis: Fortress Press, 2003.
Yoder, Christine R. *Wisdom as a Woman of Substance: A Socioeconomic Reading of Proverbs 1-9 and 31:10-31*. Berlin: de Gruyter, 2001.

송진순 • 여성 혐오의 시대, 비체로서 예수의 여성들

김경희. "최초의 부활신앙인인 여성 제자들."「한국여성신학」 4(199): 10-15.
김판임. "유대교에서의 여성의 지위와 역할 및 이에 대한 예수의 입장."「기독교논총」 15/1(2000): 109-158.
김형완. "차별과 혐오, 인권의 패러다임."「혐오표현의 실태와 대책」. 서울대학교 인권센터 토론회자료집(2016. 1. 28).
뉴섬 캐롤 A., 린지, 샤론 H. 엮음. 이화여성신학연구소 옮김.『여성들을 위한 성서주석-신약 편』. 서울: 대한기독교서회, 2012.
로즈마리 R. 류터. 안상님 옮김.『성차별과 신학』. 서울: 대한기독교출판사, 1985.
리처드 호슬리. 김준우 옮김.『예수와 제국』. 고양: 한국기독교연구소, 2004.
마사 너스바움 저. 조계원 옮김.『혐오와 수치심: 인간다움을 파괴하는 감정들』. 서울: 민음사, 2015.
배현주. "생명을 살리는 밥상."「한국여성신학」57(2004): 46-57.
손희정. "혐오의 시대-2015년, 혐오는 어떻게 문제적 정동이 되었는가."「여/성이론」32(2015): 12-42.
스튜워트 월튼. 이희재 옮김.『인간다움의 조건』. 서울: 사이언스 북스, 2012.
에케하르트 슈테게만, 볼프강 슈테게만 공저. 손성현, 김판임 옮김.『초기 그리스도교의 사회사』. 서울: 동연, 2008.
엘리자베스. S. 피오렌자. 김애영 옮김.『크리스챤 기원의 여성 신학적 재건』. 서울: 종로서적, 1986.
요아힘 예레미아스. 번역실 옮김.『예수시대의 예루살렘』. 서울: 한국신학연구소, 1988.
우에노 치즈코. 나일등 옮김.『여성혐오를 혐오한다』. 서울: 은행나무, 2010.
이숙진. "포스트-오이디푸스 시대 한국 교회의 아버지 담론과 신보수주의."『당신들의 신국, 한국 사회의 보수주의와 그리스도교』. 서울: 베개, 2017: 233-265.
이현재.『여성 혐오 그 후: 비체의 소란스러운 연대』. 서울: 들녘, 2016.
_____. "도시적 감정으로서의 여성혐오와 도시적 젠더정의의 토대로서의 공감의 가능성 모색."「한국여성철학」25(2016): 35-64.
임옥희.『젠더 감정 정치: 페미니즘 원년, 감정의 모든 것』. 서울: 도서출판여이연, 2016.
줄리아 크리스테바. 서민원 옮김.『공포의 권력』. 서울: 동문선, 2001.
채수지. "교회 성폭력, 우리 모두의 책임이다."「여성이 살리는 세상」5(2017): 66-80.
최순양. "한국 사회의 여성혐오와 한국교회의 성폭력."「여성이 살리는 세상」4(2017): 8-21.
최영실. "기름 부은 여인, 그녀는 누구인가?"「기독교신학논총」22/1(2001): 57-76.
케이트 밀렛. 김전유경 옮김.『성 정치학』. 서울: 이후, 2009.
Fitzmyer, J. A. *The Gospel according to Luke I-IX*. Anchor Bible 28. New York: Doubleday, 1986.

참고 웹페이지

http://www.hankookilbo.com/v_print.aspx?id=bf9a46042d0642e4a2d9db71f54b0153.

2부 | 혐오에 관한 신학적 제안들

박진경 • 교회 여성 혐오와 기독교교육적 과제 — 여성의 목소리들을 중심으로

강남순. "새로운 희망의 신학-제3의 종교개혁을 향하여." 한국기독교학회 엮음.『여성신학과 한국교회』. 서울: 한국신학연구소, 1997.
김수아. "온라인상의 여성 혐오 표현."「페미니즘 연구」, 15/2(2015).
김은혜. "한국 교회, 여성혐오를 넘어서다."「한국여성신학」, 제83호(2016).
백은미.『여성과 기독교교육』. 서울: 이화여자대학교출판부, 2014.
선순화. "몸과 관련하여 본 여성 해방적 예배 의식과 성례전." 한국여성신학회 엮음.『교회와 여성신학』. 서울: 대한기독교서회, 1997.
손승희. "여성신학과 한국 교회." 한국기독교학회 엮음.『여성신학과 한국 교회』. 서울: 한국신학연구소, 1997.
양금희. "교회의 본질적 사명, 부모교육."「교육교회」, 379(2009).
우에노 치즈코 저. 나일등 옮김.『여성혐오를 혐오한다』. 서울: 은행나무, 2016.
유민석.『메갈리안의 반란』. 서울: 봄알람, 2016.
이상철. "여혐, 그 중심에 교회가 있다."「제3시대」, 86(2016).
이영아. "'여성혐오'의 문학문화사-젠더적 관점의 한국 근대문학문화사 서술을 위하여."「인문과학연구논총」, 37/4(2016).
정희진. "가장 오래된 문명, 여성 혐오." 경향신문 사회부 사건팀 기획-채록.『강남역 10번 출구, 1004개의 포스트잇: 어떤 애도와 싸움의 기록』. 서울: 나무연필, 2016.
캐서린 라쿠나 저. 이세형 옮김.『우리를 위한 하나님』. 서울: 대한기독교서회, 2008.
_____. "우리와 친교를 맺으시는 하느님." 강영옥, 유정원 옮김.『신학, 그 막힘과 트임: 여성신학 개론』. 칠곡: 분도출판사, 2004.
호레이스 부쉬넬 저 . 김도일 옮김.『기독교적 양육』. 서울: 장로회신학대학교 출판부, 2004.
홍지아. "젠더화된 폭력에 대한 뉴스 보도: 4개 언론사(조선일보, 동아일보, 한겨레, 경향신문)의 강남역 여성 살인사건 보도를 중심으로."「한국언론정보학보」, 83(2017).
Harris, Maria, *Fashion Me a People: Curriculum in the Church* (1989); 고용수 옮김,『교육목회 커리큘럼』. 서울: 한국장로교출판사, 1997.

참고 웹사이트

http://www.newsnjoy.or.kr/news/articleView.html?idxno=203551.
http://www.ohmynews.com/NWS_Web/View/at_pg.aspx?CNTN_CD=A0002211732.

최유진 • 정(情), 혐오에 대한 저항과 환대의 공간
— 스피박의 폐제와 전 지구적 사랑을 중심으로

가야트리 스피박/태혜숙, 박미선 옮김.『포스트식민이성 비판』. 서울: 갈무리, 2005.
_____/태혜숙 옮김.『다른 세상에서』. 서울: 여이연, 2003
_____/문화이론연구회 옮김.『경계선 넘기: 새로운 문화연구의 모색』. 고양: 인간사랑, 2008.
강영안. "정(情)의 현상학."「서강인문논총」, 13(2000).
김영룡. "잔잔한 정의 나라, 한국."『정, 체념, 연줄 그리고 한국적인 인간관계』. 임태섭 편. 서울: 한나래, 1995.
딜런 에번스/김종주 외 옮김.『라깡 정신분석 사전』. 고양: 인간사랑, 1988.
대니 노부스 편, 문심정연 옮김.『라캉 정신분석의 핵심 개념들』. 서울: 문학과 지성사, 2003.
마사 너스바움/조계원 옮김.『혐오와 수치심: 인간다움을 파괴하는 감정들』. 서울: 민음사, 2015.
스티븐 모튼/이운경 옮김.『스피박 넘기』. 서울: 앨피, 2003.
유민석.「혐오 발언에 관한 담화행위론적 연구: 랭턴과 버틀러의 이론을 중심으로」. 동국대학교 석사학위 논문, 2015.
이규태.『한국인의 정서구조 2』. 서울: 신원문화사, 1994.
이숙진. "대부흥운동기 여성공간 창출과 여성주체 탄생."「한국기독교와 역사」, 31(2009), 43-63.
이현재.『여성혐오 그 후, 우리가 만난 비체들』. 파주: 들녘, 2016.
임옥희.『타자로서의 서구』. 서울: 현암사, 2012.
주디스 버틀러/유민석 옮김.『혐오발언』. 서울: 알렙, 2016.
줄리아 크리스테바/서민원 옮김.『공포의 권력』. 서울: 동문선, 1980.
Chong, Kelly. *Deliverance and Submission: Evangelical Women and the Negotiation of Patriarchy in South Korea*. Cambridge and London: Harvard University Press, 2008.
Joh, Anne. "Loves' Multiplicity: Jeong and Spivak's Notes Toward Planetary Love." *Planetary Loves: Gayatri Spivak, Postcoloniality, and Theology*, ed. Stephen Moore and Mayra Rivera. Bronx, NY: Fordham University Press, 2010.
Kim, Nami. "My/Our" Comfort not at the Expense of "Somebody Else's": Toward a Critical Global Feminist Theology." *Journal of Feminist Studies in Religion* 21 (2005).

Nam-soon Kang. "Confucian familism and its social/religious embodiment in Christianity: reconsidering the family discourse from a feminist perspective." *Asia Journal of Theology* 18, no.1 (2004).

Russell, Letty M. *Church in the Round: Feminist Interpretation of the Church*. Louisville, KY: Westeminster/ John Knox Press, 1993.

참고 웹사이트

http://www.ohmynews.com/NWS_Web/View/at_pg.aspx?CNTN_CD=A000236391
  1&PAG.
E_CD=ET001&BLCK_NO=1&CMPT_CD=T0016.
http://www.newsnjoy.or.kr/news/articleView.html?idxno=209428.
http://www.podbbang.com/ch/14291?e=22303283.
http://midneunfemi.tistory.com/5.

박재형 • 왜, 민중신학은 여성을 말하지 않았나?
  : 민중신학의 여성 담론을 통한 민중 개념 재고찰

강원돈. "신학적 해석학의 새로운 모색: 민중문화운동의 민중신학적 수용."「신학사상」, 제53집(1986).
구해근.『한국 노동계급의 형성』. 서울: 창작과 비평사, 2002.
김남일.『민중신학자 안병무 평전: 성문 밖에서 예수를 말하다』. 서울: 사계절, 2007.
김진호. "역사 주체로서의 민중: 민중신학 민중론의 재검토."「신학사상」, 제80집(1993).
김희헌. "범재신론과 사건의 신학."「한국기독교신학논총」, 제83집(2012).
박순경. "민족통일과 민중신학의 문제."「신학사상」, 제80집(1993).
박재순. "1세대 민중신학에 대한 비판과 새로운 모색."『기사연 무크 1』. 서울: 민중사, 1990.
박재형. "생명 평화 정의의 인간학: 안병무의 "탈-향 현존" 이해를 중심으로."『생명과 평화를 여는 정의의 신학』. 서울: 동연, 2013.
서남동. "민담에 관한 탈신학적 고찰."『1980년대 한국 민중신학의 전개』. 서울: 한국신학연구소, 1990.
서남동.『민중신학의 탐구』. 서울: 한길사, 1983.
손승희. "여성신학에서 본 민중신학."「신학사상」, 제66집(1989).
안병무. "개신교 세계선교협회 신학위원회의 편지에 대한 회답." 이정용 편저, 연규홍 옮김.『민중신학, 세계신학과 대화하다』. 서울: 동연, 2010.

_____. "공관복음서 연구(15): 가정윤리."「현존」, 제20호(1971).
_____. "대화: 루이제 린저에게."「현존」, 제79호(1977).
_____. "한국이 낳은 해방자 권양."『우리들의 딸 권양: 고문-성고문 자료집I』. 서울: 민중사, 1987.
_____. "우리 어머니!."「살림」, 제11호(1989).
_____. "정조관념에서 해방은 복권행위다."「살림」, 제40호(1992).
_____. "사랑은 공포에서 해방한다."「살림」, 제44호(1992).
_____. "품."「살림」, 제48호(1992).
_____.『선천댁: 늘 살아 있는 나의 어머니』. 서울: 범우사, 1996.
_____.『민중신학 이야기』(서울: 한국신학연구소, 2005), 17; 23.
_____. "옳은 백성, 옳은 민족."『안병무 전집 6』. 서울: 한길사, 1993.
_____.『민중과 성서: 안병무 전집 5』. 서울: 한길사, 1993.
_____. "고난의 의미."『불티: 성서에세이 1』. 서울: 한국신학연구소, 1998.
전철, "초기 안병무가 바라본 서구신학의 빛과 그림자."「신학사상」, 제152집(2011).
정강길.『화이트헤드와 새로운 민중신학』. 고양: 한국기독교연구소, 2004.
정창렬. "백성의식·평민의식·민중의식."『한국민중론』. 서울: 한국신학연구소, 1984.
최순양. "아시아 여성신학과 민중신학의 담론에 대한 문제 제기."「신학논단」, Vol.72 (2013).
한경헌. "들뢰즈 사상에서 본 안병무의 소수자신학."「한국기독교신학논총」, 100(2016).
헤르빅 바그너. "한국의 민중신학자들에게 보내는 편지." 이정용 편저, 연규홍 옮김.『민중신학, 세계신학과 대화하다』. 서울: 동연, 2010.
_____. "민중신학자들과 독일 신학자들의 대화."「신학사상」, 제69집(1990).
현영학. "민중-고난의 종-희망."『1980년대 한국 민중신학의 전개』. 서울: 한국신학연구소, 1990.
황용연. "선천댁, 장일담, 양정명: 민중/민중메시아. 그가 '산 자'로 존재할 때." 김진호 외.『죽은 민중의 시대 안병무를 다시 본다』. 서울: 삼인, 2006.
_____. "민중신학평전,"「시대와 민중신학」, 제2호(1995).
_____. "'산 사람'을 말하며 '유령'을 감지하기: 한국 민주주의와 민중신학." 제3시대그리스도교연구소 편.『시대와 민중신학 8』. 서울: 시대와민중, 2004.
Myung-Chul, Park. Das Gespräch der Minjung-Theologen mit der koreanischen National- bewegung und dem Dschutsche-Sozialismus. Diss., Univ., Hamburg, 1993.
Sun-Hee, Lee. *Die Minjung-Theologie Ahn Byungmus von ihren Voraussetzungen her dargestellt*. Peter Lang, Frankfurt am Main; Bern; New York; Paris, 1992.

참고 웹사이트

http://www.ecumenian.com/news/articleView.html?idxno=13995.

3부 ㅣ 여성 혐오의 현상들

장영주 • 여성의 자기혐오: 융(C. G. Jung)의 그림자(shadow) 이론에 비춰본 여성의 여성 혐오

우에노 지즈코/나일등 옮김.『여성혐오를 혐오한다』. 서울: 은행나무, 2017.
이병담.『한국 근대 아동의 탄생』. 서울: 제이엔씨, 2007.
이부영.『자기와 자기실현』. 파주: 한길사, 2016.
이은선.『잃어버린 초월을 찾아서』. 서울: 모시는 사람들, 2009.
신경원.『니체, 데리다, 이리가레의 여성』. 서울: 소나무, 2004.
장휘숙.『여성심리학』. 서울: 傳英社, 2009.
존 웰치/심상영 옮김.『영혼의 순례자들』. 서울: 한국기독교연구소, 2000.
주디스 버틀러/유민석 옮김.『혐오발언』. 서울: 알렙, 2016.
최주한.『루터의 재발견』. 서울: 복있는 사람, 2017.
카롤린 엠케/정지인 옮김.『혐오사회』. 파주: 다산초당, 2017.
김명희. "드라마〈선덕여왕〉에 나타난 여성의 자기실현-융의 개성화 이론을 중심으로."「동서비교문학저널」, 제26호(2012/봄-여름).
김선영. "루터의 여성관."『한국교회사학회지』, 제38권(2014).
김성민. "현대인의 정신적 상황과 C.G.융의 분석심리학."「한국기독교신학논총」, 73권 73호(2011),
이종연. "Jung의 분석심리학에서 그림자 인식의 중요성과 그림자 통합방법."『상담학 연구』, (2009, Vol. 10, No. 3).
임경수. "칼 융(Carl Jung)의 개성화(Individuation) 과정과 중생(Rebirth)에 대한 상담신학적 담론."『한국기독교상담학회지』, (2007/11).
장영주. "융 심리학에 대한 여성신학적 접근." 감리교신학대학 신학대학원, 1994.
_____. "캐서린 부스의 '교감 신학'연구-이은선의 '한국 生物여성영성 신학'의 관점에서." 감리교신학대교 대학원, 2012.
홍영택. "개성화와 성화-융(C. G. Jung)과 틸리히(P. Ti.llich)를 중심으로."「神學과 世界」, 第67號(2010/3).
C. G. Jung. *Psychology and Religion: West and East*, CW.11. London:Routlidge&Kegan

Paul, First Printed in Great Britain, 1977.
_____. *The Relations between the Ego and the Unconscious.* The Collected Works, vol. 7.
_____. *Two Essays on Analytical Psychology.* CW 7. London: Routledge& Kegan Paul, 1977.
L. Mattox. "Luther on Eve, Women and the Church". *LUTHERAN QUARTERLY* Volume XVII, 2003.

이주아 • 게임에서 나타나는 여성 : 남성 중심적인 시선에 포획된 여성의 성성(性性) — MMORPG를 중심으로

권도경. "한국 게임에 나타난 여성캐릭터의 형상과 그 특성."「인문사회과학연구」, 12권 2호(2011).
김양은.『새로운 세대의 등장, 게임 제너레이션』. 서울: 커뮤니케이션북스, 2014.
로라 멀비 저. 서인숙 옮김. "시각적 쾌락과 내러티브 시네마." 유지나 외.『페미니즘 여성영화』. 서울: 여성사, 1993.
수전 팔루디 저. 황성원 옮김.『백래시: 누가 페미니즘을 두려워하는가?』. 파주: 아르테, 2017.
심정순.『섹슈얼리티와 대중문화』. 서울: 동인, 1999.
안선영. "디지털게임 가상공간의 변화와 여성주의 실천에 대한 연구."「페미니즘연구」, 10권 2호(2010), 131.
윤형섭 외.『한국 게임의 역사』. 서울: 북코리아, 2012.
이정엽.『디지털게임, 상상력의 새로운 영토』. 서울: 살림, 2017.
이주아, 김미혜. "청소년 자아정체성 형성을 위한 종교 지혜 내러티브 기반의 심리 기능성 게임 시나리오."「디지털융복합연구」, 13권 1호(2015).
전경란.『디지털 게임의 미학』. 서울: 살림, 2005.
Casey Man Kong Lum 저. 이동후 옮김.『미디어 생태학 사상』. 서울: 한나래, 2008.
Brown, Reeves, S. B. & E. Laurier. "Experts at play: Understanding skilled expertise." *Games and Culture.* Vol.4, No.3(2009).
G. H., Stein. & Bryan, J. H.. "The effect of a Television upon Rule Adoption Behavior of Children." *Child Development,* 43(1972).
Lippman, Walter. *Public Opinion.* Nuvision Publications, 2009.
Mcluhan, Marshall. *The Gutenberg Galaxy: the Making of Typographic Man.* New York: New American Library, 1962.

Malone, T. W., "Toward a Theory of Intrinsically Motivating Instruction." *Cognitive Science*, Vol.5, No.4(1981).

참고 웹사이트

http://v.media.daum.net/v/20170905111203782?f=o.
http://gamefocus.co.kr/detail.php?number=56520.
http://terms.naver.com/entry.nhn?docId=3576149&cid=58773&categoryId=58777.
http://news.donga.com/3/all/20171130/87530357/1.
http://news.donga.com/3/all/20160309/76908835/1.
http://news.donga.com/3/all/20140925/66704790/2#csidxb7ba8520fb1b096baecd685a96556b7.
http://www.irobotnews.com/news/articleView.html?idxno=11553.
http://h21.hani.co.kr/arti/special/special_general/44633.html.
http://www.hankookilbo.com/v/21e4d65938c04c50bc99037372a1c554.
http://www.kocca.kr/cop/bbs/view/B0000152/1823804.do?searchCnd=&searchWrd=&cateTp1=&cateTp2=&useAt=&menuNo=200910&categorys=0&subcate=0&cateCode=&type=&instNo=0&questionTp=&uf_Setting=&recovery=&pageIndex=1.
http://www.kormedi.com/news/article/1225580_2892.html.
http://100.daum.net/encyclopedia/view/55XXXXX98242.

최순양 • 한국에서 이주민 여성들이 겪는 혐오의 다양한 형태들

우에노 지즈코/나일등 옮김. 『여성 혐오를 혐오한다』. 서울: 은행나무, 2010.
유민석 "혐오의 시대, 여성주의와 여성 혐오" 한국철학사상연구회 지음 『철학, 삶을 묻다』 파주: 동녘, 2016
이주인권여성포럼 엮음, 『우리 모두 조금 낯선 사람들』. 파주: 오월의 봄, 2013.
이경은, 주소희. "결혼이주여성의 문화적응과 정서적 고립 및 소외와의 관련성 연구." 「사회과학 담론과 정책」. 제7권 1호(2014)
이선주. "이주여성 노동자의 주변화와 행위주체성." 『페미니즘 차이와 사이』. 파주: 문학동네, 2011.
이성순. 『이주여성 이야기』. 서울: 형설 라이프, 2008.
이정은 "다문화 사회와 민족 정체성" 한국철학사상연구회 지음 『철학, 삶을 묻다』 파주: 동녘, 2016

이형하.『농촌 다문화가정 결혼이주여성의 지역사회 참여 연구』. 파주: 이담, 2010.
_____.『결혼이주여성의 생활세계와 사회자본』. 고양: 공동체, 2015.
주디스 버틀러/유민석 옮김『혐오 발언』서울: 알렙, 2016.
주디스 버틀러, 가야트리 스피박, 주해연 옮김.『누가 민족 국가를 노래하는가』서울: 웅진 씽크빅, 2008.
한국여성신학회 엮음.『다문화와 여성신학』. 서울: 대한기독교서회, 2008.
한국염.『우리 모두는 이방인이다』. 파주: 한울아카데미, 2017.
허라금 엮음.『글로벌 아시아의 이주와 젠더』. 파주: 한울, 2011.
황정미. "지구화 시대의 이주와 젠더."『젠더와 사회: 15개의 시선으로 읽는 여성과 남성』. 파주: 동녘, 2014.

Global Commission on International Migration(GCIM) *Migration in an Interconnected World: New Directions for Action: Report of the Global Commission on International Migration*. October, Switzerland: GCIM.

Gulati, Leela. "Asian Women Workers in International Labour Migration: An Overview" in Anuja Agrawal(ed). *Migrant Women and Work*. New Delhi: Sage Publications. 2006.

Kitcher, Philip. "Race, Ethnicity, Biology, Culture" in Leonard Harris(ed). *Concepts of Racism*. New York: Prometheus Books. 1999.

Lee, Eunju. " Domestic Violence and Risk Factors among Korean Immigrant Women in the United States." *Journal of Family Violence*, 2007. Vol. 22 pp. 141-149.

Oishi, Nana. *Women in Motion: Globalization, Labor Migration, and State Policies in Asia*. Standford: Standford University Press. 2005

Yubal-Davis, Nira. *Gender & Nation*. London: Thousand Oaks, Calif : Sage Publications. 1997.

지은이 소개

김진호
제3시대그리스도교연구소 연구실장. 한신대학교 신학대학원을 졸업하고 한백교회 담임목사, 한국신학연구소 연구원, 계간 『당대비평』 편집주간 등을 지냈다.
저서로 『산당들을 폐하라』, 『시민 K, 교회를 나가다』, 『리부팅 바울』, 『예수의 독설』, 『당신들의 신국』(공저) 『지금, 여기의 극우주의』(공저) 『우리 안의 파시즘』(공저) 『사회적 영성』(공저) 등이 있다.

박재형
한신대학교 및 동대학원 졸업. 독일 뮌헨대학교(Ludwig-Maximilians Universität München) 신학부에서 '민중신학과 신학적 인간학'을 주제로 조직신학 박사학위(Dr. Theol.)취득.
현재, 한신대와 인천대에 출강하고 '한국민중신학회'(총무)와 '대구와 카레'를 중심으로 활동하고 있으며, 한국기독교사회문제연구원 연구실장으로 재직 중에 있다.
논문으로는 "생명평화정의의 인간학"이 있다.

박지은
이화여자대학교 기독교학과 졸업. 밴더빌트 대학교 철학박사(구약성서).
현재 이화여자대학교에 출강하고 있다.
논문으로는 "레티나 윕스의 우머니스트 성서 읽기", "이상한 여자를 찾아서: 아가와 잠언의 여성읽기를 통한 이원론적 여성관의 재조명" 등이 있다.

박진경
감리교신학대학교 기독교교육학과 졸업. 프린스턴신학대학원 철학박사(기독교교육). 현재 감리교신학대학교 외래교수로 재직 중이다.
논문으로는 "Horace Bushnell's Christian Nurture Rediscovered and Its Implications for Contemporary Christian Education" 등이 있다.

송진순
이화여자대학교 기독교학과, 국문학과 졸업. 이화여자대학교 철학박사(신약신학).
현재 이화여자대학교에 출강하고 있다.
논문으로는 "요한공동체의 위기극복의 담론으로서 고별담론(요 14:1-31) 연구", "포도나무 이야기(요 15:1-11)에 반영된 요한공동체의 기억과 자기이해" 등이 있고, 역서로는 『가스펠 프로젝트-신약편1』이 있다.

이은애
이화여대 기독교학과 졸업. 독일 뮌헨대 신학박사(구약학).
현재 이화여자대학교, 성결대학교에 출강하고 있다.
저서로는 『여성이 읽는 성서 – 구약성서개론』(공저)이 있고, 최근 연구 논문으로는 "장애인 인권을 위한 '사회적 포함' 패러다임의 전거로서의 히브리 성서", "히브리 성서에서의 죽음과 장례: 존재와 관계에 대한 기억" 등이 있다.

이주아
이화여대 기독교학 박사(기독교교육).
현재 이화여자대학교와 충북대학교에 출강하고 있다.
논문으로 "전자미디어 인터랙티브 스토리텔링을 통한 여성 교육방안 모색", "청소년 자아정체성 형성을 위한 종교 지혜 내러티브 기반의 심리 기능성게임 시나리오", "종교 간의 이해를 향상시키는 기독교교육 방안 모색 : 플랫폼 구축을 통한 이야기의 교환을 중심으로" 등이 있다.

장영주
감리교신학대학교 철학박사(종교철학/여성신학).
현재 구세군사관대학원대학교수, 감리교신학대학교 외래교수로 있다.
논문으로 "이정배의 생태학적 신학: 통합학문으로서의 생태신학 연구", "여성과 종교개혁이해-루터와 부스의 관점에서 본 오직 성서의 의미 재해석을 중심으로"가 있다.

최순양
이화여대 기독교학과 졸업. 드류(Drew)대학교에서 부정신학/여성신학으로 철학박사(ph.d) 학위를 받았다.
현재 이화여자대학교와 감리교신학대학교에 출강하고 있다.
논문으로는 "스피박의 서발턴의 관점에서 바라 본 아시아 여성신학과 민중신학적 담론에 대한 문제제기"와 "케서린 켈러의 과정신학적 부정신학", "한국 개신교의 가족강화 신앙교육과 여성" 등이 있다.

최유진
장로회신학대학교 기독교교육과 졸업. 게렛신학대학원 철학박사(조직신학).
현재 호남신학대학교 조교수(조직신학)로 재직 중이다.
논문으로 "정(情), 하나님의 형상: 한국여성신학적 인간학", "세라 코클리(Sarah Coakley)의 삼위일체론", "칭의와 성화 교리에 대한 여성신학적 재해석" 등이 있다.